Stimmt!

Edexcel GCSE (9–1) German
Higher

Harriette Lanzer, Michael Spencer,
Carolyn Batstone, Lisa Probert

Published by Pearson Education Limited, 80 Strand, London, WC2R 0RL.

www.pearsonschoolsandfecolleges.co.uk

Edited by Melissa Weir

Designed and typeset by Oxford Designers & Illustrators Ltd

Original illustrations © Pearson Education Limited 2016
Illustrated by Beehive Illustrations (Clive Goodyer), Oxford Designers & Illustrators, John Hallet

Picture research by Jane Smith

Written by Harriette Lanzer, Michael Spencer, Carolyn Batstone and Lisa Probert

First published 2016

19 18 17 16

10 9 8 7 6 5 4 3 2

British Library Cataloguing in Publication Data

A catalogue record for this book is available from the British Library

ISBN 9781292118192

Printed in Great Britain by Ashford Colour Press Ltd

All audio recorded at Alchemy Post for Pearson Education Ltd

Acknowledgements
We would like to thank Melissa Weir, James Hodgson, Melanie Birdsall, Frances Reynolds, Jenny Gwynne, Betti Moser, Jeannette Bayliss, Andrea Hertweck, Birgit Obermüller and Claire Cullum for their invaluable help in the development and trialling of this course. We would also like to thank Rowan Laxton and Neale Laxton at Alchemy Post, and our audio cast: Britta Gartner, Walter Bohnacker, Anna Hieker, Björn A. Schick, Hannah Robertson, Johannes Kräutle, Tessa Mueller and Wilhelm Beller.

The publisher would like to thank the following for their kind permission to reproduce their photographs:

(Key: b-bottom; c-centre; l-left; r-right; t-top)

123RF.com: 26, 61, 73 (h), 73(j), 94(a), Aleksandr Frolov 146(c), auremar 71(a), badmanproduction 62, Cathy Yeulet 50(a), 128/3, Cathy Yeulet 50(a), 128/3, cristi180884 100(a), Ekaterina Pokrovsky 10/1, goodluz 9(a), Ilia Shcherbakov 138/3, Jakub Cejpek 38(g), Jo Rodrigues 104(e), Josef Muellek 106/1, krzysiek16ino 18(c), lightboxx 126t, Marco Perger 81(b), Sergii Figurnyi 99r, Yulia Grogoryeva 120(f); **Action Plus Sports Images:** 165(b); **akg-images Ltd:** Philipp Mertens / Geisler-Fotopres 171; **Alamy Images:** AF archive 35/1, Alibi Productions 24, ALLSTAR Picture Library 59t, Bernd Mellmann 40(a), Cultura Creative 46, 206l, dpa picture alliance 40(e), 50(c), 126(h), 138/6, 145, 163, dpa picture alliance archive 104(g), epa european pressphoto agency b.v 58tr, Hero Images Inc 148(b), Image Source 71(e), 197, imageBROKER 8(b), 40(f), Hero Images Inc. 176, Juice Images 21tr/1, Krebs Hanns 38(j), LOETSCHER CHLAUS 39, Marek Stepan 100(g), Marshall Ikonography 108, MBI 10/3, Peter Horree 18(f), Robert Churchill 144(c), Roberto Herrett 104(c), Sergey Novikov 8(f), Shoosh. Form Advertising 172/6, Thomas Cockrem 13t, TravelCollection 98(d), travelstock44 42, UpperCut Images 40(c), vario images GmbH & Co.KG 126(e), ZUMA Press Inc 106/4; **Comstock Images:** 73(i); **Corbis:** Image Source 53tr, Monheim; Florian / Arcaid 77(d); **Deutsche Picture Alliance:** dieKLEINERT.de / Martin Zak 50cr; **Fotolia.com:** A_Lein 80br, 104(d), 74/8, 78/1, ajr_images 122/2, Aleksandar Mijatovic 53tl, alexgres 41t, Ammit 120c, Andrey Popov 71(c), Armin Staudt 77(b), asife 50(b), Axel Bueckert 148(c), azurita 72(g), bbsferrari 128/4, bergamont 73(k), birdinparadise 172/5, borisstroujko 77(a), Buriy 73(f), canovass 81(h), connel_design 94(d), Corinna Gissemann 81(e), corvalola 104(a), cristovao31 75, Darren Baker 85/1, Dasha Petrenko 123, david_franklin 8(d), digitalstock 126, dk-fotowelt 19, Dmitry Vereshchagin 31/3, Dollars 74/1, ExQuisine 80tl, fottoo 41b, freeskyline 54, Freesurf 99l, fujipe 129(b), Gelpi 85/3, giulia186 34br, gkrphoto 72(b), gzorgz 124, Halfpoint 160(b), highwaystarz 34tr, 55, 148(d), HLPhoto 72(e), 80bl, igorbukhlin 18(e), imaGo - Martin R. 72(c), Jan Kranendonk 165(a), JCG 129, JFL Photography 100(c), 100(d), JLPfeifer 94(g), Joachim Opelka 40(b), karepa 80cl, lazyllama 165(d), Lotharingia 126(b), MABO 139(a), Magdalena Kucova 72(f), MarcoMonticone 120(b), margo555 73(g), Martinan 50(d), maslovskiy.com 138/1, michaeljung 59b, MIGUEL GARCIA SAAVED 31/7, Mirek Kijewski 128/2, misbehaver77 35/5, mizina 80tr, mma23 38(a), Monika Wisniewska 139(b), Monkey Business 88, 138/7, 160(a), NCAimages 81(a), nenetus 118tl, nkarol 52, okanakdeniz 129b, Olga Nayashkova 8(e), David Pereiras 64, petunyia 38(d), photo 5000 100(e), Photographee.eu 74/3, 74/4, 139(d), 144(b), Pictures news 73(a), pitrs 104(f), pix4U 11, pololia 172/4, r_andrei 190, Robert Kneschke 71br, Savvapanf Photo 128/1, Schwoab 72(a), sea and sun 120(d), Sebastian Duda 9(b), Shchipkova Elena 98, Shmel 119l, Stepan Bormotov 35/2, Syda Productions 35br, Szasz-Fabian Erika 73(b), thaitrash 31/10, Thomas Francois 80cr, 81(g), Traumbild 98(e), Tupungato 104(h), victoria. p 72(d), ViennaFrame 100(f), Visions-AD 81(c), Vitaliy Hrabar 102r, vvoe 100(h), WavebreakMediaMicro 51, william87 50(e), yanlev 132; **Getty Images:** acilio 77(c), Andreas Rentz / Staff 40(d), Andrew Bain 98(c), Andrew Errington 146(b), Anita Brugge / Contributor 33t, Arnt Haug / LOOK-foto 74/5, 74/6, 74/7, Buccina Studios 188, ColorBlind Images 20(f), Cultura RM Exclusive / Luc Beziat 78, Denise Crew 200, Dominique Charriau 58tc, Franziska Krug 126(d), fstop123 71(b), Gary Burchell 141, Gennadiy Poznyakov 18(a), George Rose / Contributor 165(c), Graham Monro / gm photographics 97, Hinterhaus Productions 74/2, Imagesource 144(d), Jan Greune / LOOK-foto 38(c), Jason_V 38(e), Jupiterimages 20(a), KabViso 81, Lumi Images / Dario Secen 138/2, Martin Schalk 87, Prakash Mathema / Stringer 175, mb-fotos 126(a), Peathegee Inc 7, Pixland 9(e), Robert Daly 8(a), 173, Sean Gallup / Staff 149, SolStock 20(b), Stringer 58tl, Stuart Pearce 71(d), Thomas Grass 79, Tim Macpherson 20(c), Tuned_In 8t, ullstein bild 147, Ulrich Baumgarten / Contributor 206r, Westend61 83, 138/5, 146(a), Yellowdog Productions 169tr, Yulia Reznikov 40(g); **Gmundner Keramik:** Mug by Gmundner Keramik with the traditional Lizzy green Design 104(b); **John Foxx Collection:** Imagestate 120(c); **Michael Spencer:** 143; **Pearson Education Ltd:** Studio 8 85/2, 169br, 172/1, Jon Barlow 154, Gareth Boden 85/4, Jules Selmes 81(d), 148(a), 204, Lord and Leverett 139(c), MindStudio 162, 172/3, Chris Parker 34tl, 85/5; **PhotoDisc:** Neil Beer 100r, 106br, S. Alden. Photolink 118c, Tony Gable. C Squared Studios 31/2; **Prater Park:** 106/2, 106/3; **Shutterstock.com:** Africa Studio 144(a), Aleksandr Markin 21tl, Alexander Raths. Shutterstock 138/4, Anatoliy Lukich 35/4, Andrjuss 73(e), arek_malang 9(d), Art Konovalov 94(e), ArtmannWitte 120(e), auremar 63, bikeriderlondon 9(f), Bildagentur Zoonar GmbH 18(b), Chaikovskiy Igor 172, cloki 73(c), CREATISTA 122/1, CristinaMuraca 94(b), Dario Sabljak 31/6, Dirk Ott 56, ElenaGaak 35/3, enzodebernardo 102t, Eyewire 31/5, freya-photographer 206bl, Gena96 18(d), Goodluz 172/2, Horiyan 31/9, Ipatov 38(b), Jacek Chabraszewski 38(i), Ken Hurst 31/1, Leonid Andronov 94(f), Lipowski Milan 167, Luti 53tc, manfredxy 100(b), Maridav 38(h), MartiniDry 127, mastapiece 182, Matej Kastelic 117, Matyas Rehak 119r, MillaF 31/4, mimohe 20(d), MJTH 10/2, Monkey Business Images 9(c), 10/4, 22br, 59c, 126(f), mRGB 98(b), oliveromg 118tr, Pavel L Photo and Video 122/3, peresanz 206br, Philip Lange 94(c), photo.ua 110, Pichugin Dmitry 120(a), racorn 122br, Rob Marmion 146(d), RonGreer.Com 94(i), Room27 96, S.Borisov 184, Timothy Epp 38(f), Tobik 81(f), Tupungato 94(h), Venus Angel 31/8, Viktar Malyshchyts 73(d), Lilyana Vynogradova 44, Wavebreak Premium 20(e), YORIK 201, Yuri Turkov 126(g); **The Kobal Collection:** SENATOR FILM / SEVEN PICTURES 37l, WDR / X-FILME 37r; **www.imagesource.com:** Blend 8(c), Duel 21bl, Soren Nielsen 21br; **www.jungehostels.au:** 98(a)
Cover image: *Front:* **Shutterstock.com:** Bildagentur Zoonar GmbH

All other images © Pearson Education

The publisher would like to thank the following for their kind permission to reproduce copyright material:
Figures p82 www.bitkom.org © BITKOM, 2014. **Text** p17 Jurek Becker, *Jakob der Lügner* © Suhrkamp Verlag Frankfurt am Main, 1976; p22 Wilma Pause, *Zu Hause ist Kevin ganz anders* © Wilhelm Heyne Verlag, München, in der Verlagsgruppe Random House GmbH, 2013; p32 ex1 statistics from de.statista.com © Statista, 2015; p33 Cornelia Funke, *Tintenherz* © Dressler Verlag, Hamburg 2003; p35 ex4 survey based on www.tonspion.de; p42 ex2 text based on *Alternatives Lesen* on www.gym-oppenheim.de © Jacqueline Mastel, Tutku Kandemir; p43 ex3 interview based on Peter Stawowy, Sven Pinke: Gespräch mit Dalia, Tobias, Rick und Carina: Wie Jugendliche Fernsehen und Internet nutzen, in: *tv diskurs. Verantwortung in audiovisuellen Medien* 3/2009, S. 54-59 © Freiwillige Selbstkontrolle Fernsehen e.V.; p43 ex5 interview based on *Singa Gätgens: Sport macht glücklich!*, on Webseite der Mitmach-Initiative „Kinder stark machen" der Bundeszentrale für gesundheitliche Aufklärung (BZgA): www.kinderstarkmachen.de; p62 Raymonde Graber, *Auch Oma war mal klein* © Edition Paashaas Verlag, 2015; p63 based on Bettina Levecke, *Wenn Geschwister immer streiten*, www.elternratgeber.de; p76 Anne Frank Tagebuch. Einzig autorisierte und ergänzte Fassung Otto H. Frank und Mirjam Pressler. © 1991 by ANNE FRANK-Fonds, Basel; p79 ex5 based on *Was macht ein Teenie eigentlich den ganzen Tag?*, www.bild.de © Copyright BILD KG, 2016; p86 ex1 Albrecht Goes, *Das Brandopfer* © S. Fischer Verlag, 1954; p86 ex2 based on Philipp Sickmann, *Immer online, nie mehr allein*, www.tagesspiegel.de © Der Tagesspiegel; p87 ex6 audio based on *Berlin baut jährlich 11.000 Wohnungen zu wenig*, www.bz-berlin.de © Axel Springer Syndication GmbH; p101 Odön von Horváth, *Geschichten aus dem Wiener Wald* © Suhrkamp Verlag Frankfurt am Main, 1970; p109 audio based on *Top 10 der Reisemängel: Worüber sich Deutsche im Urlaub am häufigsten ärgern*, www.presseportal.de © ADVOCARD Rechtsschutzversicherung AG; p130 ex1 based on *Umfrage: Was machst Du in den Sommerferien?*, www.fudder.de © Online Verlag GmbH Freiburg; p130 ex2 Heinrich Böll, *Billard um halb zehn* © Verlag Kiepenheuer & Witsch GmbH & Co. KG, 1959; p131 based on www.marburg.de; p147 Hermann Ungar, *Der Bankbeamte*, in *Sämtliche Werke, 2* © IGEL Verlag Literatur & Wissenschaft, 2012; p148 ‚Kulturzone' statistics (from 2012) taken from www.thisweekingermany.de © Handelsblatt GmbH. All rights reserved; p149 ex7 based on www.vfz.de/de/migranten © VFZ 2013, Projekt Deutsch Lernen; p152 Max Frisch, *Andorra: Stück in zwölf Bildern, Viertes Bild* © Suhrkamp Verlag, Frankfurt am Main, 1961; p171 Anja Stürzer, *Somniavero: Ein Zukunftsroman* © mixtvision Verlag, München, 2011; p172 ex1 based on www.freiwilligenarbeit.de © 2007-2016 INITIATIVE auslandszeit; p173 based on *Pandas on Tour - Der WWF auf Tour durch Deutschland*, www.wwf.de © WWF; p185 Klappentext des Buches: Philipp Oehmke, Dirk Rudolph, *Die Toten Hosen. Am Anfang war der Lärm*. Copyright © Rowohlt Verlag GmbH, Reinbek bei Hamburg, 2014; p185 ex7 audio based on *Victoria*, www.moviepilot.de; p188 Natali Mallek, *Zu Hause – Ein Gedicht*, www.mal-alt-werden.de © Natali Mallek; p189 ex5 based on *Smart Home – Ein Rundgang durch das intelligente Haus*, www.wiwo.de © Handelsblatt GmbH. All rights reserved; p189 ex7 audio based on Carsten Dierig, *Isst denn keiner mehr zu Hause?!*, www.welt.de © WeltN24 GmbH, 2016; p193 ex5 Hans-Jürgen Fründt, *Sylt, Nordseeinsel: Urlaubshandbuch zum Entdecken und Erleben der nördlichsten Insel Deutschlands* © Peter Rump, Hans-Jürgen Fründt, 2008; p193 ex7 audio based on www.bannewitz.de; p195 ex5 based on www.nach-dem-abitur.de © 2011-2016 INITIATIVE auslandszeit; p196 Alexander Neubacher, *Ökofimmel: Wie wir versuchen, die Welt zu retten - und was wir damit anrichten* © Deutsche Verlags-Anstalt, München, in der Verlagsgruppe Random House GmbH und SPIEGEL-Verlag, Hamburg, 2012; p204 Ingo Baumgartner, *Reisendes Känguru* © Ingo Baumgartner; p205 ex2 from Bernhard Schlink, *Die Heimkehr* Copyright © 2006 Diogenes Verlag AG Zurich, Switzerland. All rights reserved; p206 Detlef Cordes, *Das Lied von der Arbeit*, www.spiellieder.de © Detlef Cordes; p207 Beate Massmann, *Der Tropenwald*, www.die-klimaschutz-baustelle.de © Beate Massmann.

A note from the publisher
In order to ensure that this resource offers high-quality support for the associated Pearson qualification, it has been through a review process by the awarding body. This process confirms that this resource fully covers the teaching and learning content of the specification or part of a specification at which it is aimed. It also confirms that it demonstrates an appropriate balance between the development of subject skills, knowledge and understanding, in addition to preparation for assessment.

Endorsement does not cover any guidance on assessment activities or processes (e.g. practice questions or advice on how to answer assessment questions), included in the resource nor does it prescribe any particular approach to the teaching or delivery of a related course.

While the publishers have made every attempt to ensure that advice on the qualification and its assessment is accurate, the official specification and associated assessment guidance materials are the only authoritative source of information and should always be referred to for definitive guidance.

Pearson examiners have not contributed to any sections in this resource relevant to examination papers for which they have responsibility.

Examiners will not use endorsed resources as a source of material for any assessment set by Pearson. Endorsement of a resource does not mean that the resource is required to achieve this Pearson qualification, nor does it mean that it is the only suitable material available to support the qualification, and any resource lists produced by the awarding body shall include this and other appropriate resources.

Inhalt

Inhalt

1 Auf in die Schule!
Startpunkt 1 So ist das Schulleben!

- Talking about school subjects and clothes
- Using verbs in the present tense

G Present tense verbs

> Page 208

Use the present tense to talk about actions you are doing now.

- Regular verbs follow the pattern of *machen* (to do), and include *spielen* (to play), *hören* (to listen) and *gehen* (to go).

machen (to do)

ich mach**e**	wir mach**en**
du mach**st**	ihr mach**t**
er/sie/es mach**t**	Sie/sie mach**en**

- Irregular verbs change their vowels in the *du* and *er/sie/es* forms.

	tragen (to wear)	**fahren** (to drive)	**lesen** (to read)
du	tr**ä**gst	f**ä**hrst	l**ie**st
er/sie/es	tr**ä**gt	f**ä**hrt	l**ie**st

- Verbs with a stem ending in –d or –t, add an –e in the *du* and *er/sie/es* forms.

	finden (to find)	**arbeiten** (to work)
du	find**est**	arbeit**est**
er/sie/es	find**et**	arbeit**et**

- The verbs *haben* (to have) and *sein* (to be) are very irregular.

	haben (to have)	**sein** (to be)
ich	**habe**	**bin**
du	**hast**	**bist**
er/sie/es	**hat**	**ist**
wir	**haben**	**sind**
ihr	**habt**	**seid**
Sie/sie	**haben**	**sind**

---

1 lesen

Sieh dir Olivers Zeugnis und die Bilder (a–h) an. Was passt zusammen? Was ist Olivers Durchschnittsnote?

Beispiel: **1** e

> ⭐ *Die Durchschnittsnote* (average grade) is the sum of all the grades divided by the number of subjects.

Zeugnis
für *Oliver Ott*

1. Erdkunde	mangelhaft	5
2. Deutsch	ausreichend	4
3. Englisch	befriedigend	3
4. Chemie	gut	2
5. Geschichte	ausreichend	4
6. Mathe	befriedigend	3
7. Informatik	sehr gut	1
8. Spanisch	ungenügend	6

a b c d
e f g h

---

2 hören

Hör zu. Wähl das richtige Bild aus. (1–6)

Beispiel: **1** b

 a
 b
 c
 d e
 f

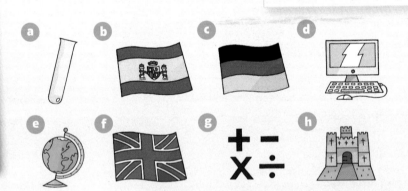

Kulturzone
In Deutschland ist das **Zeugnis** extrem wichtig. Durch das Zeugnis bekommt man eine Durchschnittsnote: 1,4 ist viel besser als 4,3!

1 = sehr gut
2 = gut
3 = befriedigend
4 = ausreichend
5 = mangelhaft
6 = ungenügend

3 hören **Hör zu. Was tragen sie zur Schule? Welche Farbe ist das? (1–6)**

Beispiel: **1** d schwarz, …

rot   gelb

blau   braun

schwarz   weiß

grün   grau

4 schreiben **Was trägst du zur Schule? Was trägst du nie zur Schule?**

Beispiel: Ich trage …, aber ich trage nie …

5 lesen **Sieh dir das Foto an. Welche Frage passt zu welcher Antwort?**

Schulstart an einer Realschule in Rheinland-Pfalz

G *Accusative adjective endings* ❯ **Page 213**

Adjectives before nouns need endings. Here are the accusative endings after the indefinite article ('a').

Ich trage	ein**en**	blau**en**	Rock.
	ein**e**	blau**e**	Jeans / Hose / Jacke / Krawatte.
	ein	blau**es**	Hemd / Kleid / T-Shirt.
	–	blau**e**	Sportschuhe / Schuhe.

1 Was machen die Jugendlichen auf dem Foto?

2 Wo sind sie?

3 Was tragen sie?

4 Welche Sportart spielen sie heute?

5 Was machen die Jugendlichen später?

6 Wie findest du das Foto?

a Ich denke, das Foto ist sehr interessant.
b Die Jugendlichen gehen in die Schule.
c Später lernen sie Deutsch und Englisch.
d Sie spielen heute Fußball.

e Eine Person trägt ein rotes T-Shirt und vier Personen tragen blaue Jeans.
f Die Jugendlichen sind in der Schule.

6 lesen **Sieh dir das Foto noch mal an. Richtig oder falsch? Korrigiere die falschen Sätze.**

Beispiel: **1** Falsch – Die Leute sind jung und tragen Jeans und Sportschuhe.

1 Die Leute sind jung und tragen eine blaue Uniform.
2 Es gibt vier Schülerinnen und zwei Schüler im Foto.
3 Die Person auf der linken Seite trägt ein Hemd.
4 Eine Person sitzt auf dem Boden und liest ein Buch.
5 Ein Junge fährt mit dem Rad.

G *Talking about the future* ❯ **Page 215**

Use the present tense with a time phrase to convey future actions:

Später spielst du Handball.
You are playing handball later.

Nach der Schule machen sie Hausaufgaben.
After school they are doing homework.

7 sprechen **Partnerarbeit. Dein(e) Partner(in) macht das Buch zu. Stell fünf Fragen zum Foto.**

● *Wo sind die Jugendlichen?*
■ *Sie sind in der Schule.*

- *Talking about what's in your pencil case*
- *Using the past tense (imperfect and perfect)*

1 lesen **Lies die Sätze und sieh dir die Bilder an.**
Was passt zusammen?

1 An der Grundschule hatten wir keine Hausaufgaben.
2 Nach der vierten Stunde gab es eine Mittagspause.
3 Jeden Tag hatte die Klasse sechs Stunden und drei Pausen.
4 Wir waren oft auf dem Schulhof.
5 Um 13:40 Uhr war die Schule aus.
6 Donnerstag war mein Lieblingstag, weil es immer einen Film gab.

Kulturzone

In Deutschland geht man mit ungefähr sechs Jahren in die **Grundschule**. Am ersten Schultag nehmen die neuen Schülerinnen und Schüler eine **Schultüte** mit zur Schule.

2 lesen **Übersetze die Sätze aus Aufgabe 1 ins Englische.**

G The imperfect tense 〉 Page 214

Use the imperfect tense to describe things in the past. You need to add an ending to match the pronoun (*ich, wir*, etc.):

Ich hatte / Wir hatten keine Hausaufgaben.
I had / We had no homework.

Ich war / Wir waren jung.
I was / We were young.

Es gab eine Pause. There <u>was</u> one break.
Es gab zwei Pausen. There <u>were</u> two breaks.

3 hören **Hör zu. Was hat man für die Schultasche gekauft? (1–6)**

 a
 b
 c
 d
 e
 f
 g
 h

4 sprechen **Gruppenarbeit. Was hast du für das neue Schuljahr gekauft?**

● *Was hast du für das neue Schuljahr gekauft?*
■ *Ich habe einen roten Füller gekauft. Was hast du gekauft?*
▲ *Ich habe einen roten Füller und ein blaues Lineal gekauft. Was hast …*

Was hast du (für das neue Schuljahr / die neunte Klasse) gekauft?			
Ich habe	einen	(blauen) Füller / Radiergummi / Kuli / Bleistift / Taschenrechner	gekauft.
	eine	(blaue) Schultasche	
	ein	(blaues) Etui / Lineal	
	–	(blaue) Filzstifte	

5 hören

Hör zu. Wer spricht? (1–6) Wähl das passende Foto aus.

G **The perfect tense with haben** ❯ *Page 210*

Use the perfect tense to talk about actions you have done in the past.

Some verbs form the perfect tense with a part of *haben* (to have) and a past participle:

*ich **habe ge**sag**t** (I said); er **hat ge**trag**en** (he wore).*

ich	habe	einen Kuli	**ge**kauf**t**
du	hast	Mathe	**ge**lern**t**
er/sie/es/man	hat	Fußball	**ge**spiel**t**
wir	haben	Hausaufgaben	**ge**mach**t**
ihr	habt	eine Jeans	**ge**trag**en**
Sie	haben	einen Film	**ge**seh**en**
sie	haben	ein Buch	**ge**les**en**

6 sprechen

Partnerarbeit. Wer kann die meisten Sätze bilden?

● *Letztes Jahr habe ich viele Filzstifte gekauft, aber dieses Jahr kaufe ich einen Füller.*

■ *Letztes Jahr habe ich oft ein rotes Kleid getragen, aber dieses Jahr trage ich immer eine blaue Jeans.*

lernen **fahren** **spielen** **gehen**

G **The perfect tense with sein** ❯ *Page 212*

Some verbs, especially those showing movement from one place to another, form the perfect tense with a part of *sein* (to be) and a past participle:

*ich **bin ge**gangen (I went)
er **ist ge**fahren (he travelled).*

ich bin	
du bist	
er/sie/es ist	***gegangen***
wir sind	***gefahren***
ihr seid	
Sie/sie sind	

7 schreiben

Übersetze die Sätze ins Deutsche.

1 I wore a blue T-shirt to school.
2 Last year we always did the homework.
3 Last year she never went to school.
4 They played football last year.
5 Last year he learned German.
6 Yesterday I bought a red pencil case.

- *Talking about what you are and are not looking forward to at school this year*
- *Giving opinions with reasons, using denn and weil*

1 lesen

Lies die Texte und sieh dir die Bilder an. Worauf freuen sie sich (nicht)? Schreib die Tabelle ab und füll sie aus.

	😊	😞
1	h	

1 Ich freue mich **besonders** auf meine Freundinnen und Freunde, denn sie sind mir sehr wichtig. Ich freue mich **gar nicht** auf das Zeugnis – letztes Jahr habe ich oft schlechte Noten bekommen. **Lena**

2 Im neuen Schuljahr freue ich mich nicht auf den Druck. Ich mag aber immer die Klassenfahrt und dieses Jahr freue ich mich **echt sehr** auf die Klassenfahrt, weil wir in die Berge fahren. **Selim**

3 Ich freue mich **total** auf die Sport-AGs, weil Sport mein Lieblingsfach ist! Ich freue mich **aber** nie auf die Hausaufgaben, denn ich spiele am Nachmittag lieber Volleyball. **Hazan**

4 In der neunten Klasse freue ich mich **am meisten** auf neue Fächer, wie zum Beispiel Politik. Ich freue mich **aber weniger** auf die Klassenarbeiten und die Prüfungen. Ich habe immer Angst vor schlechten Noten. **David**

a  **b**  **c**  **d**

e  **f**  **g**  **h**

> ***ich freue mich auf (sich freuen auf)** = I am looking forward to (to look forward to)*

2 hören

Hör zu. Sieh dir die Bilder noch mal an. Schreib die Resultate der Umfrage auf.

Beispiel: **h** (friends) – 64 students

3 sprechen

Partnerarbeit. Worauf freust du dich (nicht) im neuen Schuljahr?

- ● *Worauf freust du dich im neuen Schuljahr?*
- ▪ *Ich freue mich (sehr) auf …*
- ● *Worauf freust du dich nicht?*
- ▪ *Ich freue mich (gar) nicht auf …*

⭐ Make your language more descriptive by including qualifiers.

	am meisten besonders total (echt) sehr		**den** Druck. die Klassenfahrt. das Zeugnis. die Prüfungen. neue Fächer.
Ich freue mich		auf	
	weniger (gar) nicht nie		

Sich freuen auf is used with the accusative case, so the masculine article (*der*) changes to **den**.

4 **Lies Bettinas Blog. Übersetze die fett gedruckten Wörter ins Englische.**

Beispiel: **1** weil sie stressig ist – because it's stressful

Sechs Wochen Sommerferien sind vorbei, und heute ist der erste Schultag in der neunten Klasse. Ich freue mich natürlich nicht auf die erste Klassenarbeit, **(1) weil sie stressig ist**, aber ich freue mich irrsinnig auf die AGs, **(2) denn sie sind mir sehr wichtig. (3) Die neunte Klasse ist sehr schwierig** und ich freue mich gar nicht auf den Druck, **(4) weil es so viele Hausaufgaben gibt**. Ich freue mich auch nicht auf die Noten, **(5) denn ich hatte letztes Jahr ein echt schlechtes Zeugnis**. In diesem Schuljahr freue ich mich aber besonders auf die Klassenfahrt, **(6) weil wir im Oktober auf eine Wanderwoche in die Alpen fahren**. Meine Freunde freuen sich aber gar nicht auf die Klassenfahrt, **(7) denn sie sitzen lieber zu Hause am PC**.

> *vorbei* = gone/over
> *irrsinnig* = incredibly

 5 **Lies Bettinas Blog noch mal und beantworte die Fragen auf Deutsch.**

1 Wie lange waren die Sommerferien?
2 Worauf freut sich Bettina nicht?
3 Worauf freut sich Bettina sehr?
4 Wie war Bettinas Zeugnis letztes Jahr?
5 Was macht Bettina im Oktober?
6 Wer freut sich nicht auf die Klassenfahrt?

 Giving a reason with denn or weil ➤ Page 230

Denn and weil both mean 'because', but they use different word order, which adds variety to your writing and speaking.

Ich freue mich auf die Klassenfahrt, **denn** *wir* **fahren** *in die Alpen.*

Ich freue mich auf die Klassenfahrt, **weil** *wir in die Alpen* **fahren**.

 6 **Hör zu. Worauf freuen sie sich (nicht)? Schreib die Tabelle ab und füll sie aus. (1–8)**

	🙂	🙁	Why?
1		homework	difficult

 7 **Gruppenarbeit. Diskussion: Das neue Schuljahr.**

● *Freust du dich auf das Zeugnis?*
■ *Was? Du spinnst! Ich freue mich gar nicht darauf.*
▲ *Warum nicht?*
■ *Weil (ich oft schlechte Noten bekomme). Freust du dich …*

 Instead of repeating a noun you can say:

Ich freue mich **darauf**.
I'm looking forward **to it**.

Ich freue mich nicht **darauf**.
I'm not looking forward **to it**.

 8 **Freust du dich auf das neue Schuljahr? Warum (nicht)? Schreib einen Blog darüber.**

• Worauf freust du dich (nicht) im neuen Schuljahr?
• Warum?
• Wie war das letzte Schuljahr? Warum?
• Was machst du im neuen Schuljahr?

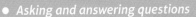
- Describing a school day
- Asking and answering questions

1 hören

Hör zu. Sieh dir den Stundenplan an. Welcher Tag ist das? (1–6)

Beispiel: **1** Dienstag

Stundenplan der Klasse 9f					
	Montag	**Dienstag**	**Mittwoch**	**Donnerstag**	**Freitag**
1. Std. 08:00–08:45	Geschichte	Spanisch	Physik	Mathe	PGW
2. Std. 08:50–09:35	Geschichte	PGW	Physik	*Wahlfach 1*	Chemie
20 Min. kleine Pause					
3. Std. 09:55–10:40	Erdkunde	Chemie	Deutsch	Geschichte	Biologie
4. Std. 10:45–11:30	Biologie	Englisch	Deutsch	*Wahlfach 3*	Spanisch
5. Std. 11:35–12:20	Deutsch	Mathe	Mathe	Deutsch	Englisch
40 Min. Mittagspause					
6. Std. 13:00–13:45	Englisch	*Wahlfach 2*	Sport	Spanisch	Mathe
7. Std. 13:50–14:35	*Wahlfach 1*	*Wahlfach 2*	Sport	Erdkunde	*Wahlfach 3*
Wahlfächer: Französisch, Informatik, Kunst, Musik, Religion, Theater					

> ⭐ Be careful when pronouncing cognates: the words may look similar to the English, but they sound different. Listen to the pronunciation in exercise 1.
>
> g → *Biologie*
> ch → **Ch**emie
> sch → Engli**sch**
> sp → **Sp**ort
> th → Ma**th**e

PGW (Politik, Gesellschaft, Wirtschaft) = politics, sociology, economics
das Wahlfach = optional subject   (**das Pflichtfach** = compulsory subject)

2 sprechen

Partnerarbeit. Sieh dir den Stundenplan an und stell Fragen.

- *Was hat die Klasse 9f in der ersten Stunde am Montag?*
- *Geschichte. Was hat die Klasse in …*

> in der ersten / zweiten / dritten / vierten / fünften / sechsten / siebten Stunde am (Montag)

3 hören

Hör zu. Schreib die Tabelle ab und füll sie aus. (1–6)

	subject	lessons per week	opinion of subject	day	time
1	maths	4	difficult	Thursday	08:00

> ⭐ Use either the 24- or 12-hour clock when talking about time.

Um …	16:15	
13:00	*dreizehn Uhr*	*ein Uhr*
13:10	*dreizehn Uhr zehn*	*zehn nach eins*
14:15	*vierzehn Uhr fünfzehn*	*Viertel nach zwei*
15:30	*fünfzehn Uhr dreißig*	*halb **vier*** ⚠
16:40	*sechzehn Uhr vierzig*	*zwanzig vor fünf*
17:45	*siebzehn Uhr fünfundvierzig*	*Viertel vor sechs*

4 sprechen

Partnerarbeit. Vergleich deinen Stundenplan mit dem Stundenplan oben.

- *Die Klasse 9f hat am Montag um 11 Uhr 35 Deutsch. Hast du am Montag Deutsch?*
- *Ja, ich habe am Montag Deutsch, aber die Stunde beginnt um 14 Uhr 30. Ich mag Deutsch (sehr/nicht). Die Klasse 9f hat […]. Hast du […]?*

> **G** **Asking questions with inversion**   ❯ Page 228
>
> **Du hast** am Montag Deutsch. → **Hast du** am Montag Deutsch?
> **Du magst** Deutsch. → **Magst du** Deutsch?

5 lesen   **Lies das Interview mit Tanya. Beantworte die Fragen auf Englisch.**

Tanya, Schülerin an einer deutschsprachigen Schule in Namibia

1: Wann beginnt die Schule?
Unser Unterricht beginnt um 08:00 Uhr morgens.

2: Wie viele Stunden hast du pro Tag?
Wir haben sechs Stunden pro Tag und jede Stunde dauert 50 Minuten.

3: Um wie viel Uhr endet dann die Schule?
Die Schule endet um halb zwei.

4: Wie oft hast du Deutsch?
Ich habe sechsmal pro Woche Deutsch, weil Deutsch eine wichtige Sprache an meiner Schule ist.

5: Was ist dein Lieblingsfach?
Ich mag Biologie sehr, denn ich möchte später Medizin studieren. Mein Lieblingsfach ist aber Mathe.

6: Ist Mathe wirklich dein Lieblingsfach? Warum?
Weil ich Mathe einfach finde. Ich bekomme immer gute Noten.

7: Welches Fach machst du nicht gern?
Englisch mache ich nicht so gern, weil es sehr schwierig ist. Es ist aber wichtig und ist natürlich ein Pflichtfach.

8: Was machst du in der Pause?
Ich schwatze mit meinen Freundinnen auf dem Schulhof – ich freue mich immer sehr darauf.

9: Wie findest du den Schultag?
Ich finde den Schultag echt anstrengend! Ich bin in der 10. Klasse und es gibt viel Druck, weil wir in Deutsch, Mathe und Englisch Klassenarbeiten schreiben.

schwatzen = to chat

1 How many lessons does Tanya have each day?
2 How often does Tanya have German? Why?
3 Why does Tanya like biology?
4 What is Tanya's favourite subject and why?
5 Why does Tanya have to learn English?
6 Is Tanya positive about breaktime? How do you know this?
7 Why is Tanya under pressure this year?

Kulturzone
Vor 1915 gab es eine deutsche Kolonie mit dem Namen Deutsch Südwestafrika. Jetzt heißt das Land Namibia und Deutsch ist bis heute eine wichtige Sprache.

vor = before
die Sprache = language

6 lesen   **Übersetze Tanyas Antwort zu Frage 10.**

10: Was machst du nach der Schule?
Normalerweise gehe ich schnell nach Hause und esse zu Mittag, aber am Mittwoch habe ich am Nachmittag eine Theater-AG. Von halb vier bis Viertel vor sechs mache ich Hausaufgaben. Ich lerne im Moment für die Prüfungen, weil sie mir wichtig sind. Gestern war besonders lang, denn wir haben eine Physikklassenarbeit geschrieben.

Double-check you have translated these times correctly.

Use context to help you – which preposition usually comes after one time and before the next?

This is a time expression and the verb used is *war*, so what do you think it might mean?

7 sprechen   **Partnerarbeit. Mach einen Audioclip über deinen Schultag. Stell und beantworte die Fragen aus den Aufgaben 5 und 6.**

● *Wann beginnt die Schule?*
■ *Die Schule / Unser Unterricht beginnt um … Uhr.*

⭐ Adapt Tanya's responses by changing the details to reflect your school day:

Welches Fach machst du nicht gern? → **Spanisch** *mache ich nicht so gern, weil* **ich schlechte Noten bekomme***.*

G Question words ❯ Page 228

To ask a question, use a <u>question word</u> + **verb** + subject/object.
Wann **beginnt** *die Schule?*
Was **machst** *du in der Pause?*

- *Discussing school rules*
- *Using modal verbs:* **müssen, können, dürfen**

1 hören **Hör zu. Sieh dir den Schulgeländeplan und die Bilder (a–f) an. Was passt zusammen? (1–6)**

Beispiel: **1** 6 d

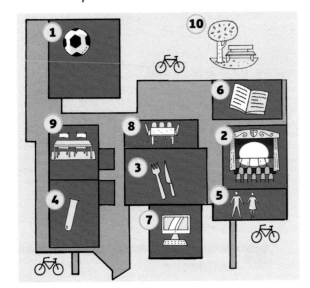

1 die Sporthalle
2 die Aula
3 die Kantine
4 das Labor
5 die Toiletten
6 die Bibliothek
7 der Computerraum
8 das Lehrerzimmer
9 das Klassenzimmer
10 der Schulhof

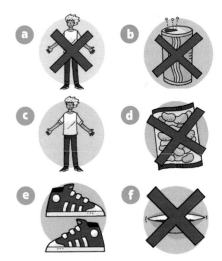

G *Modal verbs:* **müssen, können, dürfen** ❯ *Page 210*

Modal verbs work with another verb in its infinitive form at the end of the clause: *Man* **darf** *nicht in der Bibliothek* **essen**. Use *man* with modal verbs to mean 'you' generally.

	müssen (to have to)	**können** (to be able to)	**dürfen** (to be allowed to)
ich	*muss*	*kann*	*darf*
du	*musst*	*kannst*	*darfst*
er/sie/es/man	*muss*	*kann*	*darf*
wir	*müssen*	*können*	*dürfen*
ihr	*müsst*	*könnt*	*dürft*
Sie/sie	*müssen*	*können*	*dürfen*

2 schreiben **Schreib sechs Regeln für deine Schule auf.**

Man	muss kann darf darf nicht	im Computerraum in der Aula im Klassenzimmer in den Toiletten auf dem Schulhof	essen. trinken. ruhig sein. Handball spielen. Sportschuhe tragen.

3 lesen **Lies den Text. Wähl die richtigen Wörter aus.**

Unser Schulgelände ist ziemlich klein und der Schulhof ist eng wie ein Gang. Man darf dort nie Ball spielen, aber wir haben eine große Sporthalle und dort kann man Handball oder Federball spielen. Die Klassenzimmer sind alle modern ausgestattet und man darf seinen eigenen Laptop mitbringen, weil jedes Klassenzimmer Anschluss ans Schulnetzwerk hat. Man kann normalerweise gut in der Kantine essen und trinken, aber man darf natürlich nicht in der Bibliothek essen. Letzte Woche war meine Klasse oft in der Aula, weil es in unserem Klassenzimmer Renovierungen gab. Ich mag das nicht, denn man muss in der Aula irrsinnig ruhig sein, weil die Rezeption nebenan ist.

G **in + dative** ❯ *Page 209*

To say where something happens, use **in** + the dative case.

in + der → in **dem** (**im**)
in + die → in **der**
in + das → in **dem** (**im**)
in + die → in **den**

der Gang = *corridor*
ausgestattet = *equipped*
nebenan = *next door*

1 The school playground is spacious / narrow / small.
2 You can play handball in the playground / park / sports hall.
3 No / One / Every classroom is connected to the school network.
4 You are not allowed to eat in the classroom / hall / library.
5 Last week the class was in the hall / canteen / reception area.
6 You have to be quite / incredibly / not at all quiet there.

4 lesen **Lies die Schulordnung. Was sind die Regeln am SHG?**

Beispiel: **1** We are not allowed to hit or bully.

Die Schulordnung am St. Hubertus Gymnasium (SHG)

1 Wir dürfen weder schlagen noch mobben.

2 Wir müssen höflich, pünktlich und respektvoll sein.

3 Wir dürfen nicht auf dem Schulgelände rauchen.

4 Wir dürfen keine Schimpfwörter sagen.

5 Wir müssen den Müll trennen.

6 Im Klassenzimmer dürfen wir keinen Kaugummi kauen.

7 Wir dürfen im Computerraum weder essen noch trinken.

8 Wir müssen in der Bibliothek ruhig sein.

9 Wir müssen immer Hochdeutsch sprechen. Keine Dialekte!

10 Wir dürfen weder Jogginghosen noch Mützen tragen.

Und Schneeballwerfen ist auf dem Schulgelände streng verboten!

If you can't work out a word from picture clues, context, cognates or part of the word, you can always check it in a dictionary. Make sure the translation you choose makes sense in the context, as words can have more than one meaning.

weder ... noch = neither ... nor
Hochdeutsch = standard German

 5 sprechen **Partnerarbeit. Wie findest du die Schulordnung am SHG?**

● *Die erste Regel: Wir dürfen weder schlagen noch mobben. Das finde ich sehr gut. Und du?*

■ *Ja, das finde ich gerecht. Die zweite Regel: …*

zu ✓✓✓	streng
	ärgerlich
	nervig
sehr ✓✓	(un)gerecht
	(un)fair
ziemlich ✓	gut
	locker

 6 hören **Zur Faschingszeit ist die Schulordnung am SHG ganz anders! Hör zu. Füll die Tabelle aus. (1–6)**

	rule number	carnival rule	opinion
1	2	have to be unpunctual on Monday	very funny

die Faschingszeit = carnival time

In group talk tasks you need to agree or disagree with each other:

Ich stimme da zu.	Ich stimme da nicht zu.
Du hast recht.	
Ich bin ganz deiner Meinung.	Ich bin nicht deiner Meinung.
	Nein, das finde ich …

You will also need to give reasons for your opinion:

weil …	denn …
das schrecklich ist	man muss respektvoll sein
ich (…) liebe	man kann dort gut lernen
das (nicht) nötig ist	das ist (un)wichtig

 7 sprechen **Gruppenarbeit. Diskussion: Deine Schulordnung.**

● *Im Klassenzimmer dürfen wir keinen Kaugummi kauen. Ich finde das ungerecht, weil ich Kaugummi liebe.*

■ *Tja, ich stimme da nicht zu. Ich finde das gut, weil Kaugummi schrecklich ist.*

▲ *Du hast recht! Ich bin ganz deiner Meinung, denn Kaugummi kann man in der Pause auf dem Schulhof kauen.*

 8 schreiben **Schreib deine eigene Faschings-Schulordnung auf.**

Beispiel:

1 Die Lehrer müssen im Klassenzimmer Hausaufgaben machen.

- *Learning about different types of German schools*
- *Understanding a literary text*

1 lesen **Lies die Texte und sieh dir die Kulturzone an. Wie heißt das auf Deutsch? (1–10)**

Unser Gymnasium ist eine gemischte staatliche Schule und sie hat etwa 780 Schülerinnen und Schüler und über 50 Lehrerinnen und Lehrer. Letztes Jahr habe ich ein schlechtes Zeugnis bekommen und ich bin leider sitzen geblieben. Ich muss also jetzt das Jahr wiederholen. **Oskar**

Ich besuche ein privates Internat. Das ist wie eine Hauptschule, aber man schläft auch hier! Hier ist die Schulordnung ziemlich streng und man darf weder Piercings noch gefärbte Haare haben. Die Schule ist prima ausgestattet und wir haben tolle Computer-, Musik- und Kunsträume. **Markus**

Ich besuche die Freie Schule in Leipzig, eine Realschule für Jungen und Mädchen und auch eine Ganztagsschule. Das heißt, die Schule beginnt um 7:30 Uhr und endet um 17:00 Uhr. Hier ist alles sehr locker – es gibt keinen Stundenplan, keine Schuluniform, kein Zeugnis und absolut keine Hausaufgaben. **Rosa**

1	primary school	**6**	mixed
2	secondary schools (four types)	**7**	teachers
		8	to repeat the year
3	GCSE equivalent	**9**	boarding school
4	sixth form	**10**	all-day school
5	A Level equivalent		

Kulturzone
Das deutsche Schulsystem

Abitur

Berufsleben · Oberstufe · Mittlerer Schulabschluss

KLASSE 13
KLASSE 12
KLASSE 11
KLASSE 10
KLASSE 9
KLASSE 8
KLASSE 7
KLASSE 6
KLASSE 5
KLASSE 4
KLASSE 3
KLASSE 2
KLASSE 1

Gymnasium
Realschule
Hauptschule
Gesamtschule

Grundschule

2 lesen **Lies die Texte noch mal. Richtig oder falsch? Korrigiere die falschen Sätze.**

1 An Oskars Schule ist das Zeugnis unwichtig.
2 Jungen und Mädchen besuchen Oskars Schule.
3 Nachmittags darf Markus nicht nach Hause gehen.
4 Markus' Schulräume sind sehr altmodisch.
5 Rosas Schule ist total anders als die meisten Schulen.
6 Rosa muss ab und zu Hausaufgaben machen.

G **kein** *(no, not a)* > Page 217

Kein has the same endings as the indefinite article *ein*.

Es gibt … (+ accusative case)		
masc.	*kein**en***	*Stundenplan*
fem.	*kein**e***	*Schuluniform*
neut.	*kein*	*Zeugnis*
pl.	*kein**e***	*Hausaufgaben*

3 hören **Hör zu. Was ist die richtige Reihenfolge?**

Beispiel: c, …

a number of pupils/teachers
b buildings
c type of school
d clothes
e times
f school rules
g grades

4 hören **Hör noch mal zu. Schreib Details zu jeder Kategorie in Aufgabe 3 auf.**

Beispiel: c – state, mixed secondary school

5 schreiben **Übersetze den Text ins Deutsche.**

> Look at the texts in exercise 1. Which verb is used to express 'go' in this context?

> I go to a state comprehensive school. School starts at quarter to eight and I find that unfair. The school is well equipped and we have eight labs, a sports hall and a big computer room. Last week I learned physics in the library every day, because I had an exam on Friday.

> Ideally you need to write the time in words. You won't impress by writing numerals (e.g. 7:45) but if you are really stumped, you could use *um 7:45 Uhr.*

> Remember word order after *weil*.

> Think carefully about the adjectival ending needed here.

6 lesen **Lies den Auszug. Worüber sprechen Jakob und Lina? Wie heißt das auf Deutsch? (1–6)**

> This extract is from *Jakob der Lügner* by Jurek Becker. The main character, Jakob, is speaking to Lina, an orphan who lives in the same ghetto.

„Was hast du denn gegen die Schule? Hat dir irgendein Dummkopf was Schlechtes darüber erzählt?"

Sie schüttelt den Kopf.

„Na also. Die Schule ist was Wunderwunderschönes. Da gehen lauter dumme Kinder rein, und lauter kluge Kinder kommen wieder raus. Aber wenn du meinst, dumm gefällst du mir besser …"

„Müssen Siegfried und Rafael auch in die Schule [gehen]?"

„Klar."

1 against school	**4** something really wonderful
2 stupid person	**5** clever children come out
3 shakes her head	**6** I prefer you stupid

7 lesen **Lies den Text noch mal. Finde die <u>vier</u> richtigen Sätze.**

> Don't worry about understanding every word. Use the context and your existing knowledge to help you draw logical conclusions.

1 Jakob thinks Lina likes school.
2 Somebody has said something positive to Lina about school.
3 Lina shakes her head.
4 Jakob is positive about school.
5 Jakob doesn't think school changes children.
6 Lina might believe Jakob prefers her to be stupid.
7 Siegfried and Rafael don't go to school.
8 Siegfried and Rafael have to go to school too.

8 sprechen **Mach einen Audioclip über deine Schule.**

Beispiel: Ich besuche … Meine Schule hat … und ist …

> Adapt the texts in exercise 1 by substituting words or phrases to suit your situation:
>
> *Letztes Jahr habe ich ein schlechtes Zeugnis bekommen.* → *Letztes Jahr habe ich ein **gutes** Zeugnis bekommen.*
>
> *Wir haben tolle Computerräume.* → *Wir haben **keine** Computerräume.*

- *Talking about school exchanges and class trips*
- *Using the future tense*

1 lesen **Lies die FAQ-Liste. Welches Foto passt zu welcher Frage?**

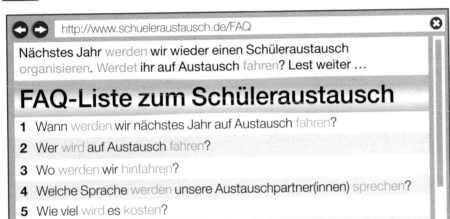

http://www.schueleraustausch.de/FAQ ✖

Nächstes Jahr werden wir wieder einen Schüleraustausch organisieren. Werdet ihr auf Austausch fahren? Lest weiter …

FAQ-Liste zum Schüleraustausch

1 Wann werden wir nächstes Jahr auf Austausch fahren?

2 Wer wird auf Austausch fahren?

3 Wo werden wir hinfahren?

4 Welche Sprache werden unsere Austauschpartner(innen) sprechen?

5 Wie viel wird es kosten?

6 Was müssen wir mitnehmen?

2 hören **Hör zu. Schreib auf Englisch Antworten zu den FAQ aus Aufgabe 1 auf.**

3 lesen **Lies das Austauschprogramm. Wann werden sie was machen? (1–10)**

Beispiel: **1** Wednesday

Mittwoch Wir werden alle um 6:15 Uhr mit Ausweis/Reisepass zum Gymnasium kommen. Wir werden dann nach Steenwijk in den Niederlanden fahren. Den Abend werden wir bei Gastfamilien verbringen.

Donnerstag Wir werden einen Schultag an der Austauschschule erleben. Wir werden gemeinsam mit unseren Partnern ein Kunstprojekt machen. Am Nachmittag werden wir das Zirkusmuseum besuchen.

Freitag Die deutsche Klasse wird einen Tagesausflug zum Park Rams Woerthe machen. Am Abend werden wir ins Hallenbad gehen.

G **The future tense** ❯ *Page 215*

Use a form of *werden* (to become) with an infinitive at the end of the clause to talk about what you <u>will</u> do:

Wir **werden** *die Sehenswürdigkeiten* **besichtigen**.
We **will visit** the sights.

ich	werde	erleben	I will experience
du	wirst	verbringen	you will spend
er/sie/es	wird	besuchen	he/she/it will visit
wir	werden	bummeln	we will wander round
ihr	werdet	machen	you will do
Sie/sie	werden	gehen	you/they will go

Samstag Am Morgen werden wir eine Fahrradtour machen. Am Nachmittag werden wir in der Altstadt bummeln, die Sehenswürdigkeiten besichtigen und Andenken kaufen.

Sonntag Am Morgen wird es eine Abschiedsparty in der Schule geben. Wir werden dann um 11:30 Uhr wieder nach Hause fahren.

1 spend the evening with guest family	**6** experience a day at school
2 wander round Steenwijk	**7** visit the sights
3 have a day trip	**8** go swimming
4 work on a joint project	**9** visit a museum
5 have a farewell celebration	**10** go for a bike ride

der Tagesausflug = day trip
das (die) Andenken = souvenir(s)

4 schreiben **Schreib ein Schüleraustauschprogramm für eine tolle Woche auf.**

Beispiel: (Am Samstag) werden wir (um 12:20 Uhr) zur Schule kommen. Wir werden (am Nachmittag) nach … fahren. Am …

5 lesen **Lies Lottes Bericht von der Klassenfahrt. Welcher Absatz ist das?**

1 Letztes Jahr bin ich fünf Tage mit dem Bus auf Klassenfahrt in die Schweiz gefahren. Ich war leider reisekrank ☹ und die Reise hat drei Stunden gedauert.

2 Dieses Jahr verbringen wir eine Woche mitten im Nationalpark Harz. Es gibt hier ein Freibad und einen Tennisplatz, aber es gibt leider keine Freizeithalle. 👎

3 Gestern sind wir zur ehemaligen innerdeutschen Grenze gefahren. Das war ein sehr interessanter Tagesausflug. Unsere Großeltern durften früher diese Grenze nie überqueren, das finde ich schrecklich!

4 Einige Schüler haben natürlich Heimweh, aber die Lehrer geben ihnen Schokolade! Wir haben alle unsere Handys mit, aber leider gibt es hier kein WLAN. Für manche ist das eine Katastrophe!

5 Nächstes Jahr werde ich mit meiner Familie wieder hierher kommen, denn das wird viel Spaß machen. Meine Eltern werden bestimmt die Sehenswürdigkeiten besichtigen. Mein Bruder und ich werden einen Tag im Freizeitpark erleben, weil der eine Reise wert ist!

a a day trip

b problems

c on-site facilities

d travel and length of stay

e future plans

> **die ehemalige Grenze** = the former border
> **Heimweh haben** = to be homesick
> **das WLAN** = Wi-Fi

6 lesen **Lies die fünf Absätze in Lottes Bericht noch mal. Welche Zeitform ist das? Füll die Tabelle aus.**

past	present	future
1, …		

⭐ Use time expressions as clues to work out the tenses.

Kulturzone

Jedes Jahr freuen sich deutsche, österreichische und schweizerische Schülerinnen und Schüler auf die Klassenfahrt. Jede Klasse fährt von der Schule weg und lernt einander besser kennen.

Ich ♥ Klassenfahrtstreiche!

7 hören **Hör zu. Wähl die richtige Antwort aus.**

1 Tobias fährt nicht / heute / später auf Klassenfahrt.
2 Tobias ist reisekrank / war reisekrank / wird nicht reisekrank sein.
3 Die Klasse hat vier / fünf / sechs Tage in der Schweiz verbracht.
4 Am letzten Tag ist Tobias ins Freibad gegangen / hat Tobias eine Fahrradtour gemacht / hat Tobias die Sehenswürdigkeiten besichtigt.
5 Eine Lehrerin hat keinen Ausweis / hatte keinen Ausweis / wird keinen Ausweis haben.
6 An der Grenze gibt es ein Problem / gab es ein Problem / wird es ein Problem geben.
7 Tobias freut sich besonders auf den Tagesausflug / den Freizeitpark / das Essen.

8 sprechen **Bereite eine Präsentation über einen Austausch oder eine Klassenfahrt vor.**

• Was hast du letztes Jahr gemacht?
• Was machst du dieses Jahr?
• Was wirst du nächstes Jahr machen?

past	present	future
letztes Jahr	dieses Jahr	nächstes Jahr
habe … gespielt bin … gefahren hatte / war / gab …	habe / bin / fahre …	werde … machen

- *Talking about success and achievement at school*
- *Perfect tense of separable verbs*

 1 **lesen** Lies die Schlagzeilen aus den Schülerzeitungen. Welches Foto passt zu welcher Schlagzeile?

Welchen Erfolg hast du in der Schule gefeiert?

1 Unsere Schule hat am Spendenlauf teilgenommen – mit großem Erfolg!

2 Die Jahrgangsstufen 9–11 haben beim Nano-Schulwettbewerb mitgemacht und haben den dritten Preis gewonnen.

3 Erfolgreiches Erlebnis gestern Abend in der Aula: Die Theater-AG hat ein tolles Theaterstück aufgeführt.

4 Voller Erfolg für unsere Mannschaft bei „Jugend trainiert für Olympia"– wir sind mit vielen Medaillen zurückgekommen.

5 Das beliebte Musikfest hat wieder stattgefunden. Es gab großen Applaus! Wir haben die Musiker(innen) danach kennengelernt.

6 113 Jugendliche haben die Prüfung bestanden. Kein(e) Schüler(in) ist durchgefallen. Wir gratulieren!

der Erfolg = *success*
bestehen (bestanden) = *to pass (passed)*

2 **lesen** Lies die Schlagzeilen noch mal. Füll die Tabelle aus.

	infinitive	perfect tense
1 to take part	teilnehmen	hat teilgenommen

1 to take part	**5** to take place
2 to participate	**6** to get to know
3 to put on	**7** to fail
4 to come back	

G Perfect tense of separable verbs

> Page 212

Separable verbs split up when they are not in the infinitive form. To form a past participle for the perfect tense, place **ge** between the two parts of the verb.

infinitive	present tense	perfect tense
teilnehmen to take part	ich nehme **teil** I take part	ich habe teil**ge**nommen I took part
zurückkommen to come back	ich komme **zurück** I come back	ich bin zurück**ge**kommen I came back

 3 **hören** Hör zu. Welche Erfolge haben sie (nicht) gehabt? (1–6)

Beispiel: **1** put on a great play at school

 4 **sprechen** Partnerarbeit. Diskussion: Deine Erfolge in der Schule.

● *Welchen Erfolg hast du in der Schule gehabt?*
■ *Letztes Jahr habe ich mit der Sport-AG am Spendenlauf teilgenommen. Das hat viel Spaß gemacht. Und du? …*

⭐ Adapt the phrases from exercise 1 by changing the part of the auxiliary verb (*haben* or *sein*) to suit yourself:

113 Jugendliche haben die Prüfung bestanden. →
Letztes Jahr **habe** *ich die Prüfung bestanden.*

5 lesen **Lies über die Erfolge. Finde die deutschen Ausdrücke in den Texten.**

Dieses Jahr habe ich im Unterricht sehr viel Erfolg gehabt. In der achten Klasse habe ich meistens schlechte Noten bekommen und ich bin bei Klassenarbeiten oft durchgefallen. Jetzt sind meine Eltern sehr stolz auf mich, denn ich habe in der Klasse immer gut aufgepasst. Mein Zeugnis war ausgezeichnet und morgen werde ich ein neues Computerspiel als Belohnung bekommen! **Otto**

Vorgestern habe ich bei einer Spendenschwimm-Aktion für unsere Partnerschule in Namibia mitgemacht. Ich habe dort neue Leute kennengelernt und wir haben viel Geld für die Schule gesammelt. Wir waren alle sehr glücklich und am Ende des Tages haben wir unseren Erfolg im Restaurant gefeiert. **Klara**

Letztes Jahr habe ich an einem europäischen Radfest in der Schweiz teilgenommen. Ich bin sehr schnell in den Alpen Rad gefahren und ich habe das total anstrengend gefunden. Ich habe aber großen Erfolg gehabt und den ersten Preis gewonnen: eine Medaille und ein neues Fahrrad! Am nächsten Tag war mein Foto in der Zeitung. **Florian**

Letztes Wochenende war die Musik-AG sehr erfolgreich. Es gab großen Applaus für unser Konzert. Nachher haben wir viel gefeiert! Es gab eine Party mit Musik, Luftballons und Pizzas für alle Musiker. Hoffentlich werde ich nächstes Jahr wieder beim Konzert mitspielen, denn das war ein tolles Erlebnis. **Silke**

> **vorgestern** = *the day before yesterday*

1 proud of me
2 I paid attention in class
3 to get as a reward
4 we raised money
5 we celebrated our success
6 I had great success
7 there was great applause
8 to play again in the concert
9 that was a great experience

6 lesen **Lies die Texte noch mal. Richtig oder falsch? Korrigiere die falschen Sätze.**

1 Ottos Noten sind dieses Jahr besser als letztes Jahr.
2 Klara wird nächstes Jahr Geld für die Partnerschule sammeln.
3 Florian hat nichts beim Radfest gewonnen.
4 Silke freut sich auf die Party morgen.
5 Klara hat vorgestern im Restaurant gefeiert.
6 Florian hat das Radfest ziemlich leicht gefunden.
7 Ottos Eltern werden ein Geschenk für Otto kaufen.
8 Florians Bild wird nächste Woche in der Zeitung sein.

7 hören **Hör zu. Füll die Tabelle aus. (1–6)**

	success / achievement	celebration / reward	opinion
1	won first prize at reading competition	photo in newspaper next day	very funny

8 schreiben **Schreib über deine Erfolge.**

• Welchen Erfolg hast du im letzten Schuljahr gehabt?
• Wie hast du den Erfolg gefeiert? Deine Meinung?
• Welchen Erfolg wirst du hoffentlich in der Zukunft haben?

Ich habe … Meine Schule / Klasse / AG / Mannschaft hat …	(sehr) viel Erfolg gehabt. (am Radfest in …) teilgenommen.
Ich habe … Wir haben …	großen Erfolg gehabt. eine Medaille / den (ersten) Preis gewonnen. ein Computerspiel als Belohnung bekommen. den Erfolg gefeiert.
Meine Eltern waren stolz auf mich. Es gab eine Party.	
Nächstes Jahr werde ich (bei …) mitmachen.	

1 **Read the extract from the text. A teacher is thinking about one of her students.**

Zu Hause ist Kevin ganz anders by Wilma Pause

Nach der sechsten Stunde sitze ich im Lehrerzimmer und denke nach: Kevins Noten werden immer schlechter. […] Ich als Klassenlehrerin muss mich bei Frau Balz melden, denn irgendetwas muss passieren. Also nehme ich den Hörer des Telefons […] in die Hand und rufe Frau Balz an.

»Hallo?« […]

»Hallo, hier spricht Pause, die Klassenlehrerin von Kevin.«

»Hallo.«

»Spreche ich mit Kevins Mutter?«

»Ja. Hier ist Balz.«

[…] »Frau Balz, ich rufe an, weil Kevins Leistungen sich immer noch nicht verbessert haben. […] So wie es aussieht, fällt sein nächstes Zeugnis noch schlechter aus. Gerade heute hat sein Mathelehrer mir gesagt, dass er wahrscheinlich eine Sechs bekommen wird. […]«

»Ach je, das ist nicht gut.«

»Nein, gar nicht. Kevin muss unbedingt etwas tun. […] Vielleicht könnten Sie mit ihm zusammen Hausaufgaben machen.« […]

> ⭐ If you come across unfamiliar vocabulary, don't panic:
> - You may not need to use that word to complete the task.
> - You may be able to work the word out from another word you do know: *hören* = to listen and *Hörer* is the 'listener', i.e. the telephone receiver.
> - Try to remember common synonyms to help you work out meanings: *ich rufe an* means the same as *ich telefoniere*, so how is Frau Pause contacting Frau Balz?

Answer the following questions in English. You do not need to write in full sentences.

a Where does the scene take place?

b How does Frau Pause get in touch with Kevin's mother?

c What is the problem?

d How can Kevin's mother help him?

2 **Lies diesen Blog von Florian.**

Die neunte Klasse

Letztes Jahr in der neunten Klasse hatte ich ein schreckliches Zeugnis und meine Eltern waren total enttäuscht. Ich musste das Schuljahr wiederholen, weil ich eine Durchschnittsnote von 5,3 hatte. Dieses Jahr helfen die Lehrer mir viel, meine Noten zu verbessern. Ich habe in den Naturwissenschaften Erfolg gehabt, weil die Lehrerin alles besonders klar und geduldig erklärt. In der Pause gehe ich oft ins Labor und mache dort meine Hausaufgaben, weil es schön ruhig ist. Ich habe viele nette Leute in der Klasse kennengelernt und nächste Woche fahren wir alle auf Klassenfahrt nach Belgien. Ich freue mich sehr darauf, weil wir in einem alten Schloss übernachten werden.

Beantworte die Fragen auf Deutsch. Vollständige Sätze sind nicht nötig.

a Warum ist Florian sitzen geblieben?

b Warum erreicht Florian dieses Jahr gute Noten?

c In welchen Fächern hat sich Florian wirklich verbessert?

d Wie verbringt Florian freie Zeit in der Schule?

e Was wird der Höhepunkt auf der Klassenfahrt sein?

3 lesen **Translate this passage into English.**

Die Schulordnung an meinem Gymnasium ist ungerecht. Man darf zum Beispiel keine Sportschuhe in der Bibliothek tragen! Letztes Jahr habe ich viel Erfolg gehabt, weil ich nie schlechte Noten hatte. Dieses Jahr werden wir eine Woche auf Klassenfahrt nach Italien fahren und ich hoffe, dass ich kein Heimweh haben werde.

4 hören **While on the German exchange, you overhear Benjamin talking about his teachers. What does he say? Listen to the recording and write down the letters of the other three correct statements.**

Example: A, …

A He looks forward to maths.
B He finds the maths teacher relaxed.
C He was quite good at chemistry.
D He thought the chemistry teacher was funny.
E He finds chemistry lessons well organised.
F He has a test tomorrow.
G He has revised a lot.
H He wants to get a good grade.

> ⭐ When you are asked to select a certain number of items, make sure you do just that and not an item more or an item fewer!

5 hören **Du hörst im Internet einen Podcast über Fabians Schule. Wie ist alles? Trag entweder fantastisch, langweilig, anstrengend oder praktisch ein. Du kannst jedes Wort mehr als einmal verwenden.**

Beispiel: Die Busfahrt ist <u>langweilig</u>.

a Die Schule ist _____.
b Fabian findet Biologie _____.
c Fabian hat Sport früher _____ gefunden.
d Das Sportzentrum ist _____.
e Fabian findet die Schulordnung _____.

6 hören **You hear an interview on German radio about a school exchange. Listen to the interview and answer the following questions in English.**

a What was Marion's opinion of the exchange?
b Give two details about the first day.
c What did the class do on Wednesday?
d What does Marion say about the next exchange?

> ⭐ Use tenses as clues when listening – the first question here is in the past tense, so what sort of verbs should you prepare yourself to listen for?

A – Role play

 1 lesen Look at this role play card and prepare what you are going to say.

> ⭐ In this role play the teacher is playing the role of another pupil, i.e. somebody the same age as you, so use the *du* register.

Topic: What school is like

You are talking to a German exchange student during a school trip to Germany. The teacher will play the role of the exchange student and will speak first.

You must address the exchange student as *du*.

You will talk to the teacher using the five prompts below.

- where you see – **?** – you must ask a question
- where you see – **!** – you must respond to something you have not prepared

Task

> You can just give a simple time with *Um …*

> How might you give your opinion? You could say *Ich finde …*

> Which person of the verb will you use for this question?

Du bist zu Besuch bei deiner deutschen Austauschschule.
Ein(e) Austauschschüler(in) spricht mit dir in der Pause.

1. Dein Schulbeginn – wann
2. Klassenarbeiten – Meinung
3. **!**
4. **?** AGs
5. **?** Pläne – nach der Schule

> The unexpected question will require you to answer in the past tense. Try to predict different possibilities and think how you would answer them.

> How could you ask for information here? What are the question words in German?

 2 sprechen Practise what you have prepared. Take care with pronunciation and intonation.

> ⭐ Listen carefully to the unexpected question (!). If you don't understand, ask the teacher to repeat the question (in German!) – *Wie bitte? Könntest du das bitte wiederholen?* – if the teacher is playing the role of someone your age.

 3 hören Using your notes, listen and respond to the teacher.

 4 hören Now listen to Omar performing the role play task.

B – Picture-based task

Topic: What school is like

Schau dir das Foto an und sei bereit, über Folgendes zu sprechen:

- Beschreibung des Fotos
- Deine Meinung zu Klassenfahrten
- Der beste Tag an der Schule letztes Jahr
- Was du an deiner Schule anders machen möchtest
- **!**

Look at the picture and read the task. Then listen to Frankie's answer to the first bullet point.

1 Which person is she describing?
2 How does she expand her answer?
3 Write down <u>two</u> verbs she uses in the present tense.
4 What do you think the word *Hut* means in this context?

 Listen to and read how Frankie answers the second bullet point.

1 Fill in the gaps.
2 Look at the Answer Booster on page 26. Note down <u>eight</u> examples of what Frankie does to make her answer a good one.

> Wenn man kein Heimweh **1** ▨▨▨, machen Klassenfahrten bestimmt viel Spaß! Letztes Jahr **2** ▨▨▨ ich auf Austausch nach Frankreich **3** ▨▨▨ und das **4** ▨▨▨ ein schreckliches Erlebnis! Meine Austauschpartnerin hat mitten im Wald gewohnt und es **5** ▨▨▨ kein WLAN. Am Abend **6** ▨▨▨ wir Karten gespielt und Postkarten geschrieben. Das war nicht sehr interessant, **7** ▨▨▨ ich wohl sagen.

 Listen to Frankie's answer to the third bullet point.

1 Make a note in English of <u>five</u> details that she gives.
2 Can you work out the meaning of *Schriftsteller* and *Ausschnitte* from the context?

 Listen to how Frankie answers the fourth bullet point and look again at the Answer Booster. Note down examples of how she gives reasons for what she says.

 Prepare your own answers to the first four bullet points, and try to predict which unexpected question you might be asked. Then take part in the full picture-based discussion with the teacher.

> ⭐ If you don't speak for at least three minutes you will be asked extra questions on this topic. What might you be asked?

C – General conversation

 Listen to Tom introducing his chosen topic. In which order does he mention the following?

a what he did at primary school
b when he started at primary school
c homework
d when he wore a tie
e how his parents felt
f that he likes going to school

 The teacher then asks Tom: *Und wie findest du jetzt die Sekundarschule?* Listen to how he develops his answer. What 'hidden questions' does he also answer?

> ⭐ A good way of developing your answer is to think about what 'hidden questions' you could also respond to in order to give a full, well-developed answer.

3 **Listen to how Tom answers the next question: *Welche Pläne hast du für nach den Prüfungen?* Look at the Answer Booster on page 26. Write down <u>six</u> examples of what he does to give an impressive answer.**

4 **Prepare your own answers to Chapter 1 questions 1–6 on page 198, then practise with your partner.**

Answer Booster	Aiming for a solid level	Aiming higher	Aiming for the top
Verbs	**Different tenses**: past (perfect or imperfect), present, future	**Different persons of the verb** **Separable verbs**: *teilnehmen* **Modal verbs**: *dürfen*	**Two tenses to talk about the past**: perfect and imperfect *sein* **in the perfect**: *Ich bin gegangen* *sein* **in the imperfect**: *war* **Conditional**: *(Ich) würde …*
Opinions and reasons	*Ich … gern, weil / denn …*	**Add more variety!** *Ich finde, …, weil / denn …*	**Expressions**: *Ich freue mich auf …, weil / denn …*
Conjunctions	*und, aber*	*… weil (das Spaß macht)* *… damit (wir besser lernen)* *… wenn (ich zu Hause bin)*	**Different tenses**: *… denn (ich habe … gewonnen)*
Other features	**Negatives**: *nicht, kein(e)* **Qualifiers**: *ziemlich, besonders, irrsinnig, bestimmt*	**Adjectives**: *schwierig, toll, ungerecht* **Time phrases**: *gestern, letztes Jahr, nächstes Jahr* **Sequencers**: *dann, nach*	**Declined adjectives**: *ein gemischtes Gymnasium, einen großen Computerraum* **Specialist vocabulary**: *weder … noch …*

A – Short writing task

1 lesen

Look at the task. For each of the four bullet points, make notes on:

- which tense(s) and other structures you need to use
- what extra details you could add to give a well-developed answer.

Schule

Dein Austauschpartner Sebastian schickt dir Fragen über deine Schule.

Schreib eine Antwort an Sebastian.

Du **musst** diese Punkte einschließen:

- wie deine Schule aussieht
- warum du deine Schule magst oder nicht
- was du gestern in der Schule gemacht hast
- was du für Sebastians Besuch machen wirst.

Schreib ungefähr 80–90 Wörter **auf Deutsch**.

2 lesen **Look at how Sean has responded to the task. Find examples of:**

- information he has given to extend his writing
- different phrases he uses to express and justify opinions
- verb tenses and other structures he uses to really impress.

Ich besuche ein gemischtes Gymnasium in Bradford. Es ist ziemlich groß und modern. Unsere Labors sind besonders gut ausgestattet und wir haben einen großen Computerraum, aber wir dürfen weder Computerspiele spielen noch soziale Netzwerke nutzen. Das finde ich sehr ungerecht, weil ich Computerspiele liebe.

Ich mag meine Schule. In der Pause spiele ich gern Fußball mit meinen Freunden auf dem Schulhof, weil das viel Spaß macht. Donnerstags nehmen wir nach der Schule an der Sport-AG teil und spielen Handball oder Volleyball.

Gestern bin ich gar nicht gern zur Schule gegangen. In der dritten Stunde haben wir eine Klassenarbeit in Physik geschrieben und das war total schwierig.

Ich freue mich sehr auf deinen Besuch. Am Samstag werden wir einen Tagesausflug nach Manchester machen, denn ich habe Karten für das Fußballspiel City gegen United gewonnen!

3 schreiben **Now write your own answer to the question. You can use ideas from Sean's answer, and from the Answer Booster, to help you.**

B – Translation

1 schreiben **Read the English text and Alice's translation of it. Fill in the missing verbs.**

I am fifteen years old and I go to a grammar school. Our school has labs and a library, but there isn't a sports hall. Last year I went on an exchange to England, because English is my favourite subject; that was great! Next year we will go on a class trip to Austria.

Ich **1** [___] fünfzehn Jahre alt und ich **2** [___] ein Gymnasium. Unsere Schule **3** [___] Labors und eine Bibliothek, aber es **4** [___] keine Sporthalle. Letztes Jahr **5** [___] ich auf Austausch nach England **6** [___], weil Englisch mein Lieblingsfach **7** [___]; das **8** [___] toll! Nächstes Jahr **9** [___] wir auf Klassenfahrt nach Österreich **10** [___].

2 schreiben **Translate the following text into German.**

I am in class 9c and my favourite subject is PE. Our school has a sports hall; we always play football there at breaktime, because there isn't a playground. Next year I will go on an exchange to Spain, because I like Spanish. Last year my brother went on a class trip to Austria, but there was no Wi-Fi.

 Make sure that you:
- answer the question properly, covering all four bullet points, with roughly the same number of words for each.
- clearly express ideas, opinions and reasons for your opinions
- structure your essay clearly and logically in paragraphs.

How well does Sean's answer meet each of these criteria?

Exams test your ability to use different tenses and to talk about different people (e.g. I, it, we, …). Think about which person and tense you need for each blank, and take extra care with word order for tenses with two verbs (e.g. perfect tense and future tense).

Make sure you use the correct auxiliary verb with the past participle in the perfect tense. Watch out for verbs which take *sein* not *haben* (e.g. *ich bin gefahren*).

Schulfächer — School subjects

Sprachen:	languages:	Erdkunde	geography
Deutsch	German	Politik	politics
Englisch	English	Gesellschaft	sociology
Französisch	French	Wirtschaft	economics
Spanisch	Spanish	Kunst	art
Naturwissenschaft(en):	science(s):	Musik	music
Biologie	biology	Theater	drama
Chemie	chemistry	Religion	RE
Physik	physics	Sport	PE, sport
Mathe(matik)	math(ematic)s	das Wahlfach	optional subject
Informatik	ICT	das Pflichtfach	compulsory subject
Geschichte	history		

Farben und Kleidung — Colours and clothes

blau	blue	eine Jeans	jeans
braun	brown	eine Hose	trousers
gelb	yellow	eine Jacke	a jacket
grau	grey	eine Krawatte	a tie
grün	green	ein Hemd	a shirt
rot	red	ein Kleid	a dress
schwarz	black	ein T-Shirt	a t-shirt
weiß	white	Sportschuhe	trainers
Ich trage (nie) …	I (never) wear …	Schuhe	shoes
einen Rock	a skirt		

Schulsachen — School items

Was hast du (für das neue Schuljahr / die neunte Klasse) gekauft?	What have you bought (for the new school year / Year 9)?	einen Kuli	a ballpoint pen
		einen Radiergummi	a rubber
		einen Taschenrechner	a calculator
Ich habe … gekauft.	I bought ….	ein Etui	a pencil case
einen Bleistift	a pencil	ein Lineal	a ruler
einen Füller	a fountain pen	Filzstifte	felt-tip pens

Das neue Schuljahr — The new school year

In der neunten Klasse freue ich mich (nicht) auf …	In Year 9, I'm (not) looking forward to …	am meisten	mostly
		besonders	especially
den Druck	the pressure	total	totally
die Klassenfahrt	the class trip	(echt) sehr	(really) very
das Zeugnis	the report	weniger	less
die Hausaufgaben	the homework	(gar) nicht	not (at all)
die (Sport-)AG(s)	the sport clubs	nie	never
die Klassenarbeiten	the tests	langweilig	boring
die Prüfungen	the exams	stressig	stressful
neue Fächer	new subjects	schwierig	difficult
meine Freunde/Freundinnen	my friends	interessant	interesting
die Noten	the grades	einfach	simple

Ein Schultag — A school day

Was hat (die Klasse 9) in der (ersten) Stunde am (Montag)?	What does (Year 9) have in the (first) lesson on (Monday)?	Die Schule beginnt / endet um …	School starts / ends at …
		die (kleine) Pause	(short) break
zweite(n)	second	die Mittagspause	lunch break
dritte(n)	third	Wir haben … Stunden pro Tag.	We have … lessons per day.
vierte(n)	fourth	Jede Stunde dauert … Minuten.	Each lesson lasts … minutes.
fünfte(n)	fifth	Ich habe vier Stunden pro Woche (Erdkunde).	I have four lessons of (geography) per week.
sechste(n)	sixth	Ich habe viermal pro Woche (Mathe).	I have (maths) four times a week.
siebte(n)	seventh	Mein Lieblingsfach ist (Physik).	My favourite subject is (physics).

Fragen stellen — Asking questions

Wann?	When?	Ist (Mathe) dein Lieblingsfach?	Is (maths) your favourite subject?
Wie viele?	How many?	Warum?	Why?
Um wie viel Uhr?	At what time?	Welches Fach?	Which subject?
Wie oft?	How often?	Wie?	How?
Was?	What?	Wer?	Who?

Die Schulordnung — School rules

der Computerraum	ICT room
der Schulhof	playground
die Aula	assembly hall
die Bibliothek	library
die Kantine	canteen
die Sporthalle	sports hall
das Klassenzimmer	classroom
das Labor	lab(oratory)
das Lehrerzimmer	staff room
die Toiletten	toilets
Wir dürfen nicht …	We are not allowed to …
Wir dürfen weder … noch …	We are allowed neither … nor …
schlagen	to hit
mobben	to bully
(auf dem Schulgelände) rauchen	to smoke (in the school grounds)
essen	to eat
trinken	to drink
Sportschuhe tragen	to wear trainers
Handball spielen	to play handball

Wir dürfen keine Schimpfwörter sagen.	We are not allowed to use swear words.
Wir dürfen keinen Kaugummi kauen.	We are not allowed to chew gum.
Wir müssen …	We have to …
den Müll trennen	separate the rubbish
immer Hochdeutsch sprechen	always speak standard German
ruhig sein	be quiet
höflich sein	be polite
pünktlich sein	be punctual
respektvoll sein	be respectful
zu	too
sehr	very
ziemlich	rather, quite
streng	strict
ärgerlich	annoying
nervig	irritating
(un)gerecht	(un)just
(un)fair	(un)fair
locker	casual, informal

Das deutsche Schulsystem — The German school system

Ich besuche …	I go to …
die Grundschule	primary school
die Gesamtschule	comprehensive school
die Hauptschule	a type of secondary modern school
die Realschule	a type of secondary modern school
das Gymnasium	grammar school
die Oberstufe	sixth form
die Ganztagsschule	all-day school
das Internat	boarding school
der Mittlere Schulabschluss	German equivalent of GCSEs
das Abitur	German equivalent of A levels
gemischt	mixed

privat	private
staatlich	state
Man hat …	We have …
(k)einen Stundenplan	no / a timetable
(k)eine Schuluniform	no / a school uniform
(keine) Hausaufgaben	(no) homework
Man hat tolle / keine Computerräume.	We have great / no ICT rooms.
Die Schule ist prima / schlecht ausgestattet.	The school is very well / badly equipped.
Ich bin sitzen geblieben.	I repeated the year.
Ich muss das Jahr wiederholen.	I have to repeat the year.

Eine Klassenfahrt — A class trip

Was werden wir am (Mittwoch) machen?	What will we do on (Wednesday)?
Ich werde …	I will …
Deutsch sprechen	speak German
einen Schultag erleben	experience a school day
einen Tagesausflug machen	go on a day trip
eine Fahrradtour machen	go on a cycling tour
ein Kunstprojekt machen	do an art project
den Abend bei einer Gastfamilie verbringen	spend the evening with a host family
das (Zirkus-)Museum besuchen	visit the (circus) museum
den Freizeitpark besuchen	visit the theme park
die Sehenswürdigkeiten besichtigen	visit the sights

ins Hallenbad / Freibad gehen	go to the indoor / outdoor swimming pool
in der Altstadt bummeln	stroll around the old town
Andenken kaufen	buy souvenirs
(wieder) nach Hause fahren	go home (again)
Es wird … kosten.	It will cost …
Das wird Spaß machen.	That will be fun.
Heimweh haben	to be homesick
reisekrank sein	to be travel sick
Die Reise hat … gedauert.	The journey lasted …
Das war eine Katastrophe!	That was a catastrophe!
Es gab (kein) WLAN.	There was (no) Wi-Fi.

Erfolge feiern — Celebrating successes

Welchen Erfolg hast du in der Schule gefeiert?	What success have you celebrated at school?
Unsere Schule hat großen Erfolg gehabt.	Our school has had great success.
Unsere Mannschaft hat einen Preis gewonnen.	Our team won a prize.
Ich habe an … teilgenommen.	I took part in …
dem Spendenlauf	the charity run
der Spendenschwimm-Aktion	the charity swim
Wir haben ein Theaterstück aufgeführt.	We put on a play.
Wir haben neue Leute kennengelernt.	We got to know new people.
Wir haben beim Schulwettbewerb mitgemacht.	We took part in the school competition.

Es gab großen Applaus.	There was great applause.
Ich bin mit vielen Medaillen zurückgekommen.	I came back with lots of medals.
Ich bin bei der Prüfung durchgefallen.	I failed the exam.
Wir haben den Erfolg (im Restaurant) gefeiert.	We celebrated the success (in a restaurant).
Meine Eltern waren stolz auf mich.	My parents were proud of me.
Ich habe (ein Computerspiel) als Belohnung bekommen.	I received (a computer game) as a reward.
Es gab ein Foto in der Zeitung.	There was a photo in the newspaper.
Ich war / Wir waren …	I was / We were …
glücklich	happy
erfolgreich	successful
Das war ein tolles Erlebnis.	That was a great experience.

2 Zeit für Freizeit

Startpunkt Verschiedene Freizeitaktivitäten

- Discussing leisure activities
- Using nouns and articles

1 lesen **Sieh dir die Statistik an und beantworte die Fragen.**

Was machen deutsche Jugendliche in ihrer Freizeit?

Die meisten jungen Deutschen hören Musik (87%), sehen fern oder gucken Videos (71%) und surfen oder chatten im Internet (66%). Viele Jugendliche machen Musik (34%). Manche spielen Computerspiele (31%) und ebenso viele faulenzen und tun nichts (31%)! Was machen sie sonst? Sie lesen (26%) oder vielleicht verbringen sie Zeit mit dem besten Freund/der besten Freundin (25%). Und immer noch in den Top Ten der Freizeitaktivitäten: Deutsche Jugendliche treiben Sport (22%) und sie treffen Freunde (20%) in ihrer Freizeit.

> **faulenzen** = to chill, laze about

1 Put these leisure activities in order of popularity:
making music, listening to music, reading, watching TV, doing nothing.

2 What percentage of German teenagers say they play games on the computer?

3 How many spend time with their best friend?

4 What is the German for 'just as many'?

5 Which two activities just make it into the top ten?

2 sprechen **Partnerarbeit. Stell und beantworte die Frage: Was machst du in deiner Freizeit?**

3 hören **Hör zu. Man spricht über Lesen. Schreib die Tabelle ab und füll sie aus. (1–4)**

	liest	liest nicht
1	d	...

a die Biografie(n)

b der Comic(s)

c der Fantasyroman(e)

d die Horrorgeschichte(n)

e die Komödie(n)

f der Krimi(s)

g die Liebesgeschichte(n)

h das Science-Fiction-Buch(–Bücher)

i der Thriller(–)

G **Nouns and articles** > Page 218

All nouns have a **gender** (masculine, feminine, neuter) and a **number** (singular, plural). These affect the form of the **article** (*der*, *ein*, etc.).

The position of a noun in a sentence (its **case**) also affects the article: the subject is in the nominative case and the object is in the accusative case (but only the masculine form changes).

Definite article (the)
Nominative: *Der* Roman / *Die* Komödie / *Das* Buch ist gut. *Die* Comics sind gut.

Accusative: *Ich lese den* Roman / *die* Komödie / *das* Buch / *die* Comics.

Indefinite article (a, an)
Nominative: *Ein* Mann / *Eine* Frau / *Ein* Kind geht ins Kino.

Accusative: *Ich sehe einen* Mann / *eine* Frau / *ein* Kind.

	masc.	fem.	neut.	pl.
Definite article: 'the'				
nom.	*der*	*die*	*das*	*die*
acc.	*den*	*die*	*das*	*die*
Indefinite article: 'a', 'an'				
nom.	*ein*	*eine*	*ein*	–
acc.	*einen*	*eine*	*ein*	–

The **negative article** (*kein* – no, not a) and **possessive adjectives** (*mein* – my, *dein* – your, *sein* – his, *ihr* – her) follow the same pattern as *ein*:
Nominative: *Mein* Computer / *Meine* Gitarre / *Mein* Handy ist zu Hause. *Meine* Bücher sind zu Hause.

Accusative: *Ich habe keinen* Computer / *keine* Gitarre / *kein* Handy / *keine* Bücher.

4 lesen

„Ich spiele …". Vervollständige den Satz für jedes Foto.

Beispiel: **1** Ich spiele Klarinette.

> ⭐ When you say which instrument you play, don't use the article:
>
> *Ich spiele **Klavier**. Sie spielt **Gitarre**.*

die Blockflöte(n)	das Keyboard(s)
die Flöte(n)	das Klavier(e)
die Geige(n)	das Saxofon(e)
die (elektrische(n)) Gitarre(n)	das Schlagzeug(e)
die Klarinette(n)	das Instrument(e)
die Trompete(n)	Ich spiele kein Instrument.

5 schreiben

Schreib den Text ab und vervollständige den Text.

Beispiel: **1** (sehr) sportlich

Ich bin **1** ▬▬▬, denn ich spiele **2** ▬▬▬ in einer Mannschaft und am Wochenende spiele ich **3** ▬▬▬ in einem Verein.

Abends nach der Schule **4** ▬▬▬ ich gern Musik – meine Lieblingsmusik ist **5** ▬▬▬. Ich bin aber **6** ▬▬▬ und ich spiele **7** ▬▬▬.

Ich **8** ▬▬▬ abends im Bett. Ich finde **9** ▬▬▬ toll. Als ich sieben Jahre alt war, habe ich **10** ▬▬▬ gesammelt, aber jetzt spiele ich oft am **11** ▬▬▬. Am Wochenende gehe ich in die **12** ▬▬▬ und ich **13** ▬▬▬ mit Freunden oder wir gehen ins **14** ▬▬▬.

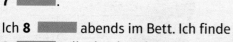

Ich bin	sehr ziemlich ein bisschen nicht sehr gar nicht	sportlich. musikalisch. faul. abenteuerlustig. …

Briefmarken / Plüschtiere / …	sammeln
Sport	machen treiben
Fußball / Hockey / Basketball / … Schach / Karten / … (k)ein Instrument	spielen
auf dem Computer / Tablet / Handy	
mit Freunden	reden chillen
in die Stadt / ins Kino / …	gehen
abends / am Wochenende / …	fernsehen
Filme / die Nachrichten / …	sehen
Bücher / Magazine / Comics / …	lesen
Musik / Radio / Jazz / Rapmusik / Opernmusik / Heavy Metal / …	hören

6 sprechen

Ändere den Text in Aufgabe 5 und sprich über dich und deine Freizeit.

Beispiel: Ich bin nicht sehr sportlich, aber …

- *Discussing reading habits*
- *Using some adverbs of frequency and place*

1 lesen **Sieh dir die Statistik an. Schreib den Text ab und vervollständige den Text.**

Wie oft liest du in einem gedruckten Buch?

Diese **1** _____ zeigt eine Umfrage zum Lesen von Büchern bei 12- bis 19-Jährigen in **2** _____. 19 Prozent der befragten Jugendlichen **3** _____ nie in einem **4** _____, aber fast 40 **5** _____ der Jugendlichen in Deutschland lesen **6** _____ oder mehrmals pro Woche Bücher.

gedruckt = printed

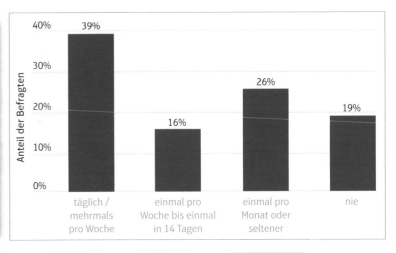

Buch	Deutschland	lesen	Prozent	Statistik	jeden Tag

2 hören **Hör zu. Wie oft lesen sie? (1–4)**

Beispiel: **1** c, g

a täglich	**b ziemlich oft**	**c ab und zu**

d selten	**e nie**	**f dreimal pro Woche**

g zweimal pro Monat	**h einmal pro Jahr**

G Word order > Page 230

- Adverbs (expressions of frequency and place) sometimes sound better at the beginning of a sentence, but remember to put the **verb** second, then the <u>subject</u>:
Einmal pro Woche **lese** <u>ich</u> *die Zeitung.*
- If you have two or more adverbs together, they follow the order of Time – Manner – Place (when – how – where):
Ich lese jeden Tag schnell ein Buch. (when, how)
I quickly read a book every day.
Ich lese heute im Auto. (when, where)
I read in the car today.

3 hören **Hör noch mal zu. Schreib die Tabelle ab und füll sie aus. (1–4)**

	Was lesen sie?	Wie oder wo?
1	e, f	im Bus / im Zimmer

a das Blog(s)

b das Taschenbuch(¨er)

c der Comic(s)

d das E-Book(s)   **e die Illustrierte(n)**   **f die Zeitschrift(en) / das Magazin(e)**   **g die Zeitung(en)**

4 sprechen **Partnerarbeit. Was, wie oft und wo liest du?**

- *Was liest du?*
- *Ich lese ab und zu eine Zeitung im Bus.*
- *Liest du auch Bücher?*
- *Ja, ich lese oft E-Books auf meinem Tablet. Und du?*

	oft nie ab und zu selten	ein Buch eine Zeitung einen Comic E-Books	auf meinem Tablet / E-Reader auf einem elektronischen Gerät	im Bus. im Bett. in meinem Zimmer.
Ich lese				

5 lesen

Lies den Auszug. Finde die <u>vier</u> richtigen Sätze.

In this extract from *Tintenherz*, the author, Cornelia Funke, goes back to the moment when life changed for Meggie, the main character.

In jener Nacht – mit der so vieles begann und so vieles sich für alle Zeit änderte – lag eins von Meggies Lieblingsbüchern unter ihrem Kissen, und als der Regen sie nicht schlafen ließ, setzte sie sich auf, rieb sich die Müdigkeit aus den Augen und zog das Buch unter dem Kissen hervor. [...] Aber jetzt musste erst einmal Licht her. In der Schublade ihres Nachttisches hatte sie eine Schachtel Streichhölzer versteckt. Mo hatte ihr verboten, nachts Kerzen anzuzünden [...], aber schließlich war sie zwölf Jahre alt und konnte auf ein paar Kerzenflammen aufpassen. Meggie liebte es, bei Kerzenlicht zu lesen. [...] Sie hielt das brennende Streichholz gerade an einen der schwarzen Dochte, als sie draußen die Schritte hörte. Erschrocken pustete sie das Streichholz aus [...], kniete sich vor das regennasse Fenster und blickte hinaus. Und da sah sie ihn.

eine Kerze anzünden = to light a candle

⭐ The past tense used in this text is the imperfect tense. You can recognise regular verbs and *hatte / musste / konnte* by the *–te* ending, but there are also several irregular verbs: for example, *ließ* (let), *zog hervor* (pulled out), *war* (was), *hielt* (held), *sah* (saw).

1 Under Meggie's pillow there was a teddy bear.
2 Meggie couldn't sleep because it was raining.
3 It was dark in her bedroom.
4 She had an electric lamp on her bedside cabinet.

5 Mo (her father) had told her not to light candles.
6 Meggie is fourteen years old.
7 Meggie never read by candlelight.
8 Meggie was just lighting a candle when she heard footsteps outside.

 6 hören

Hör Finn, Martha und Bella zu. Wer sagt was?

Beispiel: **Finn** a, ...

a Traditionelle Bücher sind tot.
b Ich finde traditionelle Bücher entspannend.
c Ich lese sehr gern, aber nur auf einem elektronischen Gerät.
d Jugendliche haben keine Zeit zum Lesen.

der Akku = rechargeable battery
der Bildschirm = screen

e Ich sehe immer Videoblogs – ich muss nicht lesen.
f Man kann nicht mehr lesen, wenn der Akku leer ist.
g Wir lesen jetzt anders.
h Wir verbringen zu viel Zeit vor dem Bildschirm.

7 schreiben

Übersetze die Sätze ins Deutsche.

1 Traditional books are not dead.
2 I read on an electronic device.
3 The battery is empty.
4 Reading is important for young people.
5 We spend too much time on electronic devices.

⭐ If you're unsure of the correct word, use the texts on these pages to help you with your translation.

 8 sprechen

Gruppenarbeit. Diskussion: Sind gedruckte Bücher tot?

● *Traditionelle Bücher sind tot! Ich lese nur auf meinem Tablet.*
■ *Warum liest du denn keine Bücher? Bücher sind toll.*
▲ *Spinnst du? Sie sind schwer und nicht praktisch. Auf einem elektronischen Gerät hat man viele E-Books, Zeitschriften, ...*

- *Discussing music*
- *Expressing preferences using* gern, lieber, am liebsten

1 lesen · **Lies die Texte. Schreib die Tabelle ab und füll sie aus.**

Musik ist sehr wichtig für mich. Ich spiele Keyboard und elektrische Gitarre und meine Lieblingsmusik ist Reggae. Ich höre auch viel klassische Musik in meinem Zimmer, aber ich mag Opernmusik überhaupt nicht. Ich habe meine ganze Musiksammlung auf meinem Tablet, weil das so praktisch ist. Ab und zu bekomme ich iTunes-Karten geschenkt, dann kann ich mehr Musik herunterladen. **Sara**

Ich höre jeden Tag Musik, mal auf meinem Handy, mal auf dem Laptop. Ich interessiere mich für viele Musikrichtungen: Ich höre gern R&B und Country-und-Western-Musik, aber ich höre lieber Rapmusik, denn sie ist so lebhaft. Meine Freundin mag Heavy Metal, aber das höre ich nicht gern. In der Grundschule habe ich Blockflöte gespielt, aber ich spiele jetzt kein Instrument, weil ich keine Zeit und keine Lust dazu habe. **Jakob**

Ich höre nie klassische Musik. Jazz ist für mich die beste Musik, denn er hat einen so tollen Rhythmus. Das ist aber keine Party-Musik – bei einer Party höre ich lieber Popmusik, weil sie dynamisch ist. Am liebsten höre ich meine Musik auf meinem Smartphone im Bus, weil ich oft unterwegs bin. Ich lerne seit einem Jahr Saxofon und ich würde gern in einer Jazzband spielen. Im Sommer fahre ich auf ein Jazzfest nach Berlin – das wird toll sein, denn Livemusik ist cool! **Melina**

	Sara	Jakob	Melina	Alex
Mag was für Musik?				
Mag nicht?				
Hört Musik wie?				
Spielt ein Instrument? (Welches?)				

G **Using** gern, lieber, am liebsten ❯ *Page 226*

☹ *Ich höre **nicht gern** Rapmusik.*

☺ *Ich höre **gern** klassische Musik.*

☺☺ *Ich höre **lieber** Reggae.*

☺☺☺ *Ich höre **am liebsten** House. /*
***Am liebsten** höre ich House.*

Starting a sentence with *am liebsten* usually sounds better – but remember to swap round the subject and verb.

2 hören · **Hör zu und füll die Tabelle in Aufgabe 1 für Alex aus.**

3 schreiben · **Übersetze den Text ins Deutsche.**

Use the third person verb form (*er/sie/es*).

Look at Melina's text for help.

Max played the violin at primary school. He has been learning the guitar for a year and he would like to play in a band. He listens to lots of types of music, but he prefers listening to classical music. He likes listening to his music on a tablet most of all, because that's really practical.

Use *seit* with the present tense of the verb.

Where does the infinitive go?

Use either *denn* or *weil*, but think about the position of the verb.

4 lesen

Lies das Forum und beantworte die Fragen.

Wie hörst du Musik?

Jeder hört heute anders Musik, die einen laden runter, die anderen streamen oder kaufen Vinylplatten. Wie hörst du Musik?

 falkor27: Ich habe viele CDs, aber ich höre sie nie! Jetzt downloade ich alles auf mein Tablet. Mit einem guten Lautsprecher geht das supergut – und **das spart so viel Platz**. Das ist auch billiger – **du brauchst nicht das ganze Album zu downloaden**, nur die besten Titel.

 33komma3: Download, Streaming, Filesharing – das alles ist nichts für mich, denn **der Ton auf einem Tablet ist nicht gut**. Ich kaufe lieber Vinyl, **weil die Qualität fantastisch ist**. Aber am liebsten höre ich Livemusik. Ich gehe zweimal pro Jahr auf ein Festival und mehrmals pro Monat auf Konzerte in der Stadt.

 sosogut: Ich würde gern auf Konzerte und Feste gehen. Die Atmosphäre ist toll, die Live-Musik ist lebhaft, aber **die Eintrittskarten sind einfach zu teuer**. Musik muss billiger sein.

 bilbo2020: Wer braucht denn Geld, um Musik zu hören? Ich höre gern Radio. Da kann man alle Musikrichtungen kostenlos hören. **Ich gebe kein Geld für Musik aus**.

 geli-gela: Oder du machst deine Musik selber! Ich spiele Gitarre, meine Freunde spielen Geige, Flöte und Schlagzeug und wir spielen einmal pro Woche zusammen. Wir haben auch ein Konzert in der Schule gegeben. **Das ist ein tolles Gefühl**.

Wer ...

1 hört nicht gern Musik auf elektronischen Geräten?
2 geht oft auf Konzerte?
3 hört gern Musik, aber kauft keine?
4 hört alles auf einem elektronischen Gerät?
5 spielt ein Instrument?
6 findet Konzerte zu teuer?
7 macht gern Musik?
8 hört nie seine CD-Sammlung?

5 lesen

Übersetze die fett gedruckten Wörter in Aufgabe 4.

6 hören

Hör Lotte zu und mach Notizen auf Englisch.

- How does she listen to music?
- Which way does she prefer? Why?
- What did she do recently?
- What will she do next year?
- Any other information?

7 sprechen

Gruppenarbeit. Wie hörst du Musik? Warum?

● *Ich höre Musik auf meinem Tablet, weil das so praktisch ist.*
■ *Ach, nein. Der Ton auf einem Tablet ist nicht gut. Ich höre lieber durch einen guten Lautsprecher.*
▲ *Ja, aber im Bus geht das nicht! Am liebsten ...*

8 schreiben

Schreib einen Artikel über Musik.

- Was für Musik hörst du? *Ich höre gern / nicht gern / am liebsten ...*
- Wie hörst du Musik? *Ich höre ... auf meinem Tablet / meinem Smartphone, weil ...*
- Spielst du ein Instrument? *Ich spiele seit ... Jahren ...*
- Bist du letztes Jahr auf ein Konzert gegangen? *Ich bin ... gegangen.*
- Wirst du nächstes Jahr auf ein Festival gehen? *Nächsten Sommer werde ich ...*

☆ **To improve your written work:**

- organise your ideas first with a mind map (*Gedankenkarte*)
- use and adapt language from this chapter
- check your work carefully:
  ○ are nouns in the right case?
  ○ are plurals correct?
  ○ are verbs in the correct tense?
  ○ are verb endings correct?
  ○ is the word order correct?

If in doubt, check in the grammar section and/or a dictionary.

- *Discussing film and television*
- *Using plural nouns*

 1 **Hör zu. Oliver spricht über Filme und Fernsehsendungen. Sieh dir die Menüseite an und notiere das Genre.**

Beispiel: **1** eine Serie

Meine Sendungen

1 Gute Zeiten, schlechte Zeiten	**5** Türkisch für Anfänger
2 Tatort	**6** Mama gegen Papa
3 Deutschland sucht den Superstar	**7** Lola rennt
4 Rette die Million!	**8** Tief im Ozean

der Film(e)	**die Fernsehsendung(en)**
der Actionfilm(e)	die Serie(n)
der Fantasyfilm(e)	die Gameshow(s)
der Horrorfilm(e)	die Realityshow(s)
die Komödie(n)	die Dokumentation(en)
der Krimi(s)	die Nachrichten (pl)
der Liebesfilm(e)	
der Science-Fiction-Film(e)	
der Thriller(–)	
der Zeichentrickfilm(e)	

 2 **Hör noch mal zu. Wähl die richtige Antwort aus.**

1 Oliver findet Serien blöd / böse / brutal.
2 Er findet „Tatort" gruselig / gemütlich / großartig.
3 Er sieht jeden Abend / jeden Tag / jede Woche „Deutschland sucht den Superstar".
4 Er hat die Sendung „Rette die Million!" aufgenommen, weil sie unterhaltsam / schrecklich / ausgezeichnet ist.
5 „Türkisch für Anfänger" ist langweilig / komisch / zu lang, meint Oliver.
6 Olivers Freundin hat „Mama gegen Papa" romantisch / aufregend / ausgezeichnet gefunden.
7 Oliver sieht gern Thriller, weil sie so spannend / eindrucksvoll / gewalttätig sind.
8 Er mag Dokumentationen über Tanzen / Tiere / Theater.

 3 **Partnerarbeit. Was siehst du gern? Warum?**

- *Siehst du gern Realityshows?*
- *Nein, ich finde sie zu blöd. Ich sehe lieber ..., weil ... Und du?*

 **G** *Plural nouns* ❭ *Page 218*

Plurals are formed in several ways. Learn them with the noun. They are usually shown in brackets next to the noun in a dictionary.

(–e) / (¨e)	(–n) / (–en)	(–) / (¨)	(–er) / (¨er)	(–s)
Film**e** T**ö**n**e**	Komödie**n** Sendung**en**	Schauspieler M**ü**tter	Bild**er** W**ö**rt**er**	Kino**s** Show**s**

 4 **Lies die Texte und die Sätze. Sind die Sätze richtig (R), falsch (F) oder nicht im Text (N)?**

Ich sehe gern lustige, satirische Sendungen wie „Die Simpsons", weil sie so unterhaltsam sind. Ich sehe viele amerikanische Serien – mit Satellitenfernsehen kann ich sie zu jeder Zeit schauen. Es gibt nur ein Problem, nämlich meine Schwester! Wir streiten immer über die Fernbedienung, weil sie lieber romantische Filme sieht! Die gefallen mir nicht! **Tom**

Wir haben keinen Fernseher im Haus. Ich gucke heruntergeladene Filme und Sendungen auf meinem Computer oder meinem Tablet. So kann ich sehen, was ich will und wann ich will. Ich sehe die Nachrichten auf YouTube, weil sie für junge Zuschauer und nicht langweilig sind. Am liebsten sehe ich britische und amerikanische Filme in der Originalfassung mit Untertiteln. **Marta**

zu jeder Zeit = at any time
die Zuschauer = viewers

1 Tom has access to lots of TV channels.
2 His sister usually gets the remote control.
3 He watches love films whenever he can.
4 Marta has a TV in her room.
5 She watches internet news aimed at young people.
6 She finds that film subtitles help her learn English.

 5 **Man spricht über Fernsehen. Hör zu und mach Notizen auf Englisch. (1–3)**

How often? — Type of programme? — Internet or TV? — Opinion

6 lesen **Zwei Filme, zwei Aspekte Deutschlands. Lies die Kurzfassungen. Wie heißt das auf Deutsch? (1–10)**

Das Wunder von Bern

Im Sommer 1954 kommt Richard Lubanski nach zehn Jahren als Kriegsgefangener nach Essen zurück. Seine älteren Kinder sind nicht mehr zu Hause und er hat seinen jüngsten Sohn Matthias noch nie gesehen. Matthias ist großer Fußballfan – sein Vorbild ist Helmut Rahn, „der Boss" von Rot-Weiss Essen. Rahn spielt für Deutschland bei der Fußballweltmeisterschaft in der Schweiz und die Außenseiter aus Deutschland kommen bis ins Finale. Vater und Sohn fahren zum Spiel und Rahn schießt das entscheidende Tor. Das bringt neue Hoffnung für die Familie und für Deutschland.

Good Bye, Lenin!

Kurz vor dem Fall der Mauer im Herbst 1989 fällt Christiane Kerner ins Koma. Sie wacht acht Monate später auf und die Welt ist ganz anders, denn die DDR existiert nicht mehr: Ost- und Westdeutschland sind wieder eins, der Kapitalismus ist gekommen. Sie darf das nicht wissen, denn sie

könnte vom Schock sterben. Ihr 21-jähriger Sohn Alex macht also alles in der Wohnung genau wie in der alten DDR. Die DDR muss auf 79m2 existieren – das ist für Alex nicht einfach und für die Zuschauer sehr komisch.

die Kurzfassung(-en) = summary

1 after 10 years as a prisoner of war
2 no longer at home
3 he has never seen his son
4 the outsiders from Germany
5 scores the winning goal
6 shortly before the Wall fell
7 she wakes up eight months later
8 no longer exists
9 she must not know that
10 just like in the old DDR

Kulturzone

After the Second World War, Germany was divided between Russian, French, British and American control. The Russian sector became the **Deutsche Demokratische Republik (DDR)**. West Germany became the **Bundesrepublik Deutschland (BRD)**.

In 1989, the Berlin Wall was torn down and Germany was officially reunited in 1990. This period of change is known as **die Wende** (turnaround).

7 lesen **Lies die Meinungen. Welcher Film ist das? Ist das positiv oder negativ?**

Ich habe den Film nicht gut gefunden. Er war langweilig und die Story ist total unrealistisch – so ein Trick ist blöd. Ich habe im ganzen Film nie gelacht und das soll lustig sein! **Markus**

Ich war sehr enttäuscht, denn der Film bringt nichts Neues. Meiner Meinung nach sind die Schauspieler nicht überzeugend und das Thema der Beziehung zwischen Vater und Sohn finde ich schwach. **Anna**

Der Film ist ein großer Erfolg. Ich habe ihn dreimal gesehen und jedes Mal war ich davon begeistert. Er ist nicht zu lang, ein Film über Sport braucht keine Spezialeffekte, er ist perfekt. **Florian**

Ich habe diese Komödie großartig gefunden, denn der Film hat eine tolle Mischung von Emotion und Humor. Das gibt mir ein gutes Gefühl. Ich empfehle ihn, weil er eine interessante Einsicht in die Wende gibt. **Lea**

empfehlen = to recommend   **die Einsicht(-en)** = insight

8 hören **Hör zu. Welchen Film besprechen sie? Wie finden sie den Film und warum? Mach Notizen auf Deutsch. (1–6)**

Ich habe (die Sendung / den Film) … gefunden.
Die Sendung / Der Film / Die Story war …
Die Schauspieler waren (un)realistisch / schwach / langweilig / enttäuschend / überzeugend / großartig / humorvoll …
(Der Film) macht keinen Sinn.
Ich bin von (der Sendung / dem Film) begeistert / nicht begeistert, weil …
Ich empfehle die Sendung / den Film, weil …

9 schreiben **Schreib über Film und Fernsehen.**

• Was siehst du gern? Wann und wo siehst du das? Warum?
• Welche Sendung oder welchen Film hast du neulich gesehen? Wie hast du das gefunden? Warum?

To make a sentence negative, add **nicht** (not) or **nie** (never):
*Das ist **nicht** einfach. Er hat seinen jüngsten Sohn **nie** gesehen.*

To say 'not a / no', use **kein** (with the correct endings):
*Das ist **keine** Komödie.*

1 hören Hör zu. Über welche Sportarten sprechen Martin, Jasmin und Nadia?

ausprobieren = to try

Beispiel: **Martin** h (schwimmen), …

a Ski fahren

b snowboarden

c rodeln

d eislaufen

e Curling spielen

f wandern

g klettern

h schwimmen

i Rad fahren

j Handball spielen

2 hören Hör noch mal zu und beantworte die Fragen auf Englisch.

1 How long has Martin been in a swimming club?
2 How often does he train?
3 Why would he definitely not swim in open water? (two details)
4 What does he say about his favourite sport at school?
5 Which of the winter sports does Jasmin prefer and why?

6 Why is she going to go to the sports centre?
7 What is Nadia's ambition?
8 How is she able to train for this all year round?
9 What sport would she never do again and why?

> Remember that you use the <u>present</u> tense with *seit* to say for how long you have been doing something.
>
> *Ich fahre **seit** drei Jahren Ski.*
> I've been skiing for three years.

G Conditional ＞ *Page 215*

Use the conditional to say what you <u>would</u> do.

ich würde	(bestimmt)	+ infinitive
du würdest	(vielleicht)	
er/sie/es/man würde	(nicht)	
wir würden	(nie)	
ihr würdet		
sie/Sie würden		

Ich würde bestimmt Curling spielen.
I would definitely play curling.

3 schreiben Übersetze die Sätze ins Deutsche.

1 I would definitely go cycling in the mountains with friends in summer.
2 Would you go tobogganing in Switzerland in winter?
3 I don't like hiking and I would never go climbing.
4 He would go neither skiing nor snowboarding.
5 Perhaps they would play in the Winter Olympics.

Remember: Time – Manner – Place.

Use *weder … noch …*

4 sprechen Partnerarbeit. Stell und beantworte Fragen über Sport.

• Welche Sportart machst du gern?
• Seit wann machst du das?
• Welche Sportart hast du schon ausprobiert?
• Was würdest du bestimmt machen? Warum?
• Was würdest du nie machen? Warum nicht?

Ich spiele gern (Fußball).
Ich turne seit (fünf Jahren).
Ich mache (nicht) gern (Nordic Walking).
Ich habe mit (sechs) Jahren angefangen, (Tennis) zu spielen.
Ich habe (Rollschuhlaufen) im Alter von (sechs) Jahren gelernt.
Ich habe schon (Golf) ausprobiert.
Ich würde bestimmt / nie (Skateboard fahren).
Ich trainiere (jeden Tag / einmal pro Woche) mit Freunden im Club / Verein.

> The past participle of verbs ending in *–ieren* does not add **ge-**.
> *Ich habe schon Golf **ausprobiert**. Wir haben eine Stunde **trainiert**.*

5 **Lies den Bericht von Thomas und sieh dir die Bilder an.**
Was ist die richtige Reihenfolge (a–h)?

Unter „Turnen" würde man normalerweise Gymnastik verstehen, aber das „Nationalturnen" ist eine traditionsreiche Sportart, die wir nur in der Schweiz machen. Das ist eigentlich nicht <u>eine</u> Sportart, sondern das sind <u>acht</u> Sportarten.

Der Wettkampf hat zwei Teile – sechs gymnastische Disziplinen: Schnelllauf (100-Meter-Lauf), Weitsprung, Hochweitsprung, Steinheben, Steinstoßen und Bodenübung; dann die zwei Zweikampfdisziplinen: Schwingen und Ringen.

Steinheben und -stoßen sind traditionell für die Schweiz: man muss einen großen Stein ab Kniehöhe so oft wie möglich heben. Und für Steinstoßen muss man den Stein möglichst weit werfen.

Schwingen und Ringen sind ähnlich, aber Schwingen würde man nicht außerhalb der Schweiz sehen. Auf einem Boden mit Sägemehl gestreut versucht man den Gegner auf den Rücken zu legen, aber man muss dabei immer mit einer Hand die spezielle „Hose" des Gegners fassen.

Die Sportart gefällt mir sehr, denn man muss Schnelligkeit, Kraft und Ausdauer haben. Ich würde gern mehr junge Leute beim Nationalturnen sehen. Im Moment gibt es nicht genug Jugendliche in diesem Sport.

das Sägemehl = sawdust   **der Gegner** = opponent

a Bodenübung

b Hochweitsprung

c Ringen

d 100-Meter-Lauf

e Schwingen

f Steinheben

g Steinstoßen

h Weitsprung

 6 **Lies den Bericht noch mal. Finde die <u>fünf</u> richtigen Sätze.**

1 *Nationalturnen* is unique to Switzerland.
2 Competitions are split into six parts.
3 *Steinstoßen* is similar to shot putting.
4 You have to kneel down for *Steinstoßen*.
5 *Schwingen* is done on sawdust.

6 The loser in a contest ends up on their back.
7 The contestants are not allowed to use their hands.
8 Speed and strength are important for *Nationalturnen*.
9 Lots of young people are taking up this sport.

 7 **Gruppenarbeit. Diskussion über Nationalturnen.**

● *Welche Sportart oder welche Sportarten würdest du wählen?*
■ *Ich turne gern, also würde ich die Bodenübung machen.*
▲ *Ich würde gern ringen, aber ich würde kein Schwingen machen, weil die Hose zu komisch ist!*
◆ *Ringen und Schwingen sind nichts für mich. Ich laufe lieber …*
● *Ich habe … schon ausprobiert! Das war …*

> ⭐ Don't forget, you can also use *gern* with *würde* to say what you <u>would like</u> to do. It is used in the same way as *Ich möchte …*

 8 **Mach eine Präsentation über Sport.**

• Was machst du (nicht) gern im Winter / Sommer? Warum?
• Bist du in einem Verein / einer Mannschaft? Wie ist das?
• Was hast du schon ausprobiert? Wie war das?
• Was würdest du (nicht) gern machen? Warum?
• Gibt es eine traditionelle Sportart in deiner Gegend?

> ⭐ Aim to speak for about three minutes. You could talk to a partner, a group or make a video.
>
> Make brief notes of what you are going to say, but don't just read from them.
>
> Use the activities on these pages to help you.

1 lesen **Lies die Texte und sieh dir die Fotos an. Was passt zusammen?**

1 Frohes Neues Jahr
Silvester ist am 31. Dezember: Man feiert das Ende des alten und den Beginn des neuen Jahres. Es gibt überall Feuerwerke und um Mitternacht sagt man „Prosit Neujahr!".

Der 1. Januar ist ein gesetzlicher (offizieller) Feiertag, also ein Tag, an dem man nicht arbeitet, auch wenn es normalerweise ein Arbeitstag ist.

2 Karneval!
Die offizielle Saison für den Karneval beginnt am 11.11. um 11:11 Uhr, weil die Zahl 11 eine verrückte Zahl ist. Der richtige Karneval findet im Februar statt. Eine Woche lang feiert man mit Festzügen, Musik, Tanz, tollen Kostümen und viel, viel Spaß. Verrückt!

3 Frohe Ostern!
Zu Ostern bringt der Osterhase bunte Ostereier und man isst viel Schokolade! Karfreitag und Ostermontag sind gesetzliche Feiertage im März oder April.

4 Der Maitag
Der 1. Mai, der Tag der Arbeit, ist auch ein gesetzlicher Feiertag. Politische Organisationen organisieren oft Proteste, aber die meisten Arbeiter ruhen sich aus oder verbringen Zeit mit der Familie. Es gibt viele Volksfeste, manchmal mit einem Maibaum.

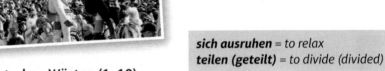

5 Überall Volksfeste
Im ganzen Jahr gibt es regionale Volksfeste. Das größte und berühmteste ist das Münchner Oktoberfest, aber es gibt auch große und kleine Weinfeste, Schützenfeste, Kirmessen und Feten überall in Deutschland. Es gibt viele Gründe zum Feiern!

6 Die Mauer fällt!
Von 1949 bis 1990 war Deutschland in die DDR und die BRD geteilt. Am 3. Oktober feiert man die Wiedervereinigung Deutschlands mit dem Tag der Deutschen Einheit. An diesem gesetzlichen Feiertag gibt es Reden, Feste und Konzerte.

7 Frohe Weihnachten!
Die Weihnachtszeit beginnt mit dem Advent. Am Nikolaustag, dem 6. Dezember, bekommen die guten Kinder kleine Geschenke. Der 24. Dezember heißt Heiligabend: am Abend hat man das Weihnachtsessen und man öffnet die Geschenke unter dem Weihnachtsbaum.

sich ausruhen = to relax
teilen (geteilt) = to divide (divided)

2 lesen **Lies die Texte noch mal und finde die deutschen Wörter. (1–10)**

1 there are fireworks everywhere
2 a statutory (official) bank holiday
3 takes place in February
4 people celebrate with parades
5 spend time with the family
6 sometimes with a maypole
7 regional folk festivals
8 There are lots of reasons to celebrate!
9 the reunification of Germany
10 people open presents

3 hören **Hör zu. Füll die Tabelle aus. (1–6)**

	event	date	celebration(s)
1			

⭐ Listening for dates:
- 'on' a date is **am ...**
- ordinal numbers up to 19th (**19.**) end in **–ten**; above that they end in **–sten**.
  E.g. **am elften** November, **am** einunddreißig**sten** Dezember

4 lesen **Lies Ninas Bericht und beantworte die Fragen auf Englisch.**

Die Vorweihnachtszeit kann voller Stress sein und die Kaufhäuser mit ihrem Schoko-Nikolaus-Kommerz gehen mir schon seit September auf die Nerven, also freue ich mich jedes Jahr auf den Weihnachtsmarkt.

Anfang Dezember bin ich auf den berühmten Nürnberger Christkindlesmarkt gegangen. Das war für mich der Höhepunkt des Jahres. Es waren unheimlich viele Leute auf dem Markt, aber die Stimmung war super, denn es hat geschneit.

Wenn man auf einem Markt ankommt, merkt man sofort, wie gut es riecht: Zimt und Orangen im Glühwein und im Kinderpunsch, kandierte Äpfel, geröstete Mandeln und Maronen, heiße Waffeln, Bratwürste – mmm, lecker! Ich habe einen sehr großen Nürnberger Lebkuchen gegessen – das ist eine Spezialität der Region.

An den vielen Ständen kann man auch zahlreiche Geschenke kaufen. Es gibt Spielzeug aus Holz, Weihnachtsschmuck, Kerzen – alles Mögliche! Ich habe mir eine neue Wollmütze und eine Holzfigur gekauft, aber das meiste Geld habe ich für Essen ausgegeben! Am Ende des Tages war ich völlig satt.

Ich würde gern auf einen Weihnachtsmarkt in England gehen, weil es mich interessieren würde, eine deutsche Tradition in einem anderen Land zu sehen. Ich könnte auch etwas über die britische Weihnachtszeit lernen. Vielleicht werde ich nächstes Jahr ein Adventswochenende in England feiern.

> **unheimlich viele** = an awful lot
> **zahlreich** = numerous
> **aus Holz** = wooden

1 How does Nina feel about the commercial side of Christmas?
2 What was the highlight of her year?
3 What improved the atmosphere at the market?
4 What is the main sensation when you arrive?
5 What is a non-alcoholic alternative to mulled wine?
6 What do we learn about Nürnberg gingerbread?
7 Name three more things you can eat and three things you can buy at the market.
8 What would Nina like to do next year?

> ⭐ To say 'of the', use **der** for feminine nouns. Use **des** for masculine and neuter nouns and also add **–(e)s** to the noun. This is known as the genitive case.
>
> Find these phrases in the text and use the context to translate them.
>
> *eine Spezialität **der** Region*
> *am Ende **des** Tages*
> *der Höhepunkt **des** Jahres*

G *Using several tenses*

The texts on these pages contain information about the present, past and future. Here are some verbs you might use in the context of festivals and celebrations.

infinitive	present	past (perfect)	future	conditional
feiern (to celebrate)	ich feiere	ich habe … gefeiert	ich werde … feiern	ich würde … feiern
essen (to eat)	ich esse	ich habe … gegessen	ich werde … essen	ich würde … essen
gehen (to go)	ich gehe	ich bin … gegangen	ich werde … gehen	ich würde … gehen

Remember also the imperfect tense verbs: *ich hatte* (I had), *es war* (it was), *es gab* (there was/were).

5 hören **Hör Sara zu. Über welches Fest spricht sie? Welcher Zeitpunkt ist das? Mach auf Deutsch Notizen über jedes Fest. (1–4)**

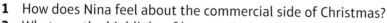

Vergangenheit   **Gegenwart**   **Konditional**   **Zukunft**

6 schreiben **Schreib einen Bericht über ein Fest in den letzten Monaten.**

- Was war das?
- Wo hast du gefeiert? Warum?
- Was hast du gemacht?
- Wie war das?

- Machst du das jedes Jahr?
- Wirst du das nächstes Jahr machen?
- Würdest du gern auf ein anderes Fest gehen? Welches?

> ⭐ Be sure to include at least one example of each tense.
>
> Use the texts on these pages to help you.

1 lesen   **Read the advert for some of the Christmas markets in Berlin.**

Weihnachtsmärkte in Berlin-Mitte

Der Berliner **Alexanderplatz** verwandelt sich ab Ende November in eine bunte Winter- und Weihnachtswelt mit mehr als hundert Hütten und vielen Attraktionen.

Die „Berliner Weihnachtszeit" am **Roten Rathaus** hat ab spätem November viel zu bieten: Eisbahn, Panorama-Riesenrad und natürlich ein vielseitiges gastronomisches Angebot.

Reisende haben letztes Jahr den kleinen Weihnachtsmarkt auf dem **Washingtonplatz** genossen, weil er direkt neben dem Hauptbahnhof liegt. Dieses Jahr bietet der Markt zum zweiten Mal Ruhe und Freundlichkeit für Leute, die im Dezember unterwegs sind.

Die „Winterwelt" am **Potsdamer Platz** ist vom 31. Oktober bis zum 13. Januar geöffnet. Highlights sind die Rodelbahn, die Eisbahn sowie die österreichische Schmankerl-Hüttn.

Kommentare:

» Träumst du vom perfekten Weihnachtsmarkt? Dann wirst du auf dem Alex bestimmt nicht enttäuscht sein! « (*Clara M., Potsdam*)

» Letzten Dezember war ich dreimal auf dem Markt und habe tolle handgemachte Geschenke für die ganze Familie gefunden. Außerdem waren die vielen Imbisse so lecker! « (*Oli P., Schöneberg*)

What information is in the advert?

Enter Alexanderplatz, Rotes Rathaus, Washingtonplatz or Potsdamer Platz in the gaps.

Example: Potsdamer Platz offers a speciality from outside Germany.

a At _____ you can spend time before catching a train.

b There is a great view from an attraction at _____ .

c _____ is the first of the markets to open this year.

d _____ has over 100 stalls.

> ⭐ Read the rubric and example carefully to be sure that you know what you have to do.

Answer the following questions in English. You do not need to write in full sentences.

e What does Clara think of the market she went to?

f Which market did Oli most likely go to?

2 lesen   **Lies den Artikel aus dem Blog einer deutschen Schule.**

Teenager und Lesen: Alternatives Lesen

Weit verbreitet ist die Meinung, dass Jugendliche weniger lesen. Aber der Lesestil der Jugendlichen hat sich vielleicht an ihr modernes Leben angepasst und damit verändert.

Man kann mit neuen Medien Bücher lesen und diese Medien werden sich in den kommenden Jahren wesentlich verbessern. Eine Möglichkeit sind Apps für das Smartphone oder das Tablet. Mit diesen Apps kann man sich beliebte Bücher als Datei aufs Handy laden und jederzeit lesen. Da der Bildschirm relativ klein und hell ist, ist es nicht jedermanns Sache. Wenn man dies unpraktisch und unhandlich findet, kann man auf die E-Book-Reader zurückgreifen. Man kann sie überall hin mitnehmen und hat alle Bücher, die man gekauft hat, immer griffbereit.

Wir kamen dadurch zu dem Schluss: Jugendliche lesen immer noch gerne, aber anders als früher.

Beantworte die Fragen **auf Deutsch**. Vollständige Sätze sind nicht nötig.

a Was, denkt man, machen junge Leute nicht so viel?

b Was wird in Zukunft mit neuen Medien passieren?

c Warum findet man das Lesen auf dem Smartphone vielleicht nicht so einfach? (Gib ein Detail.)

d Welchen Vorteil haben elektronische Lese-Geräte für die Leser? (Gib ein Detail.)

e Welche Meinung über das Lesen äußert man am Ende?

In the exam, you don't usually need to write full sentences for your answers, but you must make your answer clear. Check to see how many marks a question is worth and give more detail where it is worth 2 marks rather than 1.

3 hören **Du hörst im Internet ein Interview über Fernsehgewohnheiten. Füll die Lücke in jedem Satz mit einem Wort oder Wörtern aus dem Kasten. Es gibt mehr Wörter als Lücken.**

ziemlich oft   die ganze Sendung   im Bett   Sport   in der Schule   Schauspielerin
jeden Nachmittag   etwas Anderes   sehr wenig   nicht viel davon   ~~Schülerin~~   zu Hause

Beispiel: Dalia ist Schülerin.

a Dalia sieht _____ fern.

b Der Fernseher läuft, wenn Dalia _____ ist.

c Beim Fernsehen macht Dalia oft _____.

d Dalia chattet _____ über Fernsehsendungen.

e Nach der Sendung hat Dalia oft _____ gesehen.

4 hören **You listen to this podcast of a film review by Leo on a German website. Listen to the podcast and answer the following questions in English.**

a What first attracts Leo's attention to the film?

b How might Cenk's grandfather have felt when he arrived in Germany?

c How does the film end? Give one detail.

d What is Leo's overall opinion of the film? Give two details.

5 hören **You hear a radio interview with Singa Gätgens, a successful German gymnast and ambassador for the campaign *Kinder stark machen* ('Make children strong'). What does she say?**

a Choose the two correct answers.

Example: Gymnastics wasn't her first choice of sport.

A Her friends began to copy her.
B She always turned up late for training sessions.
C She was a good runner.
D She enjoyed going to competitions.
E She still has the same trainer to this day.

b Choose the two correct answers.

A Parents should try to choose an expensive sports club.
B Playing in a team helps you cope with the ups and downs of life.
C Being part of a sports club is important for well-being.
D As a young girl she was teased because of her eyesight.
E She will be lucky if she gets home on Friday.

A – Role play

1 Look at this role play card and prepare what you are going to say.

Topic: Cultural life

A German cousin has come to visit. The teacher will play the role of your cousin and will speak first.

You must address your cousin as *du*.

You will talk to the teacher using the five prompts below.

- where you see – **?** – you must ask a question
- where you see – **!** – you must respond to something you have not prepared

Task

> **Du sprichst mit deinem deutschen Cousin/deiner deutschen Cousine. Du möchtest am Samstagabend mit deinem Cousin/deiner Cousine ausgehen.**
>
> 1. Lieblingsmusik
> 2. Konzerte – Meinung
> 3. **!**
> 4. **?** Konzert – Samstag
> 5. **?** Pläne – Wochenende

How will you say what you like listening to most of all?

Try to use a variety of adjectives when giving your opinion.

Use the language in the prompt to help you. Here you could say *Hast du ...?*

What might the unexpected question be? Try to predict different possibilities and think how you would answer them.

Remember that you're inviting your <u>cousin</u> to go out with you. Which form of 'you' will you need to use?

2 Practise what you have prepared. Take care with pronunciation and intonation.

3 Using your notes, listen and respond to the teacher.

4 Now listen to Lola performing the role play task.

⭐ Don't rush things – speak clearly and confidently, concentrating on correct pronunciation so your teacher understands everything. Practise sounds like **ch** and **r** that will help you sound more German!

B – Picture-based task

Topic: Cultural life

Schau dir das Foto an und sei bereit, über Folgendes zu sprechen:

- Beschreibung des Fotos
- Deine Meinung zu Radrennen als gefährliche Sportart
- Das letzte Mal, dass du Sport gemacht hast
- Welche Sportart du gern ausprobieren würdest
- **!**

1 *hören* **Look at the picture and read the task. Then listen to Oliver's answer to the first bullet point.**

1 What does he say about the location?

2 What do you think the phrase *er überholt* means?

3 Which rider does he describe in most detail?

4 Write down <u>three</u> adjectives that he uses in his answer.

2 *hören* **Listen to and read Oliver's answer to the second bullet point.**

1 Fill in the gaps.

2 Look at the Answer Booster on page 46. Note down <u>eight</u> examples of what Oliver does to produce a well-developed answer.

> Meiner Meinung nach ist Radrennen **1**   Extremsportart, aber es ist **2**   ziemlich gefährlich. Man kann einen **3**   Unfall haben, wenn man zu schnell oder bei schlechtem Wetter **4**   .
> Ich finde, man muss einen Helm **5**   und relativ vorsichtig fahren. **6**   ist nicht alles – vor allem muss es Spaß machen. **7**   ist der Sport aufregend, wenn er ein bisschen **8**   ist.

3 *hören* **Listen to Oliver's answer to the third bullet point.**

1 Make notes in English of <u>six</u> details that he gives.

2 Can you work out the meaning of *Freistilschwimmen* and *Staffelschwimmen* from the context?

4 *hören* **Listen to how Oliver answers the fourth bullet point and look again at the Answer Booster. Note down examples of how he justifies what he says.**

5 *sprechen* **Prepare your own answers to the first four bullet points, and try to predict which unexpected question you might be asked. Then take part in the full picture-based discussion with the teacher.**

C – General conversation

1 *hören* **Listen to Eva introducing her chosen topic. True or false?**

a Eva likes all types of music.

b She has been playing the recorder for six years.

c She composes on her PC.

d Her parents like listening to her music.

e She plans to go to a music festival next summer.

f The festival will last two days.

2 *hören* **The teacher then asks Eva:** *Liest du gern?* **Listen to how she develops her answer. What 'hidden questions' does she also answer?**

3 *hören* **Listen to how Eva answers the next question:** *Siehst du Filme lieber zu Hause oder im Kino?* **Look at the Answer Booster on page 46. Write down <u>six</u> examples of what she does to produce an impressive answer.**

4 *sprechen* **Prepare your own answers to Chapter 2 questions 1–6 on page 198, then practise with your partner.**

> ⭐ Try to use different ways of giving your opinion to vary your language.

Answer Booster	Aiming for a solid level	Aiming higher	Aiming for the top
Verbs	**Different tenses**: past (perfect or imperfect), present, future	**Different persons of the verb.** **Separable verbs**: *teilnehmen* **Reflexive verbs**: *sich interessieren* **Modal verbs**: *müssen, sollen, können*	**Two tenses to talk about the past**: perfect and imperfect *sein* **in the perfect**: *Ich bin gegangen* *es gibt* **in the imperfect**: *Es gab …* **Conditional**: *(Ich) würde … ausprobieren*
Opinions and reasons	*…, denn (die Zuschauer sind oft laut)*	**Add more variety!** *Ich finde, …* *Ich glaube, …* *Meiner Meinung nach …*	**Expressions**: *Wir freuen uns darauf.* *andererseits …*
Conjunctions	*und, aber, oder, denn*	*… weil (das billiger ist)* *wenn …*	**Different tenses**: *… weil (meine Freunde auch dort waren)*
Other features	**Negatives**: *nicht, kein(e)* **Qualifiers**: *zu, ziemlich, ein bisschen, besonders*	**Adjectives and adverbs**: *aufregend, schnell, vorsichtig, toll, relativ* **Time phrases**: *vor zwei Wochen, jeden Monat, nächsten Sommer*	**Declined adjectives**: *einen schweren Unfall, bei schlechtem Wetter, die beste Musik* **Specialist vocabulary**: *vor allem, trotzdem, ohne*

A – Short writing task

1 **lesen** Look at the task. For each of the four bullet points, make notes on:

- which tenses and other structures you need to use
- what extra details you could add to give a well-developed answer.

Feste

Dein Freundin Anna möchte wissen, wie dein letzter Geburtstag war.

Schreib eine Antwort an Anna.

Du **musst** diese Punkte einschließen:

- was du gemacht hast
- wie du das Fest gefunden hast und warum
- warum Feste wichtig sind oder nicht
- Pläne für deinen nächsten Geburtstag.

Schreib ungefähr 80–90 Wörter **auf Deutsch**.

2 lesen **Look at how Martha has responded to the task. Find examples of:**

- information she has given to extend her writing
- different phrases she uses to express and justify opinions
- verb tenses and other structures she uses to really impress.

> Am vierten November hatte ich meinen sechzehnten Geburtstag. Ich habe drei Freunde eingeladen, den ganzen Tag mit mir in einem Freizeitpark zu feiern.
>
> Die Stimmung war fantastisch, denn es war kurz nach Halloween. Die Attraktionen waren ausgezeichnet und wir haben nie mehr als zehn Minuten gewartet. Das Essen hat uns allen geschmeckt und der Tag war ein großer Erfolg.
>
> Feste sind ein wichtiger Teil von unserem Leben. Ich finde es absolut notwendig, mit Freunden zu feiern. Ein Leben ohne Feste würde trauriger und langweiliger sein.
>
> Nächstes Jahr würde ich gern nach Spanien fahren, denn ich möchte meinen Geburtstag bei schönem Wetter feiern. Hoffentlich werden wir eine Villa mieten, aber wir müssen viel Geld sparen.

 3 schreiben **Now write your own answer to the question in exercise 1. You can use ideas from Martha's answer, and from the Answer Booster, to help you.**

B – Translation

 1 lesen **Read the English text and Marshall's translation of it. Correct the underlined mistakes.**

> Last summer I went to Switzerland with my parents. The first of August is a national holiday and we watched a fantastic procession. Normally I find festivals a bit boring but it was great because my friends were also there. Next December I will fly to Basel and I will visit a Christmas market.

> <u>Letzte Woche</u> bin ich mit meinen <u>Großeltern</u> in die Schweiz gefahren. Der <u>elfte</u> August ist ein nationaler Feiertag und wir <u>werden</u> einen fantastischen Umzug <u>sehen</u>. Normalerweise finde ich Feste ein bisschen <u>böse</u>, aber es war toll, weil meine Freunde auch dort <u>sind</u>. Nächsten Dezember <u>bin</u> ich nach Basel <u>geflogen</u> und ich werde einen Weihnachtsmarkt <u>sehen</u>.

> ⭐ Make sure that you:
> - follow the rules for word order with verbs: verb second in a main clause; infinitives and past participles at the end of their clause
> - check the order of expressions of time (when?), manner (how?) and place (where?)
> - express your opinions and reasons clearly.
>
> How well does Martha's answer meet each of these criteria?

> ⭐ For the translation, you will have to think about choosing the right vocabulary and using the correct tenses. Once you have corrected Marshall's text, look at the parts he got right and adapt these structures for the translation in exercise 2.

2 schreiben **Translate the following text into German.**

> Last year I went to Germany and visited my friend Christoph. When I was there, he celebrated his fifteenth birthday; it was great. He will come to England next summer, because he plays basketball in a national team. I have to watch the games, but I would prefer to stay at home and listen to music.

Freizeitaktivitäten — Leisure activities

Freizeitaktivitäten	Leisure activities
die Freizeit	leisure time, free time
Briefmarken sammeln	to collect stamps
Plüschtiere sammeln	to collect soft toys
Sport machen	to do sport
Sport treiben	to do sport
Fußball spielen	to play football
Hockey spielen	to play hockey
Basketball spielen	to play basketball
Schach spielen	to play chess
Karten spielen	to play cards
am Computer spielen	to play on the computer
Computerspiele spielen	to play computer games
im Internet surfen	to surf on the internet
im Internet chatten	to chat on the internet
mit Freunden reden	to chat with friends
chillen	to chill
Freunde treffen	to meet friends
Zeit mit dem besten Freund / der besten Freundin verbringen	to spend time with your best friend

ins Kino gehen	to go to the cinema
in die Stadt gehen	to go into town
abends fernsehen	to watch TV in the evening
am Wochenende Videos gucken	to watch videos at the weekend
Filme / die Nachrichten sehen	to watch films / the news
Musik machen	to make music
Radio hören	to listen to the radio
Bücher lesen	to read books
faulenzen	to chill, laze about
nichts tun	to do nothing
Ich bin …	I am …
(nicht) sehr	(not) very
ziemlich	quite
ein bisschen	a bit
(gar) nicht	not (at all)
sportlich	sporty
musikalisch	musical
faul	lazy
abenteuerlustig	adventurous

Instrumente — Instruments

Instrumente	Instruments
die Blockflöte	recorder
die Flöte	flute
die Geige	violin
die (elektrische) Gitarre	(electric) guitar
die Klarinette	clarinet
die Trompete	trumpet

das Keyboard	keyboard
das Klavier	piano
das Saxofon	saxophone
das Schlagzeug	drums
das Instrument	instrument
Ich spiele kein Instrument.	I don't play an instrument.

Bücher — Books

Bücher	Books
gedruckt	printed
das Buch(¨er)	book
das gedruckte Buch	printed book
die Biografie(n)	biography
der Comic(s)	comic book
der Fantasyroman(e)	fantasy novel
die Horrorgeschichte(n)	horror story
die Komödie(n)	comedy
der Krimi(s)	detective / crime story
die Liebesgeschichte(n)	love story
das Science-Fiction-Buch(-Bücher)	sci-fi-book
der Thriller(-)	thriller
die Zeitung(en)	newspaper

die Zeitschrift(en), das Magazin(e)	magazine
die Illustrierte(n)	(glossy) magazine
das Blog(s)	blog
das E-Book(s)	e-book
das Taschenbuch(¨er)	paperback book
Ich lese (oft / nie) Taschenbücher …	I (often / never) read paperbacks …
auf meinem Tablet / E-Reader	on my tablet / e-reader
auf einem elektronischen Gerät	on an electronic device
im Bett	in bed
in meinem Zimmer	in my room
im Bus	on the bus
der Akku	rechargeable battery
der Bildschirm	screen

Musik — Music

Musik	Music
Ich interessiere mich für viele Musikrichtungen.	I'm interested in lots of types of music.
die Musiksammlung	music collection
Ich höre (nicht) gern …	I (don't) like listening to …
Ich höre lieber …	I prefer to listen to …
Ich höre am liebsten …	I like listening to … best of all.
klassische Musik	classical music
Opernmusik	opera
Popmusik	pop music
Reggae	reggae
R&B-Musik	R&B
Rapmusik	rap
Heavy Metal-Musik	heavy metal
Country-und-Western-Musik	country and western
Jazzmusik	jazz
Livemusik	live music

Ich höre Musik auf meinem …	I listen to music on my …
Handy / Smartphone	mobile phone / smartphone
Laptop / Tablet	laptop / tablet
Musik herunterladen / downloaden	to download music
Das ist praktisch.	That's practical.
Ich spiele seit (einem Jahr) Gitarre.	I have been playing guitar for (a year).
Ich downloade alles auf mein Tablet.	I download everything onto my tablet.
Das spart so viel Platz.	That saves so much space.
Der Ton (auf einem Tablet) ist nicht gut.	The sound (on a tablet) is not good.
Die Qualität ist fantastisch.	The quality is fantastic.
Die Eintrittskarten sind zu teuer.	The entry tickets are too expensive.
Ich gebe kein Geld für (Musik) aus.	I don't spend any money on (music).
Das ist ein tolles Gefühl.	That's a great feeling.

Film und Fernsehen — Film and television

der Film(e)	film, movie
der Actionfilm(e)	action movie
der Fantasyfilm(e)	fantasy film
der Horrorfilm(e)	horror film
die Komödie(n)	comedy
der Krimi(s)	detective / crime film
der Liebesfilm(e)	romance
der Science-Fiction-Film(e)	sci-fi film
der Thriller(–)	thriller
der Zeichentrickfilm(e)	cartoon
Ich sehe gern fern.	I like watching TV.
der Zuschauer(–)	viewer
das Fernsehen	television
die Fernsehsendung(en)	TV programme
die Serie(n)	series
die Gameshow(s)	game show
die Realityshow(s)	reality show
die Dokumentation(en)	documentary

die Nachrichten (pl)	the news
Ich finde (Serien) (blöd).	I find (series) (silly).
Ich habe (die Sendung / den Film) (großartig) gefunden.	I found (the programme / film) (great).
Die Sendung / Der Film / Die Handlung war …	The programme / film / plot, story line was …
Die Schauspieler waren …	The actors were …
(un)realistisch	(un)realistic
schwach	weak
enttäuschend	disappointing
überzeugend	convincing
humorvoll	humorous, amusing
(Der Film) macht keinen Sinn.	(The film) doesn't make sense.
Ich bin von (der Sendung / dem Film) (nicht) begeistert, weil …	I'm (not) enthusiastic about (the programme / film) because …
Ich empfehle (die Sendung / den Film), weil …	I recommend (the programme / film) because …

Sport — Sport

Ski fahren	to go skiing
snowboarden	to go snowboarding
rodeln	to sledge, toboggan
eislaufen	to ice skate
Curling spielen	to do curling
Nordic Walking machen	to go Nordic walking
wandern	to hike
klettern	to climb
schwimmen	to swim
Fahrrad / Rad fahren	to cycle
Handball / Fußball / Tennis spielen	to play handball / football / tennis
Ich spiele gern (Fußball).	I like playing (football).
Ich turne seit (fünf Jahren).	I have been doing gymnastics for (five years).
Ich mache (nicht) gern (Nordic Walking).	I (don't) like doing (Nordic walking).

Ich habe mit (sechs) Jahren angefangen, Tennis zu spielen.	I started to play tennis when I was (six) years old.
Ich habe (Rollschuhlaufen) im Alter von (sechs) Jahren gelernt.	I learned to (roller skate) at the age of (six).
Ich habe schon (Golf) ausprobiert.	I have already tried (golf).
Ich würde (nie) (Skateboard fahren).	I would (never) do (skateboarding).
Ich trainiere (jeden Tag) mit Freunden im Verein.	I train with friends at the club (every day).
die Bodenübung	floor work
der Hochweitsprung	high long jump
der 100-Meter-Lauf	100-metre sprint
das Ringen	wrestling
das Schwingen	another type of wrestling
das Steinheben	stone lifting
das Steinstoßen	stone tossing
der Weitsprung	long jump

Feste und Feiertage — Celebrations and holidays

am 24. Dezember (usw.)	on the 24th December (etc.)
feiern	to celebrate
(Zeit) verbringen	to spend (time)
stattfinden	to take place
zu Ostern	at Easter
zu Weihnachten	at Christmas
der Feiertag(e)	public holiday
der Festzug(¨e)	procession
der Karneval	carnival
der Fasching	carnival
der Maibaum(¨e)	may pole
die Fete(n)	party
das Fest(e)	festival, fair
das Feuerwerk(e)	fireworks (pl)
das Geschenk(e)	present
das Volksfest(e)	(traditional) folk fair
Es gibt …	There is/are …
Reden / Feste / Konzerte	speeches / celebrations / concerts

Musik / Tanz / tolle Kostüme	music / dancing / great costumes
Proteste / ein Feuerwerk	protests / fireworks
Ich bin (auf den Weihnachtsmarkt) gegangen.	I went (to the Christmas market).
Das war der Höhepunkt des Jahres.	That was the highlight of the year.
Die Stimmung war super.	The atmosphere was great.
Ich habe (Lebkuchen) gegessen / gekauft.	I ate / bought (gingerbread).
Am Ende des Tages war ich (völlig satt / müde).	At the end of the day I was (totally full / tired).
Ich würde gern (auf einen Markt in England) gehen.	I would like to go (to a market in England).
Es würde mich interessieren, … zu sehen.	I would be interested in seeing …
Ich könnte über … lernen.	I could learn about …
Ich werde nächstes Jahr (in England) feiern.	Next year I will celebrate (in England).

Oft benutzte Wörter — High-frequency words

aufregend	exciting, thrilling
ausgezeichnet	excellent
blöd	stupid, silly
eindrucksvoll	impressive
fantastisch	fantastic
gewalttätig	violent
großartig	great
gruselig	creepy, scary

lang	long
langweilig	boring
lustig	funny
romantisch	romantic
schrecklich	terrible
spannend	exciting, suspenseful
unterhaltsam	entertaining

Startpunkt Wir machen Fotos

1 **Lies die Beschreibungen und schreib alle Adjektive auf. Dann übersetze sie ins Englische.**

Beispiel: sportlich – sporty

a Aaron ist 14 Jahre alt. Er ist ziemlich sportlich und ein sehr freundlicher Typ – er ist mein bester Freund. Er ist echt fleißig und auch dynamisch. Er hat kurze, blonde Haare und Sommersprossen.

b Veronika ist 15 Jahre alt. Sie ist eine sehr gute Freundin, ziemlich intelligent und abenteuerlustig. Sie ist auch ein total freundliches und kreatives Mädchen. Sie ist schlank und hat lange, braune Haare und dunkle Augen.

c Ich liebe MC Fitti! Er ist ein toller Rapper. Er ist sehr locker und ein origineller Musiker. Er hat einen großen Bart und er trägt immer eine coole Sonnenbrille.

d Hier ist meine kleine Schwester Maja mit unserem Großvater. Maja ist ein lustiges und ziemlich freches Mädchen! Mein Opa ist sehr nett; er hat graue Haare und trägt eine Brille.

e Hier ist mein Freundeskreis. Marc und Felix sind total modisch und haben kurze, braune Haare. Johanna ist hübsch und hat glatte, rotbraune Haare und Philippa hat lange, schwarze Haare. Sie sind tolle Freunde – sie sind aktiv, selbstbewusst, unterhaltsam und gar nicht langweilig!

Kulturzone

SMARTPHONE, SMARTPHONE IN DER HAND, WER MACHT DIE SCHÖNSTEN SELFIS IM GANZEN LAND?!

Es war einmal...

G *Using adjectives* > Page 224

When you use an adjective <u>by itself</u> (usually with the verb 'to be'), it does not need an ending:

Er ist sportlich. He is sporty.
Sie ist intelligent. She is intelligent.

However, when you use an adjective <u>before</u> a noun, it has a different ending depending on gender, number and case. These are the endings after *ein*, *kein* and the possessive adjectives (e.g. *mein* (my) and *dein* (your)):

	nominative case (subject)	accusative case (object)
masc.	*ein sportlicher Mann*	*einen sportlichen Mann*
fem.	*eine sportliche Frau*	*eine sportliche Frau*
neut.	*ein sportliches Mädchen*	*ein sportliches Mädchen*
pl.	*sportliche Kinder*	*sportliche Kinder*
	keine sportlichen Kinder	*keine sportlichen Kinder**

*Er ist **ein** intelligent**er** Typ.* He is an intelligent guy.
*Sie ist **meine** best**e** Freundin.* She is my best friend.
*Er hat **einen** groß**en** Bart.* He has a big beard.

*Note how the adjective endings after *keine* and possessive adjectives change to –en in the plural.

2 hören

Hör zu. Leon beschreibt seine Freunde. Was passt zusammen?

Laura   Uwe   Kai   Michaela   Svenja

1 **2** **3** **4** **5**

3 hören

Hör noch mal zu und sieh dir Aufgabe 2 an. Füll die Lücken aus.

Laura: freundlich unterhaltsam locker _____

Uwe: lustig nicht modisch originell _____

Kai: intelligent frech selbstbewusst _____

Michaela: dynamisch kreativ nicht abenteuerlustig _____

Svenja: cool originell sportlich _____

4 schreiben

Vervollständige die Beschreibungen dieser zwei Personen aus Aufgabe 2.

⭐ Think carefully about the adjectives – do they need endings and if so what should these be?

Svenja

Svenja hat glatte, **1** _____ Haare und **2** _____ Augen. Sie ist **3** _____ und originell. Sie ist ein **4** _____ Mädchen und sie ist nicht **5** _____.

Kai

Kai ist relativ **1** _____ und hat **2** _____ Haare und **3** _____ Augen. Er trägt auch eine Brille. Kai ist sehr **4** _____, aber er ist auch ein **5** _____ und fleißiger Junge. Ich denke, er ist **6** _____.

5 sprechen

Partnerarbeit. Wer ist es? Wähl einen Kameraden/eine Kameradin aus und beschreib ihn oder sie.

● *Er ist ziemlich groß und er hat kurze braune Haare. Er ist lustig und …*

■ *Ist das Henry?*

● *Ja, richtig! / Nein, er ist auch sportlich und …*

6 sprechen

Partnerarbeit. Beschreib das Bild.

• Wer ist auf dem Foto?
• Wie sehen die Leute aus?
• Wie sind sie, deiner Meinung nach?
• Beschreib deinen besten Freund / deine beste Freundin.

- *Talking about what makes a good friend*
- *Using possessive adjectives*

1 **hören** Hör zu. Wer sagt was? (1–8)

Wie ist ein guter Freund oder eine gute Freundin?

Ein guter Freund / Eine gute Freundin ...

- **a** ... hat immer Zeit für mich.
- **b** ... ist sympathisch.
- **c** ... unterstützt mich immer.
- **d** ... muss hilfsbereit und ehrlich sein.
- **e** ... darf nicht auf andere Freunde eifersüchtig sein.
- **f** ... muss viel Geduld haben.
- **g** ... kann mit mir über alles reden.
- **h** ... hat die gleichen Interessen.
- **i** ... sieht gut aus.

2 **lesen** Sieh dir Aufgabe 1 noch mal an. Wie ist ein guter Freund/eine gute Freundin, deiner Meinung nach? Ordne die Eigenschaften von 1 bis 9 (1 ist am wichtigsten).

Beispiel: Nummer 1: Ein guter Freund muss viel Geduld haben.
　　　　　 Nummer 2: ...

⭐ When confronted with new vocabulary, it is helpful to look for cognates and familiar words and phrases. However, beware of 'false friends' such as *sympathisch*. It might look like 'sympathetic' but this isn't what it means!

3 **hören** Hör zu. Till und Ilka ordnen die Eigenschaften. Schreib die Tabelle ab und füll sie auf Englisch aus.

	number 1	number 2	number 3
Till	has same interests		
Ilka			

⭐ To say how important you consider something to be, use the adjective *wichtig* and its comparative and superlative forms:

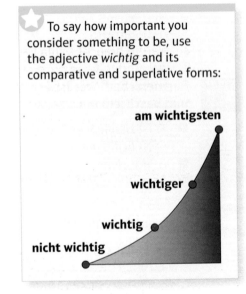

am wichtigsten

wichtiger

wichtig

nicht wichtig

4 **sprechen** Gruppenarbeit. Diskussion: Wie ist ein guter Freund/eine gute Freundin?

- ● *Ein guter Freund oder eine gute Freundin hat viel Geduld. Das ist für mich am wichtigsten. Was denkst du?*
- ■ *Das ist nicht so wichtig, meiner Meinung nach. Wichtiger für mich ist: Ein Freund ist immer hilfsbereit.*
- ▲ *Ich finde, ...*

5 lesen **Lies die Kommentare und beantworte die Fragen.**

MELINA

Meine beste Freundin heißt Jasmin. Sie hat glatte, braune Haare und ist sehr hübsch, aber das Aussehen ist nicht wichtig! Ihr Lieblingshobby ist Schwimmen – sie ist eine sehr starke Schwimmerin und sie verbringt oft ihre Freizeit im Sportzentrum. Wir sind miteinander befreundet, weil wir so viele gleiche Interessen haben, wir mögen die gleichen Dinge. Wir lachen viel zusammen und können über alles reden. Das ist am wichtigsten. Ich hoffe, wir werden immer beste Freundinnen bleiben.

KEVIN

Max und ich sind sehr gute Freunde, oder wir *waren* gute Freunde. Wir hatten früher immer viel Zeit füreinander und wir haben unsere Freizeit oft vor dem Bildschirm verbracht. Wir lieben Filme und unser Lieblingsfilm ist Star Wars VII – er ist echt spannend! Es gibt aber jetzt ein richtiges Problem. Max hat seit zwei Wochen eine neue Freundin, Leah, und jetzt ist Leah seine Priorität. Sie verbringen alle ihre Zeit zusammen und Max hat keine Zeit mehr für mich. Gute Freunde können gut kommunizieren, aber Max und ich können über dieses Problem nicht reden.

PAULA

Ich brauche keine beste Freundin, weil ich einen tollen Freund habe. Er ist nicht einfach *ein* Freund, sondern *mein* Freund. Wir haben uns in der Grundschule kennengelernt, aber wir sind erst seit dem Sommer ein Pärchen. Er ist immer freundlich, immer guter Laune und noch wichtiger, er ist ehrlich und treu. Er sieht gut aus und ist ein begabter Musiker – sein großes Hobby ist Rockmusik, weil sie so dynamisch ist. Unsere Freizeit verbringen wir immer auf Gigs – wir sehen unsere Freunde aber nicht mehr so oft und das finde ich schade.

Who …

1 says they met at primary school?
2 says they always used to have time for each other?
3 feels they are no longer important to their friend?
4 says they laugh about things together?
5 has a lot in common with their friend?
6 doesn't consider appearance to be important?
7 can't talk to their friend about a problem?
8 values honesty even more than being friendly?

> *miteinander befreundet sein* = to be friends with each other
> *guter Laune sein* = to be in a good mood
> *treu* = faithful
> *schade* = a shame

 German has three words for 'it': *er, sie, es.*

Der Film ist spannend.	*Er ist spannend.*
Die Musik ist dynamisch.	*Sie ist dynamisch.*
Das Spiel ist toll.	*Es ist toll.*

6 lesen **Lies die Kommentare noch mal und beantworte die Fragen auf Deutsch.**

1 Warum sind Melina und Jasmin beste Freundinnen?
2 Warum braucht Paula keine beste Freundin?
3 Was findet Kevin bei einem Freund wichtig?
4 Worauf hofft Melina?
5 Warum haben Kevin und Max ein Problem?
6 Seit wann ist Paula mit ihrem Freund zusammen?

G *Possessive adjectives* > Page 224

mein (my), *dein* (your), *sein* (his), *ihr* (her), *unser* (our), *euer* (your, informal plural), *ihr* (their) and *Ihr* (your, formal singular and plural) are possessive adjectives and follow the same pattern as the indefinite article *ein.*

	nominative	accusative
masc.	*mein (bester) Freund*	*meinen (besten) Freund*
fem.	*meine (beste) Freundin*	*meine (beste) Freundin*
neut.	*mein (großes) Hobby*	*mein (großes) Hobby*
pl.	*meine (besten) Freunde*	*meine (besten) Freunde*

Mein bester Freund heißt Tom. My best friend is called Tom.

Sie verbringt ihre Freizeit im Sportzentrum.
She spends her free time at the sports centre.

Wir sehen unsere Freunde nicht so oft.
We don't see our friends that often.

7 hören **Hör zu und mach Notizen auf Deutsch. (1–3)**

- wichtige Freunde?
- wie lange befreundet?
- warum befreundet?
- Probleme?

8 schreiben **Beschreib einen guten Freund oder eine gute Freundin. Wie ist eure Beziehung? Sieh dir Aufgabe 5 zur Hilfe an.**

- *Describing relationships*
- *Using the dative with* **mit**

1 **hören** Hör Thomas zu. Über wen spricht **er**? Wie kommt er mit seinen Familienmitgliedern aus? (/)

meine Mutter

meine Tante Martina

mein Vater

meine Oma und mein Opa

Thomas

mein Onkel Jürgen

mein Cousin und meine Cousinen

mein Bruder Timo

meine Schwester Gesine

meine Omi

2 **hören** Hör noch mal zu und lies die Sätze. Wer ist das?

1 Ich komme sehr gut mit dieser Person aus – wir haben die gleichen Interessen.
2 Ich finde diese Person sehr sympathisch und ich verstehe mich gut mit ihr.
3 Unsere Beziehung ist nicht so gut – diese Person ist gar nicht abenteuerlustig und ab und zu ziemlich ärgerlich.

4 Ich verstehe mich nicht gut mit dieser Person, weil sie mir auf die Nerven geht!
5 Diese Person hat keine Geduld! Ich komme nicht so gut mit ihr aus.
6 Mit diesen Personen komme ich immer sehr gut aus, weil wir viel miteinander lachen.

3 **sprechen** Partnerarbeit. Wie kommst du mit deinen Familienmitgliedern aus?

- ● *Wie ist (dein Vater / deine Mutter)?*
- ■ *(Mein Vater) ist …*
- ● *Wie kommst du mit deinem Vater / deiner Mutter aus? Warum?*

4 **schreiben** Wähl ein Familienmitglied aus und beschreib eure Beziehung. Beantworte die Fragen in Aufgabe 3.

Ich komme gut / nicht so gut mit … aus.

Ich verstehe mich gut / nicht so gut mit …

Ich kann … nicht leiden!

… geht mir auf die Nerven.

Unsere Beziehung ist gut, weil …

er/sie sympathisch / lieb / hilfsbereit / ehrlich ist.
er/sie viel Geduld / immer Zeit für mich hat.
er/sie mich unterstützt.

Unsere Beziehung ist nicht so gut, weil …

er/sie ärgerlich / vorsichtig / nicht hilfsbereit ist.
er/sie nicht viel Geduld / nie Zeit für mich hat.
er/sie mich nicht unterstützt.

G Using the preposition **mit** (with) > Page 222

mit is always followed by the dative case. Here are the dative endings for the possessive adjectives.

masc.	*mein**em** Bruder*	neut.	*mein**em** Kind*
fem.	*mein**er** Schwester*	pl.	*mein**en** Eltern*

*Er kommt gut mit **seinem** Bruder aus.*
He gets on well with his brother.
*Sie kommt gut mit **ihrer** Mutter aus.*
She gets on well with her mother.
*Kommst du gut mit **deinen** Großeltern aus?*
Do you get on well with your grandparents?

Just as in English, the noun can be replaced with a pronoun:

*Er kommt gut mit **ihm** aus.*
He gets on well with **him**.
*Sie kommt gut mit **ihr** aus.*
She gets on well with **her**.
*Kommst du gut mit **ihnen** aus?*
Do you get on well with **them**?

To say 'we get on well with **each other**', use *wir kommen gut **miteinander** aus* or *wir verstehen **uns** gut.*

5 lesen

Lies den Artikel und beantworte die Fragen auf Englisch.

Familien sind kompliziert

Astrid Heberle
Familientherapeutin

Die Beziehungen zwischen Freunden können kompliziert sein, aber die Beziehungen in der Familie sind auch nicht einfach.

Die Eltern sind geschieden und kommen nicht gut miteinander aus. Der Vater hat noch mal geheiratet. Die neue Frau ist eifersüchtig und kann die Ex-Frau gar nicht leiden. Die Kinder mögen die Stiefmutter nicht. Sie streiten sich die ganze Zeit.

Der Onkel versteht sich mit seinem älteren Bruder nicht, weil sie sich auf die Nerven gehen. Die Tante hat seit Jahren nicht mehr mit ihren beiden Brüdern gesprochen, obwohl man nicht richtig weiß, warum.

Aber sie wissen, dass sie irgendwie zusammen gehören. Familie ist und bleibt Familie. Manchmal hilft der Onkel seiner Schwester finanziell, weil er mehr Geld als sie hat. Sie dankt ihm immer. Obwohl die Brüder nicht miteinander auskommen, gehen sie zusammen zur Geburtstagsparty der Großmutter, weil sie ihre Großmutter lieben.

1 How do the parents get on?
2 How do the children get on with their stepmother?
3 What do the uncle and his brother think of each other?
4 What is the sister's relationship with her brothers like?
5 What does one of the brothers do to help his sister?
6 What do the brothers do out of love for their grandmother?

> **geschieden** = divorced
> **heiraten (geheiratet)**
> = to get married (got married)
> **gehören** = to belong

6 hören

Hör zu. Schreib die Tabelle ab und füll sie auf Englisch aus. (1–5)

	relationship with …	♥ or ✖	reasons
1 Melissa			

> ⭐ Look at the sentence *Sie streiten sich die ganze Zeit.* 'They (do what?) all the time'? Think about the context and look for clues.

7 sprechen

Partnerarbeit. Gibt es Streit in deiner Familie?

● *Streitest du dich mit (deinem Vater / deiner Mutter)?*
■ *Ja, ich streite mich mit (meiner Mutter) um (das Handy).*
● *Warum?*
■ *(Sie) findet, (ich verbringe zu viel Zeit mit dem Handy – und das kostet zu viel). Das geht mir auf die Nerven! Und du?*

> ⭐ Listen carefully and try to work out the meaning of the compound nouns you hear.
> Halbbruder (*Halb + Bruder*)
> → half brother
> Stiefschwester (*Stief + Schwester*)
> → stepsister

Ich streite mich mit	meinem Vater / ihm meiner Mutter / ihr meinen Geschwistern / ihnen	um	den Computer. die Kleidung. das Handy / Geld. die Freunde.
Wir streiten uns			
Wir haben uns (um …) gestritten.			
Er/Sie findet, Sie finden,	ich verbringe zu viel Zeit mit dem Handy / am Computer. ich mache nicht genug Hausaufgaben. ich gebe zu viel Geld aus. ich bin eifersüchtig auf (meine Schwester).		
Er/Sie mag Sie mögen	meine Kleidung / meine Musik / meine Freunde (nicht).		

1 *lesen* Lies den Artikel und sieh dir die Bilder an. Was ist die richtige Reihenfolge?

Wie sieht ein perfekter Sonntag aus?
Maximilian Mennicke (15 J.) aus dem Schwarzwald träumt …

Es ist ein schöner Morgen, die Sonne scheint. Gemeinsam mit meinen Eltern und meinem Bruder Lukas werde ich auf dem Balkon frühstücken. Lukas und ich haben beide etwas vor. Lukas wird mit unserem Vater zu einem Fußballspiel fahren und danach zu einem Tischtennisturnier. Meine Mutter wird mich zu einem Judowettkampf bringen.

Am Nachmittag werden alle langsam nach Hause kommen. Wir werden vielleicht im Garten eine Wasserschlacht haben. Jeder gegen jeden und alle gegen Papa! Wir werden bestimmt grillen. Lukas wird der Grillmeister sein, denn er macht das so gern.

gemeinsam mit = together with
etwas vorhaben = to have something planned

2 *hören* Hör zu. Wer erwähnt das? (1–4)

> **G** *Talking about the future* › Page 215
>
> There are two ways to express future actions in German:
>
> • Use part of the verb *werden* plus a verb in its infinitive form:
>
> *Ich werde Zeit mit Freunden verbringen.* I will spend time with friends.
>
> • Use the present tense with a time phrase such as *morgen* (tomorrow), *später* (later) or *am Wochenende* (at the weekend):
>
> *Später verbringe ich Zeit mit Freunden.* Later I'm spending time with friends.

3 *sprechen* Partnerarbeit. Diskussion: Deine Pläne für nächsten Sonntag.

● *Was wirst du am Sonntag machen?*
▪ *Ich werde wahrscheinlich Hausaufgaben machen.*
● *Was, den ganzen Tag?*
▪ *Nein, ich werde auch …, aber ich werde nicht …*

Ich werde	am Sonntag am Wochenende	bestimmt wahrscheinlich vielleicht nicht	Rad fahren. spazieren gehen. ins Freibad gehen. im Internet surfen / soziale Netzwerke nutzen. Hausaufgaben machen. in die Kirche gehen. einkaufen gehen. Zeit mit der Familie / mit Freunden verbringen. grillen.

4 lesen **Lies die Unterhaltung im Chat und beantworte die Fragen auf Deutsch.**

> **Sofie:** Hallo Yasha!
>
> **Yasha:** Hi Sofie!
>
> **Hast du am Samstag etwas vor?**
>
> Nein, noch nicht. **Warum?**
>
> Wir gehen am Samstag in den Europa-Park, weil ich Geburtstag habe. Letztes Jahr haben wir bei mir im Garten gegrillt, aber das Wetter war schlecht. Ich möchte gern dieses Jahr mit Freunden feiern. **Kommst du mit?**
>
> Das klingt toll. Ich war noch nie im Europa-Park, weil meine Eltern sagen, es ist zu teuer. **Wie viel kostet das?**
>
> Die Eintrittskarte kostet ungefähr €40. Das ist sehr teuer, aber es wird echt Spaß machen. Letzten Monat hatte meine Schwester Geburtstag und wir sind ins Freibad gegangen – das war billig, aber total langweilig.
>
> Na ja, das geht. Es ist nicht billig, aber ich werde mitkommen. **Was werden wir dort machen?**
>
> Wir werden mit allen schnellen Achterbahnen fahren, denn das ist echt aufregend! Wir werden auch wahrscheinlich im Café am Park Pizza oder Pommes essen.
>
> **Wie werden wir dort hinfahren?**
>
> Ich denke, wir können alle mit dem Bus in den Park fahren.
>
> Toll. **Wann und wo werden wir uns treffen?** Hast du solche Sachen schon organisiert?
>
> Ja, wir werden uns um 9 Uhr bei mir treffen. Dann gehen wir zusammen an die Bushaltestelle.
>
> OK. Und **wer kommt mit**?
>
> Ich habe unseren ganzen Freundeskreis eingeladen. Ich hoffe, sie werden alle mitkommen.
>
> Super. Ich freue mich darauf. Bis Samstag!

die Achterbahn = *roller coaster*

1 Was hat Sofie für ihren Geburtstag vor?
2 Wie hat Sofie ihren letzten Geburtstag gefeiert? Wie war das?
3 Warum war Yasha noch nie im Europa-Park?
4 Was möchte Sofie im Europa-Park machen?
5 Wie werden sie in den Park fahren?
6 Wer wird mitkommen?

G **Prepositions** > Page 222

After some prepositions, including **in** ('in') and **an** ('at' or 'to'), you need to use either the accusative or the dative case depending on whether there is movement involved.

movement – accusative *Ich gehe …*		no movement – dative *Ich bin …*	
masc.	*in **den** Park.*	masc.	*im (in dem) Park.*
fem.	*in **die** Schule.*	fem.	*in **der** Schule.*
neut.	*ins (in das) Freibad.*	neut.	*im (in dem) Freibad.*

5 hören **Hör zu. Oskar und Nina machen Pläne. Sieh dir Aufgabe 4 an und beantworte die fett gedruckten Fragen auf Deutsch.**

6 schreiben **Übersetze den Text ins Deutsche.**

Think carefully about the tense.

My plans for next Sunday
Next Sunday I am going to do homework in the park and I will also go to the cinema because I really like watching films. I will go with my boyfriend and we will meet at the bus stop. Last Saturday we went to the café but it wasn't cheap.

in plus the accusative case (movement) or dative case (no movement)?

Here you need *in* plus the accusative case to express that you are going **into** the cinema.

Look back at page 54 to remind yourself about using possessive adjectives after *mit*.

7 sprechen **Partnerarbeit. Rollenspiel: Du machst mit einem Partner/einer Partnerin Pläne für nächsten Samstag. Benutze die Fragen aus Aufgabe 4.**

- Discussing role models
- Using pronouns to talk about different people

1 lesen

Lies die Diskussion in den sozialen Netzwerken. Wie heißt das auf Deutsch?

Anita	Alina	Elias

Anita

Gandhi ist ein Mann, der für viele Leute ein großes Vorbild ist. Er inspiriert mich sehr, weil er sich für soziale Probleme interessiert hat. Ich finde ihn so ein gutes Vorbild, denn er hat in seinem Leben vielen Leuten geholfen, und was mir am wichtigsten ist, er war immer gegen Gewalt. Ich habe vor ihm viel Respekt.

die Gewalt = violence

Alina

Emma Watson ist ein Vorbild für mich. Sie ist eine Frau, die sowohl berühmt als auch intelligent ist, und ich bewundere sie. Obwohl Emma schon als junges Mädchen Schauspielerin war, war ihr die Schule auch sehr wichtig. Ich finde sie total beeindruckend und begabt und sie hilft mir in meinem Leben, weil ich auch eine erfolgreiche Schauspielerin und gute Studentin sein möchte.

Elias

Ich habe mehrere Vorbilder, weil ich die Mitglieder vom THW (Technisches Hilfswerk) wirklich bewundere. Sie sind alle tolle Vorbilder, die viel helfen. Meine Freunde und ich sind Mitglieder der THW-Jugend und das THW inspiriert uns, weil es Menschen in Not unterstützt. Letztes Jahr haben wir einige Mitglieder beim Training getroffen und wir haben sie echt beeindruckend gefunden. Nächstes Jahr werden wir mit ihnen ein Hilfsprojekt für Flüchtlinge organisieren.

ein Mitglied(-er) = a member
der Flüchtling(-e) = refugee

1 a great role model
2 He inspires me.
3 against violence
4 I have a lot of respect for him.
5 both famous and intelligent
6 I admire her.
7 I find her impressive.
8 She helps me.
9 several role models
10 people in need

> ⭐ Some verbs such as *helfen* (to help), *geben* (to give) and *danken* (to thank) always take the dative:
> *Sie hilft mir in meinem Leben.* She helps *me* in my life.

2 hören

Hör zu. Füll die Tabelle auf Englisch aus. (1–5)

	role model	reasons
1	Usain Bolt	famous sportsperson

3 sprechen

Partnerarbeit. Diskussion: Vorbilder.

- *Wer ist ein Vorbild für dich?*
- ■ *… ist mein großes Vorbild. Ich bewundere (ihn/sie), weil …*

G Pronouns   > Page 220

Relative pronouns

masc.	*Ein Mann, **der** …*	A man **who** …
fem.	*Eine Frau, **die** …*	A woman **who** …
neut.	*Ein Tier, **das** …*	An animal **which** …
pl.	*Leute, **die** …*	People **who** …

Subject and object pronouns
In German, pronouns (I, you, he, we, they, etc.) change depending on which case they are in:

Nom:	***Er** ist mein Vorbild.* **He** is my role model.
Acc:	*Ich finde **ihn** ein gutes Vorbild.* I find **him** a good role model.
Dat:	*Soziale Probleme sind **ihm** wichtig.* Social problems are important **to him**.

nominative	accusative	dative
ich	mich	mir
du	dich	dir
er	ihn	ihm
sie	sie	ihr
es	es	ihm
wir	uns	uns
ihr	euch	euch
Sie/sie	Sie/sie	Ihnen/ihnen

4 hören

Hör das Radioprogramm an. Wo finden Jugendliche ihre Vorbilder heute?
Was ist die richtige Reihenfolge?

a social environment   **b sport**   **c media**

die Pfadfinder = the Scouts

5 hören

Hör noch mal zu. Schreib alle Arten von Vorbildern auf Englisch auf.

Beispiel: famous people, …

6 lesen

Lies die Forumsbeiträge und beantworte die Fragen auf Englisch.

Vorbilder: Positiver oder negativer Einfluss?

Elsa15

Usain Bolt ist mein großes Vorbild, weil er so ein toller Sportler ist. Ich bewundere ihn, weil ich auch sportlich bin und ich möchte eines Tages auch so begabt und erfolgreich werden wie er. Letztes Jahr bin ich mit meinem Freund zur Leichtathletik-Weltmeisterschaft gefahren – es war ein Event, das mich total beeindruckt hat. Meiner Meinung nach sind berühmte Sportler sehr gute Vorbilder, denn sie sind eine Inspiration für uns. Ich weiß jedoch, nicht alle begabten Sportler sind so erfolgreich.

yusuf_21

Für mich sind Vorbilder sehr wichtig, weil sie mir eine Art Orientierungshilfe geben. Manche Leute suchen ihre Vorbilder in den Medien, aber ich habe kein berühmtes Vorbild – ich finde das oberflächlich. Ich glaube, ein Vorbild ist jemand, der Zeit für mich hat und jemand, der immer ehrlich ist. Das ist mir am wichtigsten. Mein Volleyballtrainer ist mein großes Vorbild, weil er vielen Leuten hilft. Ich werde immer viel Respekt vor ihm haben.

laufsteg_1

Ob jemand berühmt ist oder nicht, das macht nichts. Ich brauche keine Vorbilder – ich lebe für mich und ich habe meinen eigenen Stil. In Zukunft möchte ich Model werden, aber ich glaube, berühmte Models sind keine guten Vorbilder, und sie haben oft einen sehr negativen Einfluss auf junge Leute. Manchmal sind Models nicht gesund – ich finde sie oft zu dünn oder vielleicht nehmen sie Drogen. Jeden Tag gibt es viele Fotos im Internet, die diese Probleme zeigen. Das finde ich gar nicht beeindruckend.

oberflächlich = superficial
jemand = someone
ob = whether

Who …
1   finds that role models help to guide him/her?
2   wants to be like their role model in the future?
3   talks about the disadvantages of role models?
4   considers role models to be an inspiration for young people?
5   thinks famous role models are superficial?
6   thinks a role model is someone who is honest?
7   is not impressed by negative images online?
8   recognises that talent doesn't always lead to success?

To say that you respect somebody, use *Ich habe Respekt vor* + dative.

7 schreiben

Schreib einen Text über Vorbilder für deine Schulwebseite.

• Hast du ein Vorbild? Warum / Warum nicht?
• Beschreib dein Vorbild.
• Ist es dir wichtig, ob ein Vorbild berühmt ist?
• Sind Vorbilder deiner Meinung nach ein positiver oder ein negativer Einfluss?

Don't forget to use the following phrases to express your opinion:
Meiner Meinung nach …
Für mich …
Ich finde …

lesen

1 Lies die Berichte und beantworte die Fragen.

Mia

Als ich ein Kind war, war das Leben ziemlich schwer. Meine Mutter war oft krank, deshalb musste ich ihr immer zu Hause helfen. Ich musste zum Beispiel meinen Bruder in die Schule bringen, alleine einkaufen gehen und zu Hause kochen. Ich konnte nach der Schule nie Zeit mit Freunden verbringen und ich durfte niemanden zu mir nach Hause einladen. Heutzutage muss ich viel weniger machen, weil meine Oma bei uns wohnt und mich unterstützt. Ich will mich in Zukunft mehr auf mich konzentrieren und nicht nur auf die Familie.

Leon

Mit zehn Jahren durfte ich nicht alleine in die Schule gehen, obwohl die meisten anderen Kinder in meiner Klasse alleine gehen durften. Ich musste mit meinem Vater mit dem Auto hinfahren und das war so unfair! Im Moment ist es besser, denn ich darf samstags mit meinen Freunden in die Stadt gehen, aber ich muss um 21 Uhr nach Hause kommen und das finde ich zu früh. Ich will länger ausgehen – ich bin doch kein Kind mehr!

Julian

Früher konnte ich immer am Wochenende meine Hausaufgaben machen. Jetzt bin ich im Orchester und muss am Wochenende Cello spielen; das bedeutet, dass ich während der Woche meine Hausaufgaben machen muss. Ich konnte früher abends schwimmen oder Volleyball mit meinen Freunden spielen, aber ich habe keine Zeit mehr für diese Sachen. Ich liebe mein Cello, aber es ist mir manchmal ein bisschen zu viel, und ich will eine bessere Balance finden.

> ⭐ **Vary your language!**
> As well as saying *mit zehn Jahren* (at the age of ten) you can use *als* which means 'when' (referring to something in the past).
>
> After *als*, the verb goes to the end of the sentence: *Als ich zehn Jahre alt war* …
>
> If the *als* phrase is the first part of a sentence, the next part is separated by a comma and starts with a verb: **Als** *ich ein Kind war*, **war** *das Leben schwer*. (When I was a child, life was hard.)

niemand = no one
einladen = to invite

Who …
1 was not allowed to walk to school alone?
2 had to do a lot of chores at home?
3 used to be able to do school work at weekends?
4 had to play the role of a carer?
5 now wants to be a priority?
6 no longer has time for friends?

 lesen

2 Übersetze einen Bericht aus Aufgabe 1 ins Englische.

 hören

3 Hör zu. Füll die Tabelle auf Englisch aus. (1–5)

	as a child	opinion	now	opinion
1	could ride a bike at four	liked it, because he could play outside with his brothers and sisters		

 sprechen

4 Partnerarbeit. Diskussion: Dein Leben als Kind und jetzt als Teenager.

● *Wie war deine Kindheit? Was durftest du (nicht) machen?*
■ *Als Kind durfte ich …, aber ich durfte nicht … Das war …*
● *Und wie ist es jetzt als Teenager?*
■ *Jetzt (darf / kann / muss) ich …, aber ich will …*

G Modal verbs **Pages 210, 214**

wollen (to want) is a modal verb just like *können*, *müssen* and *dürfen*. Use it with an infinitive verb at the end of the sentence or clause:

ich will	wir wollen
du willst	ihr wollt
er/sie/es/man will	Sie/sie wollen

*Ich **will** eine bessere Balance **finden**.*
I **want to find** a better balance.

Modal verbs in the imperfect tense

To talk about the past, use the imperfect tense of modal verbs. Remove the *–en* from the infinitive (and the umlaut, if there is one) and add these endings:

ich muss**te**	wir muss**ten**
du muss**test**	ihr muss**tet**
er/sie/es muss**te**	Sie/sie muss**ten**

*Wir **mussten** Hausaufgaben **machen**.*
We **had to do** homework.

*Er **durfte nicht** alleine in die Schule **gehen**.*
He **was not allowed** to go to school by himself.

5 lesen

Lies die Biografie. Welcher Titel passt zu welchem Absatz?

Mein Leben

1 Mit zehn Jahren habe ich die Schule gewechselt und ich musste aufs Gymnasium gehen. Als Kind war ich sehr schüchtern, weil viele andere Schüler viel älter waren als ich. Ich finde, ich habe noch wie ein kleines Kind ausgesehen. Ich hatte lange, dunkle Haare wie mein Vorbild Bob Marley, denn ich wollte genauso aussehen wie er. Ich habe ihn bewundert!

2 Jetzt bin ich älter und erwachsener. Ich habe mir die Haare schneiden lassen und darf meine eigene Kleidung kaufen. Ich habe meinen eigenen Stil. Ich brauche keine Vorbilder mehr, weil ich selbstbewusst bin.

3 Als Kind waren meine besten Freunde Mona und Carsten. Wir waren in der gleichen Klasse und haben alles zusammen gemacht. Wir durften zusammen Radtouren machen oder ins Freibad gehen. Jetzt machen wir ganz wenig, denn Mona und Carsten sind seit einem halben Jahr ein Pärchen. Das ist für sie schön, aber für mich nicht, weil sie für mich keine Zeit mehr haben.

4 Obwohl ich nicht so viel mit meinen alten Freunden mache, habe ich inzwischen einen neuen Freundeskreis und mache viel mit diesen Freunden. Ich habe viel Freiheit, ich darf zum Beispiel abends ausgehen, ich darf mein Handy so viel benutzen, wie ich will; und ich kann soziale Netzwerke nutzen, ohne dass meine Eltern sich einmischen.

5 Früher habe ich mich oft mit meinen kleinen Schwestern gestritten. Ich konnte sie nicht leiden – sie waren so nervig. Ich musste abends meine Hausaufgaben machen, aber sie wollten immer mit mir spielen. Sie waren unglaublich laut und frech. Jetzt ist es viel besser, weil sie älter sind. Wir verstehen uns ziemlich gut, aber manchmal gehen sie mir immer noch auf die Nerven! In Zukunft will ich auf die Uni gehen, wo ich mehr Freiheit haben werde. Ich muss aber zuerst fleißig in der Schule lernen und gute Noten bekommen.

> **erwachsen (erwachsener)** = adult (more adult)
> **inzwischen** = in the meantime
> **sich einmischen** = to interfere

a Wir waren früher die besten Freunde
b Familienbeziehungen ändern sich
c Wie ich mich gefühlt habe
d Ich entscheide für mich selbst
e Neue Freundschaften, neue Freiheiten

6 lesen

Lies die Biografie noch mal. Beantworte die Fragen auf Deutsch.

1 Warum hatte Dario lange Haare, als er ein Kind war?
2 Was denkt Dario jetzt über Vorbilder?
3 Wie war Darios Beziehung zu Mona und Carsten früher?
4 Wie ist ihre Beziehung jetzt? Warum?
5 Was darf Dario jetzt machen? (<u>drei</u> Details)
6 Warum gab es früher Streit mit Darios Schwestern und wie ist ihre Beziehung jetzt?

7 hören

Hör zu. Vergangenheit, Gegenwart oder Zukunft? (1–5)

8 schreiben

Stell dir vor, du bist jetzt Opa oder Oma. Beschreib dein Leben als Teenager.

Beispiel: Als ich Teenager war, mussten wir Hausaufgaben auf dem Computer machen! Ich durfte am Wochenende nicht ...und ich musste oft ... Das war ... Ich wollte immer ...

Lies diesen Artikel über Freundschaften.

Brauchen alle jungen Menschen Freunde?

Akademiker meinen, dass junge Menschen Freunde brauchen. Eine Studie der Humboldt Universität Berlin zeigt, dass Freundschaften für Jugendliche besonders wichtig sind. Wir haben junge Leute gefragt, wer für sie besonders wichtig ist.

Pauline Schäfer aus Rostock sagt: „Ich habe seit Jahren eine beste Freundin. Wir können über alles reden und streiten uns nie. Ich hoffe, wir werden immer die besten Freudinnen bleiben".

Raphael Stein (Dortmund) erzählt, Freunde sind ihm nicht sonderlich wichtig, weil ihm die Familie wichtiger ist. Er weiß, dass seine Eltern immer für ihn da sein werden, und nur das Beste für ihn wollen. Sie haben viel Geduld und sind nicht besonders streng.

Theresa Haas aus Salzburg hatte früher einen großen Freundeskreis, obwohl es ihr jetzt lieber ist, Zeit mit ihrem besten Freund zu verbringen, weil sie die gleichen Interessen haben und es Spaß macht, zusammen auszugehen. Das findet sie, sind die Gründe, warum man miteinander befreundet sein soll.

**Was passt am besten? Trag entweder Akademiker, Pauline, Raphael oder Theresa ein.
Du kannst jedes Wort mehr als einmal verwenden.**

Beispiel: A̲k̲a̲d̲e̲m̲i̲k̲e̲r̲ haben eine Untersuchung gemacht.

a _____ glaubt, Freunde müssen Freizeitaktivitäten zusammen machen.

b _____ glauben, Freunde sind nötig.

c _____ glaubt, Familienbeziehungen sind am wichtigsten.

d _____ verbringt lieber Zeit mit nur einem Freund.

e _____ findet Unterhaltungen sehr wichtig.

Read the extract from the text.

Auch Oma war mal klein by Raymonde Graber

Ja, auch Großmama Vreni war einmal ein kleines Mädchen. Sie hatte große blaue Augen und wunderschöne gekrauste hellblonde Haare.

Ihre Eltern hatten ein ganz gemütliches Haus auf dem Land, das von einem riesigen gepflegten Garten und einer dahinter liegenden Wiese umgeben war.

Die kleine Vreni hatte eine große Schwester namens Greta. Ihre Haare waren vollkommen glatt. Die zwei Mädchen verstanden sich wunderbar. Von der großen Schwester konnte Vreni viel lernen, das war wirklich ein Vorteil. Sie spielten oft lustige Spiele miteinander und haben sich nie gelangweilt.

Answer the following questions in English. You do not need to write in full sentences.

a   What period of the grandmother's life is described in the text?
b   Where did the family live? Give <u>one</u> detail.
c   What are we told about Greta's appearance?
d   What do we know about Vreni and Greta's relationship? Give <u>one</u> detail.

> ⭐ Don't be overwhelmed by unfamiliar language. Look for familiar words and words you recognise. Read the questions; they will help to focus your reading.

3 Du hörst einen Bericht über die Organisation „Kinder und Jugendliche – Hilfs-Aktionen". Füll die Lücke in jedem Satz mit einem Wort oder Wörtern aus dem Kasten. Es gibt mehr Wörter als Lücken.

> ⭐ Read the sentences carefully before you start to listen. They will give you an idea of what to listen out for.

Geld	~~heute~~	in Zukunft	Beziehungsprobleme	streiten sich	kleine Kinder	Schüler(innen)

sprechen   Stellen   keine Geduld   Unterstützung   Zukunftschancen

Beispiel: Viele junge Leute brauchen ~~heute~~ Hilfe.

a Die Organisation unterstützt _____ .

b Die Helfer in der Organisation _____ mit Jugendlichen.

c Die Jugendlichen brauchen _____ .

d Junge Menschen haben oft _____ .

e Das Hauptziel ist, gute _____ zu haben.

4 You hear a discussion between two students planning to go on an exchange visit. What do they say?

a Choose the two correct answers.

Example: They are both going on an exchange visit this year.

    A They have been on an exchange before.
    B They are not looking forward to the exchange.
    C Some of the parents are going on the trip.
    D They are staying for more than a week.
    E They don't know about the travel arrangements yet.

b Choose the two correct answers.

    A Their parents need to fill in a form about them.
    B They should like doing the same sort of things as their exchange partner.
    C Both of them have already started the form.
    D One of them has described their school.
    E They have forgotten to say what they like doing.

5 You hear a radio phone-in programme on family relationships. Listen to the discussion and answer the following questions in English.

Part a

1 What does the father want to discuss with the doctor?
2 Why was it not a problem in the past?
3 How does the doctor reassure the father?
4 What are we told about how families interact?
5 What is the positive side of arguing?

Part b

1 Whom is the children's arguing affecting?
2 What do children need to do to find their own solution?
3 Why do children need boundaries?
4 Why is it important for a parent to be impartial?
5 Why should parents not dwell on past events? Give one detail.

Mündlicher Test

A – Role play

 1 Look at this role play card and prepare what you are going to say.

Topic: Cultural life

You are arranging a trip to the cinema with a German friend. The teacher will play the role of your friend and will speak first.

You must address your friend as *du*.

You will talk to the teacher using the five prompts below.

- where you see – **?** – you must ask a question
- where you see – **!** – you must respond to something you have not prepared

Task

Du sprichst mit deinem deutschen Freund/deiner deutschen Freundin. Du möchtest ins Kino gehen.

1. Freizeitinteressen
2. Kino – Meinung
3. !
4. **?** Kino – heute Abend
5. **?** Pläne – nach dem Film

> You could say anything you're comfortable with when expressing what you like doing in your free time.

> How will you express your opinion about going to the cinema? You could use a verb + *gern* or *nicht gern*.

> Remember that you're inviting your friend to go out with you. Which form of 'you' do you need to use?

> What might the unexpected question be? Look at the preceding prompts to try to predict different possibilities, and think how you would answer them.

> This is an opportunity to demonstrate your knowledge of the future tense, but you can stick to the present tense if you prefer.

 2 Practise what you have prepared. Take care with pronunciation and intonation.

 3 Using your notes, listen and respond to the teacher.

 4 Now listen to Abigail performing the role play task.

> ☆ Use what you have prepared for the bullet points, but do listen carefully to the teacher as well, to ensure you are responding to the bullet points correctly.

B – Picture-based task

Topic: Who am I?

Schau dir das Foto an und sei bereit, über Folgendes zu sprechen:

- Beschreibung des Fotos
- Deine Meinung zu guten Freunden
- Wann du dich mit einem Freund/einer Freundin gestritten hast
- Wie du in Zukunft ein guter Freund/eine gute Freundin sein wirst
- !

1 hören Look at the picture and read the task. Then listen to David's answer to the first bullet point.

1 Which person does David describe first?
2 How does he expand his answer?
3 What phrases does he use to express his opinion?
4 What possibilities does he mention for their relationship? (two details)

2 hören Listen to and read David's answer to the second bullet point.

1 Fill in the gaps.
2 Look at the Answer Booster on page 66. Note down eight examples of what David does to produce a well-developed answer.

Meiner Meinung nach **1** ▓▓▓ gute Freunde normalerweise **2** ▓▓▓. Aber auch **3** ▓▓▓ man einen guten Freund oder eine gute Freundin hat, kann man manchmal **4** ▓▓▓ haben. **5** ▓▓▓ streite ich mich mit meinem besten Freund oder er geht mir auf **6** ▓▓▓. Manchmal kommen wir nicht mehr so gut aus wie **7** ▓▓▓. **8** ▓▓▓ kann kompliziert sein.

3 hören Listen to David's answer to the third bullet point. Make a note in English of five details that he gives.

4 hören Listen to how David answers the fourth bullet point.

1 Look at the Answer Booster. Note down the different expressions he uses to give his opinion.
2 Can you work out the meaning of *viel gemeinsam haben* from the context?

5 sprechen Prepare your own answers to the first four bullet points, and try to predict which unexpected question you might be asked. Then take part in the full picture-based discussion with the teacher.

C – General conversation

1 hören Listen to Sangita introducing her chosen topic. In which order does she mention the following?

a what she does at weekends
b what she used to do
c who she likes to spend time with
d what her friend is like
e where they are going to go this weekend
f what they did last weekend

2 hören The teacher then asks Sangita: *Was machst du gern mit deiner Freundin?* Listen to how she develops her answer. What 'hidden questions' does she also answer?

> ⭐ Try to build in different tenses when you plan your responses: for this question, you could give an example of what you did last weekend or what you plan to do next week.

3 hören Listen to how Sangita answers the next question: *Kommst du immer gut mit deiner Freundin aus?* Look at the Answer Booster on page 66. Write down six examples of what she does to produce an impressive answer.

4 sprechen Prepare your own answers to Chapter 3 questions 1–6 on page 198, then practise with your partner.

Answer Booster	Aiming for a solid level	Aiming higher	Aiming for the top
Verbs	**Different tenses**: present, past (imperfect and perfect), future	**Different persons of the verb** **Reflexive verbs**: *sich verstehen, sich kennen, sich streiten* **Modal verbs**: *müssen, dürfen*	*seit* **+ present tense**: *seit der Grundschule* **Conditional**: *(Ich) würde …* **Modal verbs in the imperfect**: *Ich musste …*
Opinions and reasons	*weil / denn* *Ich finde, …* *Ich glaube, …* *Ich denke, …*	**Add more variety!** *Für mich …* *Meiner Meinung nach …* *Ich hoffe, …*	**Expressions:** *Es/Das macht Spaß!* *Am besten ist es, …*
Conjunctions	*und, aber, oder, denn*	*…, weil (wir … können)* *wenn man …, kann man …*	**Different tenses**: *als (ich jünger war)*
Other features	**Negatives**: *nicht, kein* **Adverbs of time**: *manchmal, oft, früher*	**Prepositions with accusative and dative**: *ins Kino, im Garten* **Dative plural endings**: *mit meinen Freunden*	**Varying your range of vocab**: *gut miteinander auskommen* **Pronouns**: *Ich kann ihn nicht leiden.* **Word order inversion**: *Früher musste ich … Manchmal kann sie …*

A – Extended writing task

1 Look at the task. Think about each bullet point, and consider what you should include to present a well-developed response.

- Which tenses are needed?
- Which persons of the verb will you need to use?
- Think about the language that you have learned in this chapter – how can you use it to help you write your answer?

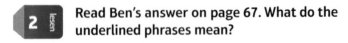

2 Read Ben's answer on page 67. What do the underlined phrases mean?

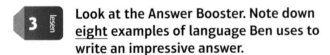

3 Look at the Answer Booster. Note down **eight** examples of language Ben uses to write an impressive answer.

4 Look at the essay plan on page 67, based on Ben's essay. Fill in the blanks.

5 Now prepare your own answer to the question.

1 Look at the Answer Booster and Ben's text and essay plan for ideas.
2 Write a detailed plan, based on the bullet points in the question. Organise your answer in paragraphs. Write your answer and then check it carefully.

Gute Freunde sein

Ihre Schule hat eine Freundschaftswoche organisiert. Schreiben Sie einen Bericht für die Schulzeitung über Freundschaften und warum Freunde so wichtig sind.

Sie **müssen** diese Punkte einschließen:

- warum Freunde wichtig sind
- wie Sie Ihre Freunde kennengelernt haben
- die Vor- und Nachteile von einem besten Freund/ einer besten Freundin
- wie Sie in Zukunft Ihre Freundschaften verbessern werden.

Rechtfertigen Sie Ihre Ideen und Meinungen.

Schreiben Sie ungefähr 130–150 Wörter **auf Deutsch**.

Ben's answer

Für mich sind gute Freunde sehr wichtig, weil es Spaß macht, mit Freunden Zeit zu verbringen. Und wenn man sich gut versteht und die gleichen Interessen hat, kann man viele Aktivitäten zusammen machen.

Ich habe einen sehr großen Freundeskreis und auch einen besten Freund, Mirko. Er ist sechzehn Jahre alt, groß, und hat kurze, dunkle Haare. Er ist intelligent und lustig. Wir kennen uns seit der Grundschule. Als wir in die Schule gekommen sind, waren wir in der gleichen Klasse. Am Anfang habe ich ihn sehr nervig gefunden, aber jetzt kommen wir sehr gut miteinander aus.

Mirko hilft und unterstützt. Das sind für mich die Vorteile von unserer Freundschaft. Es gibt aber auch einen Nachteil. Manchmal ist Mirko etwas eifersüchtig, weil ich eine Freundin habe und nicht immer Zeit habe, aber wir können immer darüber reden.

Ich hoffe, wir werden immer gute Freunde bleiben. Ich möchte ein guter Freund sein und werde versuchen, nicht zu viel Zeit mit meiner Freundin zu verbringen, weil meine anderen Freunde mir auch wichtig sind. Ich werde immer mit allen Freunden in Kontakt bleiben, weil mir meine Freundschaften immer sehr wichtig sein werden.

Why friends are important
- Why? **1** ━━━━

Own friendships
- Who? **2** ━━━━
- Where? **3** ━━━━
- How? **4** ━━━━

Pros and cons of having a best friend
- Advantages **5** ━━━━
- Disadvantages **6** ━━━━

Future
- Hopes **7** ━━━━

B – Translation

1 schreiben

Read the English text and Brooke's translation of it. Fill in the gaps.

My sister is kind and funny, but not very patient. She is now my best friend, but when we were younger, we argued a lot. Previously I had to take her to school because she was very little. Now we spend a lot of time together, and I hope we will always get on really well.

⭐ There are often different ways of saying the same thing. It doesn't always matter exactly which expression you choose, as long as it conveys the meaning clearly. You won't always be able to translate things word for word.

Meine Schwester ist **1** ▒▒▒▒ und lustig, aber nicht sehr **2** ▒▒▒▒. Sie ist jetzt meine **3** ▒▒▒▒, aber als wir jünger waren, haben wir uns viel **4** ▒▒▒▒. Früher **5** ▒▒▒▒ ich sie in die Schule bringen, weil sie sehr klein **6** ▒▒▒▒. Jetzt **7** ▒▒▒▒ wir viel Zeit miteinander und ich hoffe, wir werden uns immer gut **8** ▒▒▒▒.

2 schreiben

Translate the following passage into German.

My best friend Max is very sporty, but also quite laid-back. When he was younger, Max had to train a lot and was never allowed to watch TV. We don't argue very much because we have the same interests. I hope we will always stay good friends and will spend a lot of time together.

Charaktereigenschaften — Personal characteristics

Er/Sie ist … — He/She is …

abenteuerlustig	adventurous
aktiv	active
cool	cool
dynamisch	dynamic
fleißig	hard-working
frech	cheeky
freundlich	friendly
intelligent	intelligent
kreativ	creative
langweilig	boring
locker	laid-back
lustig	funny
modisch	fashionable
nett	nice
originell	original
selbstbewusst	self-confident
sportlich	sporty
unterhaltsam	entertaining

Aussehen — Appearance

Sie hat (braune) Haare. — She has (brown) hair.

blond	blonde
braun	brown
grau	grey
schwarz	black
rotbraun	auburn
kurz	short
lang	long
glatt	straight
dunkel	dark
hell	light

Er/Sie hat (blaue) Augen. — He/She has (blue) eyes.
Er/Sie trägt … — He/She wears …
  eine Brille — glasses
  eine Sonnenbrille — sunglasses
Er hat einen Bart. — He has a beard.
Sie hat Sommersprossen. — She has freckles.
Er/Sie ist … — He/She is …
  hübsch — pretty
  schlank — slim

Wie ist ein guter Freund/ eine gute Freundin? — What makes a good friend?

Ein guter Freund/ Eine gute Freundin … — A good friend …

hat immer Zeit für mich	always has time for me
ist sympathisch	is nice
unterstützt mich immer	always supports me
muss hilfsbereit / ehrlich sein	must be helpful / honest
darf nie auf andere Freunde eifersüchtig sein	may never be jealous of other friends
muss viel Geduld haben	must have lots of patience
kann mit mir über alles reden	can talk to me about everything
hat die gleichen Interessen	has the same interests
sieht gut aus	looks good

Das ist für mich … — That is … to me.
  (nicht) wichtig — (not) important
  wichtiger — more important
  am wichtigsten — most important
Wir sind miteinander befreundet, weil … — We are friends with each other because …
  wir die gleichen Interessen haben — we have the same interests
  wir viel zusammen lachen — we laugh a lot together
  wir über alles reden können — we can talk about everything
Wir haben uns (in der Grundschule) kennengelernt. — We met (at primary school).
Wir sind seit (dem Sommer) ein Pärchen. — We have been a couple since (the summer).

Beziehungen — Relationships

Ich komme (nicht so) gut mit … aus. — I (don't) get on (so) well with …
Ich verstehe mich (nicht so) gut mit … — I (don't) get on (so) well with …
Ich kann ihn/sie nicht leiden! — I can't stand him/her!
Er/Sie geht mir auf die Nerven. — He/She gets on my nerves.
Unsere Beziehung ist (nicht so) gut, … weil er/sie … ist — Our relationship is (not so) good… because he/she is …
  toll — great
  sympathisch — nice
  lieb — kind
  hilfsbereit — helpful
  ehrlich — honest
  ärgerlich — annoying
  (zu) vorsichtig — (too) careful
  nicht hilfsbereit — not helpful
weil er/sie (viel / keine) Geduld hat — because he/she has (a lot of / no) patience
weil er/sie (immer / nie) Zeit für mich hat — because he/she (always / never) has time for me
weil er/sie mich (nicht) unterstützt — because he/she supports me / doesn't support me

Ich streite mich mit … — I argue with …
  meinem Vater / ihm — my father / him
  meiner Mutter / ihr — my mother / her
  meinen Geschwistern / ihnen — my brothers and sisters / them
Wir streiten uns um … — We argue about …
  den Computer — the computer
  die Kleidung — clothes
  das Handy — the mobile phone
  Geld — money
  die Freunde — friends
Wir haben uns um … gestritten. — We argued about …
Er/Sie findet, … — He/She thinks …
Sie finden, … — They think …
  ich verbringe zu viel Zeit mit dem Handy / am Computer — I spend too much time on my mobile / on the computer
  ich mache nicht genug Hausaufgaben — I don't do enough homework
  ich gebe zu viel Geld aus — I spend too much money
  ich bin eifersüchtig auf (meinen Bruder / meine Schwester) — I'm jealous of (my brother / my sister)
Er/Sie mag meine Kleidung nicht. — He/She doesn't like my clothes.
Sie mögen meine Freunde nicht. — They don't like my friends.

Mein Wochenende

Ich werde am Sonntag /
    am Wochenende …
      Rad fahren
      spazieren gehen
      ins Freibad gehen
      im Internet surfen
      soziale Netzwerke nutzen
      Hausaufgaben machen
      in die Kirche gehen
      einkaufen gehen

My weekend

On Sunday / At the weekend I will …

    go cycling
    go for a walk
    go to the open-air pool
    surf the internet
    use social networks
    do homework
    go to church
    go shopping

Zeit mit Familie / Freunden
    verbringen
grillen
Musik hören
einen Film gucken
fernsehen
bestimmt
wahrscheinlich
vielleicht
nicht

*spend time with family /
    friends*
have a barbecue
listen to music
watch a film
watch TV
definitely
probably
perhaps
not

Vorbilder

(Ghandi) ist ein (großes) Vorbild
    für mich.
Ich habe kein (berühmtes) Vorbild.
Ich finde das oberflächlich.
Er/Sie inspiriert mich.
Ich bewundere ihn/sie.
Ich habe vor ihm/ihr viel Respekt.
Ich finde ihn/sie …
    beeindruckend
    begabt
Sie helfen mir in meinem
    Leben, weil …
      sie Menschen in Not unterstützen

Role models

*(Ghandi) is a (great) role model
    for me.*
I don't have a (famous) role model.
I find that superficial.
He/She inspires me.
I admire him/her.
I have a lot of respect for him/her.
I find him/her …
    impressive
    talented
*They help me in my life,
    because …*
    they support people in need

    sie mir eine Art
      Orientierungshilfe geben
    sie eine Inspiration für uns sind
Er/Sie hilft mir in meinem Leben,
    weil …
      er so ein toller Sportler ist
      er vielen Leuten hilft
… denn …
      er hat sich für soziale Probleme
      interessiert
      er hat in seinem Leben vielen
      Leuten geholfen
      er war immer gegen Gewalt

    they give me direction in life

    they are an inspiration for us
He/She helps me in my life, because …

    he's such a great sportsman
    he helps many people
… because …
    *he was interested in social
    problems*
    he helped many people in his life

    he was always against violence

Damals und heute

Als ich ein Kind war, …
Mit (zehn) Jahren …
Früher …
    war das Leben ziemlich schwer
    war meine Mutter oft krank
    musste ich immer zu Hause helfen
    konnte ich nie Zeit mit Freunden
    verbringen
    durfte ich niemanden nach Hause
    einladen
    durfte ich nicht alleine (zur Schule)
    gehen
    konnte ich abends schwimmen
Das war so unfair!
Heutzutage muss ich viel weniger
    machen.
Im Moment ist es besser.
Ich darf mit meinen Freunden …

Then and now

When I was a child …
At age (ten) …
Before …
    life was quite hard
    my mother was often ill
    I always had to help at home
    *I could never spend time with
    my friends*
    *I was never allowed to invite
    anybody to my house*
    *I was not allowed to go (to school)
    on my own*
    I could swim in the evenings
That was so unfair!
Nowadays I have to do a lot less.

At the moment it's better.
I'm allowed to … with my friends.

Ich muss um 21 Uhr nach Hause
    kommen.
Das ist …
    zu früh
    ein bisschen zu viel
Ich will länger ausgehen.
Ich habe keine Zeit mehr für …
Ich will eine bessere Balance finden.
Ich muss …
    fleißig in der Schule lernen
    gute Noten bekommen
Ich habe viel Freiheit.
Ich darf …
    abends ausgehen
    mein Handy so viel benutzen,
    wie ich will
    soziale Netzwerke nutzen
Ich bin doch kein Kind mehr!

I have to be home by 9 p.m.

That is …
    too early
    a bit too much
I want to stay out later.
I no longer have any time for …
I want to find a better balance.
I must …
    study hard at school
    get good grades
I have a lot of freedom.
I am allowed to …
    go out in the evenings
    use my mobile as much as I want

    use social networks
After all, I'm not a child any more!

- Describing your house and home
- Using irregular verbs in the present tense

 1 lesen

**Lies die Sätze und sieh dir das Bild an.
Füll die Tabelle aus.**

	what's happening?	where?
1	The cat is sleeping.	h

1 Die Katze schläft in der Garage.
2 Frau Klein arbeitet im Arbeitszimmer.
3 Herr Klein liest ein Buch im Wohnzimmer.
4 Das Baby trinkt Milch im Esszimmer.
5 Julia trägt Sportschuhe im Schlafzimmer.
6 Die Schildkröte isst Gras im Garten.
7 Sebastian sieht in der Küche fern.
8 Der Hund findet einen Ball im Keller.
9 Moritz wäscht das Kaninchen im Badezimmer.
10 Du fährst Rad im Flur.

G *Irregular verbs in the present tense* ＞ *Page 208*

Can you remember the irregular verbs you revised in Chapter 1? Here are some more verbs that have a vowel change in the *du* and *er/sie/es* forms:

	essen	schlafen	lesen	arbeiten
ich	esse	schlafe	lese	arbeite
du	**i**sst	schl**ä**fst	**lie**st	arbeit**e**st*
er/sie/es	**i**sst	schl**ä**ft	**lie**st	arbeit**e**t*

* Stems ending in –d or –t keep the –e of the infinitive.

Kulturzone

In Deutschland wohnen rund 30 Millionen Personen im **eigenen Haus** und etwa 4,5 Millionen Personen leben in einer **Eigentumswohnung**. Zirka 36 Millionen Personen **mieten** entweder ein Haus oder eine Wohnung.

 2 hören

**Hör zu. Sieh dir das Haus in Aufgabe 1 an.
Was beschreibt Julia? (1–8)**

Beispiel: **1** i, h

 3 schreiben

**Schreib die Sätze in Aufgabe 1 anders auf.
Je blöder, desto besser!**
Change the sentences in exercise 1 – the sillier the better!

Beispiel: **1** Die Katze liest ein Buch im Keller.

der Flur / Keller / Garten
die Garage / Küche
das Arbeitszimmer / Badezimmer / Esszimmer / Schlafzimmer / Wohnzimmer

⭐ Don't forget that the preposition *in* takes the dative case when you describe where something is or where you are doing something.

der → in de**m** (im)
die → in der
das → in de**m** (im)

4 Lies die Beiträge zur Rund-ums-Essen-Webseite. Sieh dir die Bilder an. Was passt zusammen?

> ⭐ Like *in*, the prepositions *auf* and *vor* also take the dative case when you describe where something is or where you are doing something.

FORUM Rund-ums-Essen

> Wie isst man bei dir?

 Petra1995 Das Abendessen essen wir um sechs Uhr. Im Sommer können wir das oft auf der Terrasse essen.

 Wolf-15 Das Mittagessen essen wir bei uns immer im Esszimmer. Wir essen das nach der Schule, so um Viertel nach zwei.

 iSuche Ich frühstücke auf dem Weg zur Schule, weil ich immer zu spät aufstehe!

 KinoFan Und wo esse ich am liebsten? Vor dem Fernseher! Leider darf man das bei uns nicht sehr oft machen. Aber das ist mein Traum-Abendbrot!

 BellA123 Gestern habe ich in der Schule kein zweites Frühstück gegessen, denn ich habe meinen Rucksack im Bus gelassen. Mensch, war ich sauer!

bei uns = at our house

5 Lies die Beiträge noch mal. Welche Mahlzeit beschreiben sie?

Beispiel: **1** Petra1995 – das Abendessen

6 Hör zu und sieh dir das Foto an. Richtig oder falsch? (1–6)

Beispiel: **1** Richtig

7 Partnerarbeit. Stell Fragen zum Foto.

- Wer ist auf dem Foto?
- Was machen die Leute?
- Was werden die Leute nach der Mahlzeit machen, deiner Meinung nach?
- Wo isst du zu Hause und wann?
- Was hast du gestern zu Hause gemacht?

- Describing food and drink items
- Using separable verbs

1 lesen **Lies die Beiträge und sieh dir die Bilder an. Schreib die Tabelle ab und füll sie aus.**

person	item	opinion
iSuche	c	delicious

FORUM Rund-ums-Essen

> Was hast du zu Besuch gegessen?

1 **iSuche** Beim Austausch haben wir oft Kartoffelchips und Eis auf dem Sofa im Wohnzimmer gegessen. Das war lecker!

2 **Wolf-15** Ich habe jeden Tag zum zweiten Frühstück Gebäck wie Kekse, Torten und Berliner gegessen. Wunderbar!

3 **KinoFan** Bei meinem Freund hat man einen Zucchinikuchen mit Vanillesoße zu Mittag serviert. Das hat ekelhaft geschmeckt.

4 **KuechenKoenig** Ich esse gern Wurst, aber bei meiner Freundin hat die Mutter eine Currywurst gebraten, und das war extrem würzig.

5 **Petra1995** Zu Besuch bei Freunden hat der Vater mir ein Spiegelei zum Abendbrot gemacht, aber ich finde das so unappetitlich. Ich habe es dem Hund gegeben!

6 **frischja** Das Mittagessen bei meiner Oma ist immer total schrecklich – es steht nur geräucherter Lachs auf dem Tisch.

7 **BellA123** Zum Frühstück hat man Pampelmusensaft, Kräutertee oder fettarme Milch in der Küche getrunken. Das war gar nicht köstlich!

a   b   c   d

e   f   g

> Sometimes you may not be able to use your strategies to work out a single word, such as **Lachs**. But can you use **geräucherter** to give you a clue? Remember **rauchen** from Chapter 1?

2 sprechen **Gruppenarbeit. Diskussion: Wie findest du die Speisen und Getränke oben?**

- *Magst du Kräutertee?*
- *Nein, Kräutertee trinke ich nie. Der ist echt ekelhaft.*
- *Was? Du trinkst nie Kräutertee? Ich trinke jeden Tag …*

3 hören **Hör zu. Die Gemüsewahl: Was wählt jede Person aus? (1–6)**

Beispiel: **1** b

a   b   c   d   e

f   g   h   i

G *Separable verbs in the present tense* **> Page 210**

Separable verbs are made up of a prefix and a verb. In the present tense, the prefix separates from its verb and goes to the end of the clause:

vorbereiten (to prepare) → Ich **bereite** einen Salat **vor**.
auswählen (to choose) → Ich **wähle** die Gurke **aus**.
einkaufen (to buy) → Ich **kaufe** nie Paprika **ein**.

der Knoblauch / Kohl / Blumenkohl
die Paprika / Karotte / Erbse / Tomate / Zwiebel / Gurke

4 hören

Hör zu. Welche Artikel klickt Frau Weber an? Schreib sie in der richtigen Reihenfolge auf.

Beispiel: **j, …**

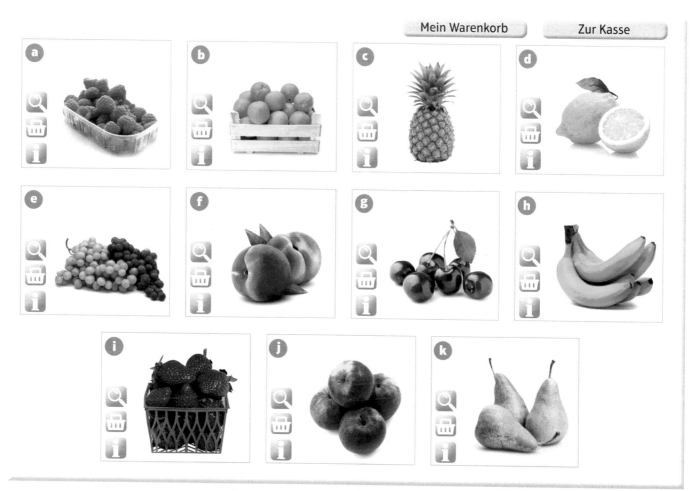

Mein Warenkorb   Zur Kasse

5 sprechen

Gruppenarbeit. Diskussion: Was isst du zu Hause?

● *Bei mir kaufen wir (immer) (Äpfel und Orangen) ein, und das finde ich (echt langweilig). Ich klicke lieber … an, weil sie … sind!*

■ *Ich esse nie …, aber ich esse gern … Im Café wähle ich immer Bananeneis aus, denn das schmeckt mir gut.*

▲ *Bei uns darf man am Wochenende … (auf der Terrasse) essen. Am Samstag bereite ich das vor, und am Sonntag bereitet mein Bruder das vor. Das ist unser Lieblingsessen!*

> der Pfirsich(e) / Apfel (Äpfel)
> die Orange(n) / Traube(n) / Himbeere(n) /
> Erdbeere(n) / Ananas / Birne(n) / Zitrone(n) /
> Kirsche(n) / Banane(n)

6 schreiben

Was klickst du (nicht) beim Online-Supermarkt an? Warum (nicht)? Schreib einen Beitrag für ein Forum.

Beispiel: Ich klicke immer (Ananas) an, weil (Ananas mein Lieblingsobst ist). Sie schmeckt (köstlich). Ich klicke aber nie …, weil …

> Ich wähle … aus / kaufe … ein / klicke … an /
>   bereite … vor.
> Ich bestelle …
> Ich esse gern / lieber / am liebsten …
> … schmeckt/schmecken mir (nicht) gut.
> … ist/sind lecker / köstlich / mein Lieblingsessen /
>   mein Lieblingsobst.
> … ist/sind geschmacklos / scharf / sauer /
>   schrecklich / ekelhaft.

1 hören

Hör zu und lies. Was passt zusammen? (1–5)

Beispiel: **1** c

a **What is … in German?**   b **What does … mean?**   c **Pardon? I don't understand your question.**

d **Can you speak more slowly, please?**   e **Can you repeat that, please?**

 2 lesen

Lies den Text noch mal. Was hat Jack nicht verstanden? Übersetze die Sätze 1–5 von der Familie Weber ins Englische.

Beispiel: **1** Welcome, Jack! …

> ⭐ Use context to help you. Jack has just arrived from England: what sort of things might the host family ask?
>
> Use word families – *du*, *dich* and *dir* are all related to each other and imply 'you' to a friend, family member or someone your age.

 3 hören

Hör zu. Welches Register benutzen die Leute: *du* **oder** *Sie***? (1–6)**

Beispiel: **1** du

 Using du *and* Sie

Use the correct register in German: *du* for a person your own age or whom you know well, and *Sie* for adults. The plural of *du* is *ihr*, so use *ihr* for a group of friends.

subject (you)	du	Sie	ihr
accusative object (you)	dich	Sie	euch
dative (to you)	dir	Ihnen	euch
possessive (your)	dein	Ihr	euer

4 Gruppenarbeit. Neuer Satz = neues Register!
Sieh dir den Dialog in Aufgabe 1 an.

● *Herzlich willkommen!*  *Wie geht's Ihnen?*
■ *Wie bitte? Ich verstehe deine Frage nicht.*
▲ *Habt ihr eure Hausschuhe mitgebracht?*
◆ *Was bedeutet „Hausschuhe"?*
● *Zu Hause dürfen Sie …*

> Wie geht's dir / Ihnen / euch?
> Hast du / Haben Sie / Habt ihr Hunger / Durst?
> Hast du / Haben Sie / Habt ihr eine Frage für uns?
> Hast du / Haben Sie / Habt ihr … mitgebracht?
> Hier darfst du / dürfen Sie / dürft ihr (nicht) …

Kulturzone
Händeschütteln ist in
Deutschland normal!

5 Lies Jacks Willkommensheft und beantworte die
Fragen auf Englisch.

Ein Willkommensheft für dich, Jack!
Hier sind einige Tipps für deinen Besuch bei uns.

• Die Hauptmahlzeit isst man in unserer Familie zu
Mittag nach der Schule. Wir essen immer in der Küche.
Wir essen vielleicht Schnitzel mit Kartoffeln, Wurst
mit Pommes oder Fisch mit Reis. Gemüse oder ein
gemischter Salat gehören auch dazu. Am Abend essen
wir etwas Leichtes, zum Beispiel eine Suppe, Brot,
Käse und Obst. Was ist dein Lieblingsessen? Was isst
du nicht gern?

• Wir wohnen in einem Wohnblock und hier gibt es eine
strenge Hausordnung! Fahrräder muss man unten
im Keller abstellen; man muss die Treppen und den
Bürgersteig vor dem Wohnblock sauber halten; man
muss den Müll ordentlich trennen … Unser Hausmeister
ist gar nicht freundlich, also musst du aufpassen!

• Hier gibt es feste Ruhezeiten: Montag bis Freitag von
13:00 bis 15:00 Uhr ist Mittagsruhe und ab 19:00 Uhr
abends ist wieder Ruhezeit. Das heißt, man muss ruhig
sein! Man darf zu dieser Zeit keine laute Musik im
Schlafzimmer spielen, kein Instrument üben, nicht mit
dem Ball spielen und absolut nie das Auto vor der Garage
waschen! Am Sonntag und an Feiertagen ist den ganzen
Tag Ruhezeit!

1 When does Gregor eat his main meal?
2 Name three items that might be on the menu.
3 What two things does Gregor want to know
from Jack?

4 Where does Gregor live?
5 Give at least two examples of the house rules.
6 What is *Ruhezeit*? Give two examples of activities
that are not allowed then.

6 Lies das Willkommensheft noch mal. Wie heißt das auf Deutsch?

1 the main meal
2 something light
3 to put

4 the stairs
5 the pavement
6 the caretaker

7 to be careful / watch out
8 quiet time
9 on bank holidays

7 Shenia, Meike, Christine und Dagur sprechen über ihren Austausch.
Hör zu und mach Notizen zu den Kategorien auf Englisch. (1–4)

a where?   **b** how long?   **c** accommodation?   **d** cultural difference(s)?   **e** opinion?

8 Schreib ein Willkommensheft für einen Gast. Benutz entweder das *du*- oder das *Sie*-Register.

• Was darf man (nicht) bei dir machen?
• Wann, was und wo hast du gestern bei dir gegessen?
• Was wird bei dir für den/die Besucher/in anders sein?
• Stell dem Gast eine Frage.

● *Describing your home*
● *Prepositions with accusative and dative*

1 hören **Hör zu. Wo findet man das bei Gregor? (1–6)**

Beispiel: **1** kitchen – e

 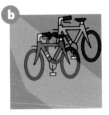    

2 hören **Akkusativ oder Dativ? Hör zu und schreib die Sätze auf Deutsch auf. Übersetze sie dann ins Englische. (1–10)**

G **Prepositions with accusative and dative** > *Page 222*

Do you remember the prepositions *in* and *an* from Chapter 3? The following prepositions are all followed by the accusative case if there is **movement towards** an object, or the dative case if there is **no movement**:

an / auf	on	*über*	over
hinter	behind	*unter*	under
in	in	*vor*	in front of
neben	next to	*zwischen*	between

	masc.	fem.	neut.
nominative	*der*	*die*	*das*
accusative	*den*	*die*	*das*
dative	*dem*	*der*	*dem*

3 lesen **Lies den Text und beantworte die Fragen auf Englisch.**

This extract is from *Das Tagebuch der Anne Frank*. Anne is describing the *Hinterhaus* where she and her family hid in Amsterdam from the Nazis during the Second World War.

You might recognise *Eingang* (entrance), so what is the *Eingangstür*?

Neben means 'next to' and *daneben* just means 'next to it'.

Looks like 'chamber' – a synonym for *Zimmer / Raum*.

Direkt gegenüber der Eingangstür ist eine steile Treppe, links ein kleiner Flur und ein Raum, der Wohn- und Schlafzimmer der Familie Frank werden soll. Daneben ist noch ein kleineres Zimmer, das Schlaf- und Arbeitszimmer der beiden jungen Damen Frank. Rechts von der Treppe ist eine Kammer ohne Fenster mit einem Waschbecken und einem abgeschlossenen Klo und einer Tür in Margots und mein Zimmer.

Something you find in a room with a basin – a synonym for *Toilette*.

1 On what side of the steep staircase is the small hall?
2 What two purposes does the bigger room serve?
3 What two purposes does the room next to it serve?
4 Name one of the items in the room with no windows.
5 Where does the door lead to?

⭐ The prepositions *von*, *mit* and *gegenüber* **always** take the dative case.

4 Lies die Anzeigen und sieh dir die Fotos an. Was passt zusammen?

Zimmersuche

1 Modern möbliertes Zimmer mit Kochmöglichkeit im Hochhaus in der Stadtmitte. Die Wohnung liegt im elften Stock ...

2 Zimmer im Dachboden im renovierten hellen Reihenhaus am Bonner Stadtrand. Vor dem Haus gibt es einen eigenen Autostellplatz ...

3 Zimmer im Einfamilienhaus mitten auf dem Land im Schwarzwald; Garten, Terrasse und Privatbad ...

4 Schönes Zimmer in einer großen Doppelhaushälfte. Im 6-Zimmer-Haus gibt es bereits eine Mitbewohnerin mit zwei Katzen ...

5 Lies die Anzeigen noch mal. Wie heißt das auf Deutsch?

a modernly furnished room
b on the 11th floor
c room in the loft
d on the outskirts of town
e private car space
f in the countryside
g a big semi-detached house
h a housemate

6 Hör zu. Schreib die Tabelle ab und füll sie aus. (1–5)

	how long?	type?	where?	rooms: ✓	rooms: ✗
1	4 years	block of flats	outskirts of town	bedroom, ...	study

weder ... noch = neither ... nor

> **G** seit > *Page 210*

Use *seit* + present tense to say for how long you have been doing something:

*Ich **wohne** seit acht Jahren hier.*
I have been living here for eight years.

7 Partnerarbeit. Wo wohnst du?

● *Wo wohnst du?*
■ *Ich wohne in ...*
● *Seit wann wohnst du dort?*
■ *Seit ... Jahren wohne ich ... und ich finde ...*
● *Wie ist dein Haus/deine Wohnung?*
■ *Die Wohnung ist im ... Stock. Es gibt ...*

Ich wohne (seit vier Jahren) ...	Im Untergeschoss / Erdgeschoss gibt es ... / Wir haben ...
in einer Kleinstadt	(k)einen Autostellplatz
in einer Großstadt	(k)einen Dachboden
in der Stadtmitte	(k)einen Garten
am Stadtrand	(k)einen Keller
auf dem Land	(k)eine Dusche
in einem Einfamilienhaus	(k)eine Terrasse
in einem Reihenhaus	(k)ein Privatbad
in einem Hochhaus	
in einem Wohnblock	
in einer Doppelhaushälfte	
in einer 3-Zimmer-Wohnung im (zweiten) Stock	

8 Beschreib dein Zuhause.

Beispiel: Ich wohne seit zwei Jahren in einer Doppelhaushälfte. ...

● *Talking about what you do on a typical day*
● *Using reflexive and separable verbs*

1 lesen

Was will Jack herausfinden? Übersetze seine Fragen ins Englische.

1 Wann stehen wir auf?

2 Um wie viel Uhr frühstücken wir?

3 Wann fahren wir ab?

4 Was essen wir zu Mittag?

5 Wie amüsieren wir uns am Nachmittag?

6 Mit wem treffen wir uns am Abend?

7 Was machen wir am Wochenende?

2 hören

**Was sind die Antworten auf Jacks Fragen in Aufgabe 1?
Hör zu und mach Notizen auf Deutsch.**

⭐ Time expressions are important. Listen for:

an einem Schultag	on a school day
täglich	daily
während der Woche	during the week
am Abend / Nachmittag	in the evening / afternoon
zuerst	first of all
dann	then
anschließend	afterwards
stundenlang	for hours
immer	always
nie	never

G **Reflexive and separable verbs** ❯ *Page 210*

- Reflexive verbs e.g. **sich** *treffen* (to meet), **sich** *amüsieren* (to amuse/entertain yourself), **sich** *langweilen* (to be bored) and **sich** *setzen* (to take a seat) need a reflexive pronoun:

ich treffe **mich**	*wir treffen* **uns**
du triffst **dich**	*ihr trefft* **euch**
er/sie/es trifft **sich**	*Sie/sie treffen* **sich**

In the perfect tense, the reflexive pronoun comes after the part of *haben*:
Ich habe **mich** *gestern mit Freunden getroffen.*
I met with friends yesterday.

- Separable verbs e.g. **auf**stehen (to get up), **ab**fahren (to leave) and **fern**sehen (to watch TV) have a prefix that separates and goes to the end of the sentence:
Wir stehen um sechs Uhr **auf**.
We get up at six o'clock.
Am Abend sehe ich **fern**.
I watch TV in the evening.

In the perfect tense, the prefix and the stem of the past participle are joined with *–ge–*:
Ich bin **auf**ge*standen.* I got up.
Ich habe **fern**ge*sehen.* I watched TV.

3 hören

**Hör dir Silas Tagesablauf-Videoblog an.
Wähl die richtige Antwort aus.**

1 Sila setzt sich stundenlang an den PC / vor den Fernseher.

2 In der neunten Klasse geht Sila oft / nie schwimmen.

3 Sila trifft sich mit Freunden in der Eisdiele / im Cyberland.

4 Sila findet die Tagesroutine entspannend / langweilig.

5 Am Nachmittag bleibt Sila zu Hause / geht Sila aus.

6 Am Abend macht Sila Telefonanrufe / Schularbeit.

7 Sila freut sich auf die Ferien / auf das Wochenende.

4 schreiben

**Adaptiere die Sätze in Aufgabe 3 und beantworte die Frage:
Hast du eine interessante Tagesroutine?**

Beispiel: Jeden Abend setze ich mich stundenlang vor den Fernseher.
Ich sehe besonders gern … In der … Klasse …

5 lesen **Lies den Artikel. In welchem Absatz lernen wir das?**

Was macht ein deutscher Teenie den ganzen Tag ?

1 Idealerweise schläft man 9 Stunden und 15 Minuten pro Nacht, aber heute schlafen Teens nur 8 Stunden und 6 Minuten. Schüler(innen) möchten wohl lieber erst um 8:30 Uhr oder um 9:00 Uhr mit der Schule anfangen.

2 In Deutschland setzen sich zwei von drei 11- bis 15-Jährigen täglich zum Frühstück hin. Mädchen sind morgens rund 28 Minuten im Badezimmer, bei den Jungs sind es 24 Minuten.

3 7 Stunden und 30 Minuten verbringen Teenager im Durchschnitt in der Schule oder mit schulischen Aktivitäten wie Hausaufgaben. Fast drei Viertel der Schüler arbeiten mindestens einen Tag pro Wochenende für die Schule.

4 Rund 6 Stunden und 34 Minuten Freizeit stehen Teenies täglich zur Verfügung. Jungs machen rund 1 Stunde und 12 Minuten länger Sport, sitzen länger vor dem Fernseher (113 Minuten) als Mädchen und doppelt so lang vor dem PC wie Mädchen (134 Minuten). Jeder vierte Teenager macht selbst Musik oder ist im Chor aktiv (24 Prozent).

zur Verfügung stehen = *to be available*

a A fact about a quarter of pupils
b Teenage boys spending longer on an activity than girls
c A fact about 75% of pupils
d Teenage girls spending longer on an activity than boys
e The length of time spent on a non-leisure activity
f Teenagers spending less than the recommended time on an activity

⭐ Look for synonyms: 'a quarter of pupils' can also be described as 'every fourth pupil' and something that is 'recommended' might be described as 'ideal'.

6 schreiben **Beantworte die Fragen rechts (1–4) auf Deutsch. Benutze den Artikel in Aufgabe 5 zur Hilfe.**

7 sprechen **Partnerarbeit. Stell so viele Fragen zur Tagesroutine wie möglich.**

● *Wie viele Stunden pro Nacht schläfst du?*
■ *An einem Schultag gehe ich um 10 Uhr ins Bett und ich stehe um … Uhr auf, also schlafe ich … Am Wochenende … Und du?*

⭐ Use a variety of expressions and sentence structures when you speak: mix up *an einem Schultag*, *dienstags* and *während der Woche* to avoid repeating *am Dienstag*.

1 Wie viele Stunden pro Nacht schläfst du?
2 a Was und wo frühstückst du?
  b Wie viel Zeit verbringst du morgens im Badezimmer?
3 Wie viele Stunden verbringst du pro Tag mit der Schule?
4 Wie viele Stunden Freizeit hast du pro Tag? Was machst du in deiner Freizeit?

An einem Schultag / Am Wochenende …
  stehe ich um … Uhr auf.
  frühstücke ich / gehe ich ins Bett.
  sehe ich fern.
  setze ich mich an den Computer.
  amüsiere / langweile ich mich.
  treffe ich mich mit Freunden.

1 hören **Hör zu und sieh dir die Liste an. Was ist die Reihenfolge für Gregors Familie?**

Beispiel: 10. der Sauerbraten

HITLISTE *das Lieblingsessen der Deutschen*

AUF PLATZ …

10	der Sauerbraten
9	das Gulasch
8	der Spargel
7	die Lasagne
6	die Gemüsesuppe
5	das Rindersteak
4	die Rinderroulade
3	die Pizza (Margherita)
2	das Wiener Schnitzel (aus Schweinefleisch)
1	die Spaghetti Bolognese (jede Art Nudeln mit Tomaten-Fleischsoße)

2 hören **Hör noch mal zu und beantworte die Fragen auf Englisch.**

1 On which occasions do the Webers eat a roast?
2 Which country's food is popular in Germany?
3 What was the problem with the lasagne last week?
4 What do you think *je blauer, desto besser* means, in relation to a steak?
5 When do the Webers like to eat goulash?

6 What is the stuffing in a roulade?
7 When do the Webers eat a roulade?
8 Mrs Weber's speciality is *Hühnersuppe*. What do you think this is?
9 When is asparagus in season?
10 What is Mrs Weber's opinion of asparagus?

3 sprechen **Partnerarbeit. Diskussion: Die Hitliste der deutschen Lieblingsessen.**

- *Isst du gern (Schnitzel)?*
- *Nein, ich bin Vegetarier(in) und ich esse nie Fleisch. Ich esse aber gern …, weil das besonders …*

Zu Weihnachten / Ostern / An einem Feiertag / Am Sonntag esse ich …
Ich esse (sehr) gern … / Ich esse (gar) nicht gern …
Mein Lieblingsessen ist …
Ich bin Vegetarier(in).
Das ist / schmeckt …
  lecker / köstlich / salzig / würzig / fettig / (un)appetitlich / ekelhaft
die Hühnersuppe / das Lammfleisch / Nudeln mit Tomaten-/Fleischsoße

Lies die Texte und sieh dir die Bilder an. Wann hat man das beim Austausch gegessen? Schreib Frühstück, Mittagessen, Abendbrot oder Kaffee und Kuchen.

Beispiel: **a** Abendbrot

1 Meine Austauschpartnerin hatte Geburtstag und auf dem Frühstückstisch gab es eine riesige Auswahl an Brotsorten und Brötchen. Dazu gab es Honig, Marmelade, Butter, Käse, Schinken und Eier. In der Mitte des Tisches gab es eine wunderbare Geburtstagstorte! Wir haben Limonade oder Saft getrunken, und die Erwachsenen haben ein Glas Sekt getrunken! **Sarah**

2 Ich war in Stuttgart zu Besuch und dort haben wir oft Spätzle zu Mittag gegessen. Spätzle sind eine Spezialität aus Mehl, Eiern und Milch. Wir haben sie statt Nudeln gegessen, und mit einer Fleischsoße haben die echt köstlich geschmeckt. Wir haben glücklicherweise kein Sauerkraut gegessen! Fertiggerichte vor dem Fernseher hat man nie serviert – jede Mahlzeit haben wir im Esszimmer gegessen! **Peter**

statt = instead of   *die Fertiggerichte* = ready meals

3 Bei meinem Austauschpartner hat man pünktlich um Viertel nach sechs zu Abend gegessen. Das Essen war kalt und nicht sehr appetitlich. Es gab nicht viel auf dem Tisch, manchmal nur Brot mit Käse oder Wurstaufschnitt. Zur Nachspeise hat man Äpfel, Orangen und Trauben gegessen und wir haben Mineralwasser oder Früchtetee getrunken. Das war enttäuschend. **Jack**

die Nachspeise = dessert

4 Beim Austausch in Österreich gab es am Sonntag Kaffee und Kuchen. Auf dem Tisch war eine köstliche Auswahl an hausgemachten Torten – wie Pflaumenkuchen und Apfelstrudel – und Sahne war natürlich immer dabei! **Louise**

 Lies die Beiträge noch mal. Richtig oder falsch? Korrigiere die falschen Sätze.

1 Zum Geburtstag hat Sarah Sekt getrunken.
2 Spätzle, eine Art Nudeln, isst man in Stuttgart.
3 In Stuttgart hat man die Mahlzeiten im Wohnzimmer gegessen.
4 Jack war vom Abendbrot enttäuscht.
5 Jack hat Obsttorte zur Nachspeise gegessen.
6 Kaffee und Kuchen in Österreich waren ein großer Erfolg.

 Was haben die Gäste zum Abendessen bekommen? Wie war das? Hör zu und mach Notizen auf Englisch. (1–6)

 Gestern warst du zu Gast beim Abendessen. Beschreib das Erlebnis!

- Was hast du gegessen / getrunken?
- Beschreib die Mahlzeit und die Spezialitäten.

G *Giving opinions in the past tense*

*Ich **habe** (Brot) **gegessen** und (Saft) **getrunken**.*
*Ich **habe** die (Torten) (köstlich) **gefunden**.*
*Das (Fleisch) **hat** (schrecklich) **geschmeckt**.*
*Die Roulade **hatte** eine Füllung aus (Spargel).*
*Sie **war** typisch (deutsch).*
*Das (Sauerkraut) **war** (appetitlich).*
*Mein Lieblingsessen / Die Spezialität **war** (eine Gemüseroulade).*

1 lesen **Lies die Texte und sieh dir die Bilder an. Wie kommunizieren sie am liebsten? Warum?**

Beispiel: **1** d – because it's private

Wie bleibst du mit deinen Freunden in Kontakt?

1 Ein Leben ohne Handy kann ich mir nicht vorstellen! Ich rufe meine Freunde abends vom Handy an, weil das privat ist. Ich will nicht, dass meine Geschwister alles hören!

2 Ich sende meistens E-Mails, wenn ich mit Freunden spreche. Per E-Mail kann man sich besser ausdrücken, finde ich. Besonders, wenn man schnell tippen kann!

3 Ich simse sehr gern, weil eine Kurznachricht billig und praktisch ist. Ich schicke immer eine SMS, wenn ich spät bin.

4 Meine Eltern telefonieren regelmäßig per Festnetz, weil sie Angst vor modernen Technologien haben. Ich finde das sehr altmodisch.

5 Persönliche Gespräche sind für mich eine sehr wichtige Kommunikationsform, weil mir Blickkontakt und Körpersprache wichtig sind.

6 *Ich nutze soziale Netzwerke, wenn ich mit meinen Freunden rede. Wir laden Fotos hoch, teilen sie und schreiben auch Kommentare. Prima und einfach geht das!*

7 Zur Zeit wohnen meine Cousins in Amerika. Wenn wir Kontakt mit ihnen haben, telefonieren wir per Internet. Das macht Spaß, denn wir können einander auf dem Bildschirm sehen!

 a b c d e f g

2 hören **Hör zu. Tabea, Axel, Dinah und Volker sprechen über Kommunikationsformen. Füll die Tabelle aus. (1–4)**

	main method	reason	never use	reason
1	mobile phone	private	...	

G wenn *clauses* ❯ Page 230

Like *weil* (because), *wenn* (if, when) sends the verb to the end of the clause: **wenn** *ich spät* **bin**.

If *wenn* starts a sentence, the verb goes to the end of the clause. It is then followed by a comma before the next verb:
Wenn *ich mit Freunden* **rede**, **telefoniere** *ich immer per Handy.*

3 sprechen **Gruppenarbeit. Sieh dir die Grafik rechts an. Was machen sie gern? Wie stehst du dazu?**

● *SMS sind für 70% der deutschen Jugendlichen eine sehr wichtige Kommunikationsform. Wie findest du das?*
■ *Ich finde das ganz normal. Ich schicke täglich SMS, wenn ...*

Ich nutze soziale Netzwerke, wenn ich zu Hause bin.
Wenn ich mit Freunden rede, telefoniere ich per Handy.
Ich schicke eine SMS / Ich simse, weil das billig ist.
Ich chatte nie online, weil mich das nicht interessiert.

Man hat Teenager gefragt: Was sind für dich die drei wichtigsten Formen der Kommunikation?

Kurznachrichten/SMS schicken
70% SMS

persönliche Gespräche haben
66%

per Festnetz telefonieren	soziale Netzwerke nutzen	per Handy telefonieren
36%	**32%**	**28%**
per Internet telefonieren	im Internet chatten (z.B. in Chatrooms)	E-Mails tippen **7%**
15%	**13%**	**3%** Briefe schreiben

4 lesen **Übersetze den Text ins Englische.**

Two conjunctions which alter the word order – the verb will be at the end of the clause.

This is a separable verb – always look to the end of the clause

Don't miss out qualifiers in your translation.

If *irgend* means 'some', what does this word mean?

Ich **lade** sehr gern Musik auf mein Handy **herunter**, und **wenn** ich dann nicht zu Hause bin, kann ich die Lieder hören. Das Handy hatte ich gestern nicht mit, **weil** es irgendwo im Schlafzimmer war! Das war schade, **weil** ich immer simse, **wenn** ich spät bin. Für mich ist das Handy **sehr** wichtig – mit meinem Handy werde ich immer mit Freunden in Kontakt bleiben.

5 hören **Hör zu und wähl die richtige Antwort aus. (1–7)**

1 Gregor uses a PC for sharing photos / homework / playing games.
2 Gregor streams music / has an MP3-Player / has earphones.
3 Gregor's family have recently bought / bought a long time ago / are going to buy a Smart TV.
4 Gregor often / always / sometimes uses three screens at the same time.
5 Gregor prefers the quality / cost / speed of a camera phone.
6 Gregor prefers catalogue shopping / online shopping / shopping in a shop.
7 Gregor thinks the last question is good / crazy / interesting.

Machen wir deine Technologie-Umfrage?

OK. Erste Frage …

6 sprechen **Partnerarbeit. Mach Jacks Technologie-Umfrage.**

● *Erste Frage: Benutzt du lieber ein Tablet oder einen Desktop-PC?*
■ *Zu Hause haben wir keinen Desktop-PC, aber ich habe ein Tablet. Wenn ich Fotos hochlade, benutze ich immer den Tablet-Computer, weil er so praktisch ist. Und du?*

⭐ Use *wenn* in your answers, and give reasons with *weil* or *denn*.

1 Benutzt du lieber ein Tablet oder einen Desktop-PC?
2 Hörst du Musik lieber über einen Streaming-Dienst oder mit einem MP3-Player?
3 Siehst du Filme und Sendungen lieber im Fernsehen oder im Internet?
4 Spielst du lieber Online-Spiele oder Spiele auf einer Spielkonsole?
5 Machst du Fotos lieber mit einem Handy oder mit einer Digitalkamera?
6 Machst du Einkäufe lieber online oder im Geschäft?
7 Suchst du Informationen lieber im Internet oder in der Bibliothek?

7 schreiben **Bist du total vernetzt? Schreib einen Forum-Beitrag.**

• Spielt Technologie eine wichtige Rolle in deinem Leben?
• Welche Technologie benutzt du am liebsten?
• Wie oft setzt du dich vor einen Bildschirm?
• Wie benutzt du Technologie bei dir zu Hause?
• Was hast du letzte Woche am PC gemacht?

Ich habe / benutze …
Ich möchte … haben.
Ich habe neulich … gekauft.
 (k)einen Desktop-PC / MP3-Player / Musik-Streaming-Dienst / Bildschirm
 (k)eine Konsole / Digitalkamera
 (k)ein Handy / Tablet / Smart-TV
 (keine) Kopfhörer

⭐ Say how often you do the activities with adverbs, such as *ab und zu, nie, immer, manchmal, oft, gleichzeitig, regelmäßig.*

● *Discussing advantages and disadvantages of social media and technology*
● *Expressing complex opinions with* dass

1 lesen **Sieh dir die Kurznachrichten an. Was passt zusammen?**

1 Ich habe das wirklich traurig gefunden.
2 Ich finde das sehr positiv.
3 Das war äußerst überraschend.
4 Das finde ich total negativ.
5 Das habe ich gar nicht schlecht gefunden.
6 Ich finde das besonders lustig.

a   b

c   d

e   f

2 lesen **Lies die Beiträge. Ist das ein Vor- oder Nachteil der Technologie?**

Technologie: die Vor- und Nachteile

a Bildschirme sind für kleine Kinder gefährlich.
b Das Internet kann süchtig machen.
c Man bleibt mit Leuten aus aller Welt in Kontakt.
d Technologie kann teuer sein.
e Man kann immer neue Freunde finden.
f Man kann online lernen.

g Der Arbeitstag dauert immer länger.
h Das Internet kann zu Internet-Mobbing führen.
i Das Leben bleibt nie privat.
j Man langweilt sich nie.
k Man amüsiert sich gut am Bildschirm.
l Es gibt immer mehr und bessere Spiele.

3 schreiben **Wähl <u>sechs</u> Beiträge in Aufgabe 2 aus. Schreib deine Meinung auf.**

Beispiel: f Ich finde es wirklich positiv, dass man online viel lernt.
  i Das finde ich äußerst negativ, dass das Leben nie privat bleibt.

G **Using** dass ❯ *Page 230*

Make opinions more complex by building on simple expressions with a *dass* clause. *Dass* sends the verb to the end of the clause (like *wenn* and *weil*):
Ich finde es negativ, **dass** *das Leben nie privat* **bleibt**.

With two verbs, the main verb goes at the end:
Man **kann** *online* **lernen**. → *Es ist sehr positiv,* **dass** *man online* **lernen kann**.

4 hören **Hör zu und sieh dir die Beiträge in Aufgabe 2 an. Schreib die Tabelle ab und füll sie aus. (1–6)**

	Vorteil	Nachteil
1	e	

⭐ Opinion words are key here. Listen for trigger words like *Vorteil*, *gut* and *positiv* to lead you to an advantage and *Nachteil*, *schlecht* and *negativ* to lead you to a disadvantage.

5 sprechen **Gruppenarbeit. Diskussion: Technologie.**

● *Der größte Vorteil der Technologie ist, dass man mit Leuten aus aller Welt in Kontakt bleibt.*

■ *Ja, das stimmt, aber schlecht daran ist, dass Technologie sehr teuer ist.*

▲ *Andererseits ist Technologie toll, weil man sich nie langweilt.*

Ein großer Vorteil der Technologie ist, Der größte Vorteil der Technologie ist,	**dass** man so viel online lernt.
Das Gute / Beste daran ist,	
Ein großer Nachteil der Technologie ist, Der größte Nachteil der Technologie ist,	**dass** das Leben nie privat bleibt.
Schlecht / Das Schlechteste / Ein ernstes Problem daran ist,	

Einerseits bin ich für das Internet, **weil** es bei … hilft.
Andererseits / Auf der anderen Seite bin ich gegen das Internet, **denn** das Internet kann süchtig machen.
Im Großen und Ganzen / Vor allem ist das positiv / negativ, **weil** …
Das Internet kann zu Problemen führen.
süchtig, teuer, schädlich, gefährlich, kreativ, überraschend, lustig

6 lesen **Lies den Artikel. Sind die Beiträge positiv, negativ, oder positiv und negativ?**

1 jule *–*

Wenn ich nicht online bin, langweile ich mich furchtbar, also bin ich total für die moderne Technologie. Je mehr Stunden vor einem Bildschirm, desto besser, meine ich!

2 paul001

Letztes Jahr sind mir die Risiken des Internets klar geworden. Jemand hat meine persönlichen Daten für kriminelle Zwecke genutzt und das hat zu schrecklichen Problemen geführt. Ich habe jetzt kein Online-Leben, weil das zu gefährlich ist.

3 Ciara <3

In der achten Klasse hatte ich ein Problem mit Internet-Mobbing. Man hat mich nicht nur in der Schule sondern auch zu Hause gemobbt und das war total schrecklich für mich und meine Familie.

4 mAxxi

Das Beste an der Technologie ist das Internet, weil es bei den Hausaufgaben viel hilft. Es ist sehr einfach, Informationen zu suchen, aber auf der anderen Seite muss man aufpassen, dass man nicht alles direkt abschreibt. Sonst merkt das der Lehrer oder die Lehrerin!

5 L0S!

Seit der Grundschule verbringe ich zu viel Zeit mit Computerspielen und das Schlechteste daran ist, dass ich jetzt computersüchtig bin. Nächste Woche werde ich zur Selbsthilfegruppe für süchtige Teens gehen. Ich freue mich nicht sehr darauf, aber hoffentlich wird die Gruppe mir Unterstützung geben.

der Zweck(-e) = *purpose*
nicht nur … sondern auch … = *not only … but also …*
abschreiben = *to copy*

7 lesen **Lies den Artikel noch mal und beantworte die Fragen auf Englisch.**

1 What effect does not being online have on jule *–*?
2 What problem did paul001 have last year?
3 Where did Ciara <3 suffer from bullying? (2 places)
4 What does mAxxi warn against?
5 What problem does L0S! have and what is the plan to address it?

8 hören **Hör Felix, Stefanie und Thomas zu. Was sind die Vor- und Nachteile der Technologie? Schreib die Tabelle ab und füll sie aus.**

	disadvantages	advantages
Felix	none	search info on tablet, …

9 schreiben **Übersetze den Text ins Deutsche.**

If you can't remember the exact expression, use a verb like *meinen* or *denken* (to think), followed by a comma.

If you choose *weil*, make sure your verb is at the end of the sentence.

In my opinion the internet is positive, because you can learn lots, but on the other hand it can be dangerous. The best thing about it is that the games are exciting. Yesterday my sister had lots of homework, but she quickly looked for information online. Next year I will buy a new mobile phone, and I will upload great photos.

This word also sends the verb to the end of the sentence.

In German, this is the same as the word you know for 'quick'.

1 lesen **Read the extract from the text. Someone has come to look at a room to rent.**

Das Brandopfer by Albrecht Goes

Dann führte sie mich in das Zimmer; es war ein Zimmer im dritten Stock, ein helles Zimmer mit einer erfreulichen Aussicht. Das Mobiliar – ein Schlafsofa, ein Schrank, ein Tisch, dazu Waschkommode und Stühle – war, man sah es auf den ersten Blick, ganz neu aus leichtem Holz. Was mir auffiel war: es gab keine Häkeldecken, keine Familienbilder an den Wänden und keine sonstigen Bürgergreuel – dafür eine ganz moderne Arbeitslampe und als einzigen Wandschmuck Rembrandts Tobias in einer vorzüglichen Reproduktion.

>Sie richten sich das sicher am liebsten nach Ihrem eigenen Geschmack vollends ein<, sagte Frau Walker, und auf dieses Wort hin war ich endgültig entschlossen, hier zu mieten.

Answer the following questions in English. You do not need to write in full sentences.

a Where was the room?

b How can you tell it was a pleasant room?

c What was the furniture like?

d What does the writer decide to do?

 2 lesen **Lies die Beiträge zur Technologie-Webseite.**

Die Technologie

Georg
Als ich jung war, waren die sozialen Netzwerke nur im Sportverein oder an der Schule zu finden. Wir haben persönliche Gespräche geführt und ab und zu haben wir per Festnetz telefoniert, um ein Treffen zu organisieren.

Nela
Heute ist jeder in den sozialen Netzwerken! Junge Menschen laufen durch die Fußgängerzone und können den Blick nicht von ihrem Smartphone lassen. Kleinkinder starren im Kinderwagen auf schädliche Bildschirme.

Moritz
Die heutige Jugend ist die erste richtige Technologie-Generation. Das heißt, sie ist mit mobilem Internet und sozialen Netzwerken aufgewachsen. In der Klasse meines Sohnes sind bis auf ein paar Leute eigentlich alle in sozialen Netzwerken aktiv.

Silke
Wir stehen unter Druck von unserer Tochter, die das neueste Smartphone verlangt, aber das werden wir nicht kaufen. Es ist sehr teuer und in einigen Monaten wird sie sicher wieder das neueste Modell verlangen.

Wer meint das? Trag entweder Georg, Nela, Moritz oder Silke ein.
Du kannst jedes Wort mehr als einmal verwenden.

Beispiel: Junge Leute heute wachsen zum ersten Mal mit dem Internet auf. – *Moritz*

a Technologie kann gefährlich für junge Menschen sein.

b Neue Geräte sind eine Geldverschwendung.

c Als Kind habe ich kaum Technologie benutzt.

d Jugendliche heute haben nie eine Welt ohne Technologie gekannt.

e Es gibt heute niemand, der nicht online ist.

> ⭐ There are four contributors here and five statements to be identified – don't disregard anybody just because you have already allocated one of the statements to them. Read them all to the end!

3 lesen **Translate this passage into English.**

Im Moment habe ich weder ein Smartphone noch einen Computer zu Hause. Gestern habe ich mein Handy verloren und der Familien-PC ist seit letztem Monat kaputt. Einerseits ist das positiv, weil ich jetzt mehr mit meiner Familie sprechen kann. Andererseits finde ich es schrecklich, dass es unmöglich sein wird, mit meinen Schulfreunden zu kommunizieren.

4 hören **Du hörst im Radio Utas Bericht über ihren Austausch mit Österreich. Wie war alles? Trag entweder langweilig, prima, sympathisch oder unpraktisch ein. Du kannst jedes Wort mehr als einmal verwenden.**

Beispiel: Die Familie war <u>sympathisch</u> .

a Die Reise war _____ .

b Das Haus war _____ .

c Die Austauschpartnerin war _____ .

d Uta findet Computerspiele _____ .

e Uta hat den Besuch _____ gefunden.

> ⭐ Listen carefully to identify which word fits best in each gap. Remember that you can use each word more than once.

5 hören **You hear this interview about Vienna fashion week. What does the fashion designer, Irene Glanz, say about her daily routine? Listen to the interview and answer the following questions in English.**

a Why was fashion week tiring?
b Why can't Irene afford to stay in bed?
c What effect does Irene's status have on her morning routine?
d Name <u>two</u> items that Irene can't go without each day.

6 hören **You hear a radio interview with the property developer Herr Mazyek. What does he say?**

a Choose the <u>two</u> correct answers.

Example: Herr Mazyek is based in the capital city.

A There are enough flats to rent in Berlin.
B There is a shortfall in building homes to rent.
C Families have priority to move to new homes.
D 11,000 new homes were built last year.
E There is huge pressure on rents.

b Choose the <u>two</u> correct answers.

A There are too many new builds in the countryside.
B 20,000 homes to rent are built every year.
C Two-thirds of the flats needed are being built.
D The developers would like to build high-rise accommodation.
E It is very straightforward to develop disused sites.

A – Role play

1 *lesen* Look at this role play card and prepare what you are going to say.

It is always better to say something than leave a blank in a role play dialogue, as you may get some marks.

Topic: Daily life

You have just arrived at your Austrian exchange partner's house. The teacher will play the role of your exchange partner and will speak first.

You must address your exchange partner as *du*.

You will talk to the teacher using the five prompts below.

- where you see – **?** – you must ask a question
- where you see – **!** – you must respond to something you have not prepared

Task

Du sprichst mit deinem Austauschpartner/deiner Austauschpartnerin.

1. Lieblingsessen
2. Haus – Meinung
3. **!**
4. **?** Technologie zu Hause benutzen
5. **?** Aufstehen – Uhrzeit

You could use a verb + *am liebsten* to express what you like eating most of all.

You are giving your opinion here. What adjectives could you use to describe a home?

Which question word will you use here?

Remember that the unexpected question will require you to answer in the past tense.

You can ask anything here to do with computers, phones, TV, etc. Don't spend too long agonising over a question to ask – anything straightforward will do.

2 *sprechen* Practise what you have prepared. Take care with pronunciation and intonation.

3 *hören* Using your notes, listen and respond to the teacher.

4 *hören* Now listen to Millie performing the role play task.

B – Picture-based task

Topic: Daily life

Schau dir das Foto an und sei bereit, über Folgendes zu sprechen:

- Beschreibung des Fotos
- Deine Meinung zu Technologie am Tisch
- Was für Technologie du gestern zu Hause benutzt hast
- Wie du Technologie in zehn Jahren benutzen wirst
- **!**

1 **hören** Look at the picture and read the task. Then listen to Bella's answer to the first bullet point.

1 What adjectives does Bella use to describe the photo?

2 How does she expand her answer?

3 What is her impression of the father?

4 Write down <u>two</u> words she uses to help give an impression rather than a fact.

2 **hören** Listen to and read how Bella answers the second bullet point.

1 How does she agree or disagree with the teacher?

2 Fill in the missing verbs.

3 Look at the Answer Booster on page 90. Note down <u>eight</u> examples of what Bella does to produce a well-developed answer.

Ja, Sie **1** _____ recht. Ich **2** _____ ganz Ihrer Meinung. Wenn man sich mit der Familie an den Tisch **3** _____, ist es besser, miteinander zu sprechen und den Tag zu **4** _____. Meiner Meinung nach **5** _____ die Familienzeit eine wichtige Zeit und man **6** _____ dann keinen Bildschirm **7** _____. Ich bin für Computer, aber sie **8** _____ nicht an den Frühstückstisch.

3 **hören** Listen to Bella's answer to the third bullet point.

1 Make a note in English of the <u>five</u> things Bella used technology for yesterday.

2 Listen again and make a note of three time phrases you hear.

4 **hören** Listen to how Bella answers the fourth bullet point and look again at the Answer Booster. Note down examples of how she gives reasons for what she says.

5 **sprechen** Prepare your own answers to the first four bullet points, and try to predict which unexpected question you might be asked. Then take part in the full picture-based discussion with the teacher.

> ⭐ Try to include a range of tenses in your answers, but don't include them all in every answer. Impress by using more complex word order correctly with *dass*, *weil* or *wenn*.

C – General conversation

1 **hören** Listen to Cam introducing his chosen topic. Write down the letters of the <u>three</u> correct statements.

a Cam's home life is very important.

b He feels very secure at home.

c There are no arguments.

d He liked living in a flat.

e He mostly had to play indoors.

f They now have a small garden.

2 **hören** The teacher then asks Cam: *Und wie ist dein Zimmer?* Listen to how he develops his answer. What 'hidden questions' does he also answer?

> ⭐ Collect a bank of time phrases to help your conversation in any topic flow more naturally: *heute, vorgestern, in Zukunft …*

3 **hören** Listen to how Cam answers the next question: *Was wirst du heute Abend zu Hause essen?* Look at the Answer Booster on page 90. Write down <u>six</u> examples of what he does to produce an impressive answer.

4 **sprechen** Prepare your own answers to Chapter 4 questions 1–6 on page 198, then practise with your partner.

Answer Booster	Aiming for a solid level	Aiming higher	Aiming for the top
Verbs	**Different tenses**: past (perfect or imperfect), present, future	**Different persons of the verb** *sein* in the imperfect: *war …* **Separable verbs**: *herunterladen* **Reflexive verbs**: *sich setzen* **Modal verbs**: *müssen*	**Two tenses to talk about the past**: perfect and imperfect **Conditional**: *(Ich) würde …*
Opinions and reasons	*ein großer Nachteil* *Das war schrecklich.* *weil / denn …*	**Add more variety!** *Mir ist klar, …* *Meiner Meinung nach …* *Ich bin für …* *Vielleicht …*	**Expressions**: *Auf der einen Seite …* *Auf der anderen Seite …* *Am wichtigsten ist …*
Conjunctions	*und, aber, also*	*(Ich bin froh), dass …* *Wenn (man sich an den Tisch setzt), …*	*obwohl* **Different tenses**: *… weil (ich nicht sehr oft draußen gespielt habe)*
Other features	**Negatives**: *nicht, kein(e), nie* **Qualifiers**: *sehr, besonders, lieber, am liebsten*	**Adjectives**: *computersüchtig* **Time phrases**: *nach der Schule, seit drei Jahren, stundenlang*	**Declined adjectives**: *in einer schönen Wohnung*

A – Extended writing task

1 *lesen* Look at the task. Discuss with a partner how you would answer each bullet point.

2 *lesen* Read Kirstin's answer on page 91. What do the underlined phrases mean?

3 *lesen* Look at the Answer Booster. Note down <u>eight</u> examples of language Kirstin uses to write an impressive answer.

4 *lesen* Look at the essay plan on page 91, based on Kirstin's essay. Fill in the blanks.

5 *schreiben* Now prepare your own answer to the question.
1 Look at the Answer Booster and Kirstin's text and essay plan for ideas.
2 Write a detailed plan, based on the bullet points in the question. Organise your answer in paragraphs.
3 Write your answer and then check it carefully.

Zu Hause

Eine Baufirma möchte ein Hochhaus direkt vor Ihrer Wohnung bauen. Schreiben Sie einen offiziellen Brief an den Direktor oder die Direktorin und erklären Sie, warum es keine gute Idee ist, das Hochhaus zu bauen.

Sie **müssen** diese Punkte einschließen:

- wie die Umgebung ist
- Ihre Erfahrung mit Hochhäusern und warum sie keine gute Idee sind
- wie Sie das Problem lösen würden
- Vorschläge für das ideale Zuhause.

Rechtfertigen Sie Ihre Ideen und Meinungen.
Schreiben Sie ungefähr 130–150 Wörter **auf Deutsch**.

Don't be put off if you come across unfamiliar language. Here, the task mentions a block of flats (*Hochhaus*) and you have to write to the director of a *Baufirma*. You might already know that *bauen* means 'to build', so what do you think *Baufirma* could mean?

Kirstin's answer

Seit drei Jahren wohne ich in einer schönen Wohnung am Stadtrand.
Ich bin froh, dass wir hier wohnen, weil das eine ruhige und freundliche
Gegend ist. Ich finde es aber schrecklich, dass Sie ein modernes
Hochhaus direkt vor meinem Schlafzimmerfenster bauen wollen.

Meiner Meinung nach sind Hochhäuser hässlich und unfreundlich, und
man muss sie verbieten. Letztes Jahr hat man hundert neue Wohnungen
in meiner Stadt gebaut und wir haben schon viel Grünfläche verloren.
Niemand möchte in einer engen Wohnung im zwanzigsten Stock wohnen,
mit vielen strengen Hausregeln und ohne Garten.

Mir ist klar, dass alle Personen ihr eigenes Zuhause haben wollen;
daher müssen Sie immer neue Häuser bauen, die sie kaufen oder mieten
können. Würden Sie bitte woanders einen Platz suchen, wo Sie
Ihr Hochhaus bauen?

Ich spreche oft mit Leuten über das ideale Zuhause, und wir meinen
alle, am liebsten würden wir in einem kleinen Wohnblock wohnen,
wo die Hausordnung nicht zu streng ist und wo man gut mit den
Mitbewohnern auskommt.

Introduction
- where? **1** ⸺
- opinion to plan?
  2 ⸺

New development
- opinion? **3** ⸺
- reason? **4** ⸺

Housing problem
- opinion? **5** ⸺
- solution? **6** ⸺

Ideal home
- other people's opinions
  7 ⸺
- description **8** ⸺

B – Translation

1 | lesen

Look at the German words below. How will you need to adapt each one to use it to translate the text?

Example: Nachteil → ein großer Nachteil

1 Schultag   **3** aufstehen   **5** essen   **7** Frühstück
2 müssen   **4** Esszimmer   **6** der Bus   **8** Vormittag

A big disadvantage on school days is that we have to get up at
six o'clock. I would prefer to eat breakfast in the dining room, but
yesterday I only ate a ham roll on the bus. Last year my sister always
enjoyed a good breakfast. She found that she worked much better in
the morning.

2 | schreiben

Now translate the text.

3 | schreiben

Translate the following text into German.

I have been getting up at seven o'clock for three years because
my school is nearby. Last year I found it positive that I always ate
a big breakfast. My brother would prefer to sit at his computer in
the morning. Tonight he will watch television in the sitting room,
as he would like to watch his favourite programme.

 Knowing the vocabulary is one
thing, but using it correctly
is something else! If you use a
preposition before a noun, make
sure you use the correct case
afterwards. And learn plenty of
set phrases so you are familiar
with terms such as *am Vormittag*.

Wörter

Zu Hause — *At home*

der Flur	*hall*
der Keller	*cellar, basement*
der Garten	*garden*
die Garage	*garage*
die Küche	*kitchen*
das Arbeitszimmer	*study*
das Badezimmer	*bathroom*
das Esszimmer	*dining room*
das Schlafzimmer	*bedroom*
das Wohnzimmer	*sitting room*
Ich wohne (seit vier Jahren) …	*I have been living … (for four years).*
in einer Kleinstadt	*in a small town*
in einer Großstadt	*in a city*
in der Stadtmitte	*in the town centre*
am Stadtrand	*on the outskirts / in the suburbs*
auf dem Land	*in the countryside*
das Einfamilienhaus	*detached house*
die Doppelhaushälfte	*semi-detached house*
das Reihenhaus	*terraced house*
das Hochhaus	*high-rise building*
der Wohnblock	*block of flats*
die 3-Zimmer-Wohnung	*3-room flat*
im zweiten Stock	*on the second floor*
im Untergeschoss	*in the basement*
im Erdgeschoss	*on the ground floor*
der Autostellplatz	*parking space*
der Dachboden	*loft, attic*
die Terrasse	*terrace, patio*

Essen und trinken — *Eating and drinking*

Es schmeckt …	*It tastes …*
lecker / köstlich / wunderbar	*tasty / delicious / wonderful*
würzig	*spicy*
ekelhaft / (un)appetitlich	*disgusting / (un)appetising*
geschmacklos	*tasteless*
scharf / sauer	*hot, spicy / sour*
salzig / fettig	*salty / fatty*
Ich esse (nicht) gern …	*I (don't) like eating …*
Ich esse lieber …	*I prefer eating …*
Ich esse am liebsten …	*I like eating … best.*
das Lieblingsessen	*favourite meal*
Ich bin Vegetarier(in).	*I am vegetarian.*
die Auswahl	*choice, selection*
auswählen	*to choose*
einkaufen	*to buy, to shop*
anklicken	*to click on*
vorbereiten	*to prepare*
eine leckere Spezialität aus …	*a tasty speciality from …*
das Frühstück	*breakfast*
das Mittagessen	*lunch*
das Abendessen, Abendbrot	*dinner, evening meal*
Das (Abendbrot) essen wir um …	*We eat (dinner) at …*

Zum Frühstück oder Abendessen — *For breakfast or dinner*

das Brot	*bread*
die Brotsorte	*type of bread*
das Brötchen	*bread roll*
die Butter	*butter*
der Käse	*cheese*
die Wurst	*sausage*
der Wurstaufschnitt	*selection of sliced cold sausage*
der Schinken	*ham*
das Ei (die Eier)	*egg*
das Spiegelei(er)	*fried egg*
der Lachs	*salmon*
die Marmelade	*jam*
der Honig	*honey*
der Pampelmusensaft	*grapefruit juice*
der Kräutertee	*herbal tea*
die Milch	*milk*
die fettarme Milch	*skimmed milk*
der Früchtetee	*fruit tea*
der Kaffee	*coffee*
der Saft	*juice*
das Glas Sekt	*glass of champagne*

Zum Mittag- oder Abendessen — *For lunch or dinner*

der Sauerbraten	*dish of marinated braised beef*
das Gulasch	*goulash*
der Spargel	*asparagus*
das Schnitzel	*schnitzel, escalope*
das Rindersteak	*beef steak*
die Gemüsesuppe	*vegetable soup*
die Hühnersuppe	*chicken soup*
die Pizza (Margherita)	*pizza (margherita)*
das Schweinefleisch	*pork*
das Lammfleisch	*lamb*
die Nudeln (pl)	*pasta, noodles*
mit Tomaten- / Fleischsoße	*with tomato / meat sauce*
ein gemischter Salat	*a mixed salad*
die Suppe	*soup*
der Fisch	*fish*
(mit) Kartoffeln / Reis	*(with) potatoes / rice*
die Pommes (pl)	*chips*
die Currywurst	*sausage with curry sauce*
das Sauerkraut	*sauerkraut*
das Fertiggericht	*ready meal*
die Limonade	*lemonade*
das Mineralwasser	*mineral water*
die Kartoffelchips (pl)	*crisps*

Süßes und Nachspeisen — *Sweets and desserts*

die Nachspeise	*dessert*
das Eis	*ice cream*
das Gebäck	*baked goods, pastries*
das Mehl	*flour*
der Keks(e)	*biscuit*
die Torte(n)	*gâteau*
hausgemachte Torte(n)	*homemade gâteau(x)*
der Berliner	*doughnut*
der (Zucchini-)Kuchen	*(courgette) cake*
die Vanillesoße	*vanilla sauce, custard*
der Apfelstrudel	*apple strudel*
der Pflaumenkuchen	*plum cake*
mit Sahne	*with cream*

Obst und Gemüse — Fruit and vegetables

das Obst	fruit	die Traube(n)	grape
das Gemüse	vegetables	die Zitrone(n)	lemon
die Ananas(–)	pineapple	der Blumenkohl(e)	cauliflower
der Apfel (Äpfel)	apple	die Erbse(n)	pea
die Banane(n)	banana	die Gurke(n)	cucumber
die Birne(n)	pear	die Karotte(n)	carrot
die Erdbeere(n)	strawberry	der Knoblauch	garlic
die Himbeere(n)	raspberry	der Kohl(e)	cabbage
die Kirsche(n)	cherry	die Paprika(s)	pepper
die Orange(n)	orange	die Tomate(n)	tomato
der Pfirsich(e)	peach	die Zwiebel(n)	onion

Auf Austausch — On an exchange visit

Herzlich willkommen!	Welcome!	in der Ruhezeit ruhig sein	be quiet during 'quiet time'
Wie geht's dir / Ihnen?	How are you?	die Hausordnung	house rules
Wie bitte?	Pardon?	die Mittagsruhe	quiet time at midday
Ich verstehe nicht.	I don't understand.	die Ruhezeit	quiet time
Hast du (Hausschuhe) mitgebracht?	Have you brought (slippers)?	Man darf keine laute Musik spielen.	We are not allowed to play loud music.
Können Sie bitte langsamer sprechen?	Can you speak more slowly, please?	Man darf kein Instrument üben.	We are not allowed to practise an instrument.
Kannst du das bitte wiederholen?	Can you repeat that, please?	Man darf nicht mit dem Ball spielen.	We are not allowed to play ball games.
Hast du / Haben Sie Hunger?	Are you hungry?	Man darf nie das Auto vor der Garage waschen.	We are never allowed to wash the car in front of the garage.
Hast du / Haben Sie Durst?	Are you thirsty?	der Tagesablauf	daily routine
Hast du eine Frage an uns?	Do you have a question for us?	an einem Schultag	on a school day
Was meinst du damit?	What do you mean?	täglich	daily
Was bedeutet „Hausschuhe"?	What does 'Hausschuhe' mean?	während der Woche	during the week
Wie heißt „Wi-Fi-Code" auf Deutsch?	How do you say 'WiFi code' in German?	am Abend / Nachmittag	in the evening / afternoon
Was ist dein / Ihr „Wi-Fi-Code", bitte?	What is your 'WiFi code', please?	zuerst	first of all
Man muss …	We must …	anschließend	afterwards
die Fahrräder im Keller abstellen	put the bikes in the cellar	stundenlang	for hours
die Treppen sauber halten	keep the stairs clean	am Wochenende	at the weekend
den Müll ordentlich trennen	separate the rubbish neatly		

Soziale Netzwerke und Technologie — Social networks and technology

simsen	to text	der Musik-Streaming-Dienst	music streaming service
eine SMS schicken / senden	to send a text	das Smart-TV	smart TV
per Handy / Internet telefonieren	to call on a mobile / via the internet	das Tablet	tablet
soziale Netzwerke nutzen	to use social networks	die Konsole	console
online / im Internet chatten	to chat online	das Handy	mobile phone
im Internet surfen	to surf online	die Kopfhörer (pl)	headphones
Fotos hochladen	to upload photos	gefährlich	dangerous
Musik herunterladen	to download music	kreativ	creative
sich mit Freunden unterhalten	to chat with friends	praktisch	practical
E-Mails schreiben	to write emails	privat	private
Briefe tippen	to type letters	schädlich	harmful
einen Kommentar schreiben	to write a comment	sicher	safe
der Bildschirm	screen	spannend	exciting
der Desktop-PC	desktop computer / PC	süchtig	addicted
die Digitalkamera	digital camera	teuer	expensive
der MP3-Player	MP3 player	überraschend	surprising

Vor- und Nachteile der Technologie — Advantages and disadvantages of technology

Ein großer Vorteil ist, dass …	A big advantage is that …	Es gibt mehr Vorteile als Nachteile.	There are more advantages than disadvantages.
Der größte Vorteil ist, dass …	The biggest advantage is that …	einerseits … andererseits …	on the one hand … on the other hand
Ein großer Nachteil ist, dass …	A big disadvantage is that …	auf der einen Seite	on the one hand
Der größte Nachteil ist, dass …	The biggest disadvantage is that …	auf der anderen Seite	on the other hand
Das Gute daran ist, dass …	The good thing about it is that …	im Großen und Ganzen	by and large
Das Beste daran ist, dass …	The best thing about it is that …	Vor allem ist das positiv, weil …	Above all, that is positive because …
Schlecht daran ist, dass …	What's bad about it is that …	Das Internet kann zu Problemen führen.	The internet can lead to problems.

5 Ich ♥ Wien
Startpunkt Reiseplanung richtig machen!

* Describing forms of transport and making a hotel booking
* Using clauses and subordinate clauses with two verbs

Hör zu. Welche Verkehrsmittel haben sie gestern benutzt? (1–6)

Beispiel: **1** a + h

der Zug / Bus
die U-Bahn / Straßenbahn / S-Bahn
das Auto / Flugzeug / Rad
zu Fuß

⭐ The preposition *mit* is always followed by the dative case.

*der Zug → mit **dem** Zug*
*die Straßenbahn → mit **der** Straßenbahn*
*das Auto → mit **dem** Auto*
⚠️ ***zu** Fuß*

2 lesen **Lies die Texte. Welche Verkehrsmittel benutzen sie? Warum? Mach Notizen auf Englisch.**

Beispiel: **1** bus – senior citizen card

1 Ich bin mit dem Bus nach Köln gefahren, weil ich eine Seniorenkarte habe.

2 Ich muss jeden Tag zu Fuß in die Schule gehen, weil meine Eltern kein Auto haben.

3 Ich werde mit dem Zug nach Spanien fahren, weil ich nie mit dem Flugzeug fliegen kann. Ich habe Angst vor dem Fliegen.

4 Ich fahre jeden Tag mit der Straßenbahn zum Büro, weil sie so schnell und pünktlich ist.

5 Als Studentin bin ich immer mit dem Rad zur Uni gefahren, weil ich dabei sehr fit geblieben bin.

6 In meiner Stadt fahre ich nie mit der Straßenbahn, weil man schneller mit der U-Bahn in die Stadt fahren kann und das finde ich toll.

Ⓖ Clauses with two verbs

Main clause

When there are two verbs (or parts of a verb construction) in a clause, make sure you put the correct verb in the correct place:

*Ich **bin** mit dem Bus **gefahren**.*
*Ich **muss** zu Fuß **gehen**.*
*Ich **werde** mit dem Zug **fahren**.*

Subordinate clause

As you know, in subordinate clauses (e.g. after *weil*) the verb goes to the end. And if there are two verbs? They both go to the end!

*Ich werde mit dem Zug fahren, weil ich nicht mit dem Auto **fahren kann**.*

3 schreiben **Welche Verkehrsmittel benutzt du (nicht)? Warum?**

Hör zu. Herr Ritter ruft beim Hotel zum Bergblick an. Was will er? (1–6)

Beispiel: **1** e

 a

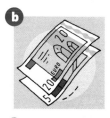 b

 c

 d

 e   f

 g

 h

> ⭐ Watch out for the two distractors.

G du / Sie register

When you are talking to an adult or an official at the railway station, hotel or shop, etc., use the *Sie* form to address the person. Only use *du* for conversations with a friend or someone your own age.

Sie: *Entschuldigen Sie*, bitte. / Für wann **möchten Sie** das?
du: *Entschuldige*, bitte. / Für wann **möchtest du** das?

G Question words 〉 Page 228

Question words are vital when you want to find out information. Make sure you are familiar with them.

wann?	when?
was?	what?
wie?	how?
wie viel?	how much?
welch–?	which?
um wie viel Uhr?	at what time?
Möchten Sie …?	Would you like …?
Gibt es …?	Is / Are there …?

---

 5 **Hör dir die Reservierungen an. Schreib die Tabelle ab und füll sie auf Englisch aus. (1–4)**

	room	dates	facility offered	guest's question	hotel's answer	total cost
1	2 x double room, …					

> ⭐ Listen for tricky language, such as *WLAN*, which is pronounced W(vay) + LAN.
>
> Numbers feature here, so listen very carefully to them and write the digits in the correct order: *dreihundert**neun**und**vierzig*** = 3**49**.

---

 6 **Partnerarbeit. Ruf bei der Hotelrezeption an. Mach Dialoge und ändere die Details.**

● *Hotel zur Post, guten Tag.*
■ *Guten Tag. Hier spricht Bayer. Ich möchte bitte (a double room) reservieren.*
● *Für wann möchten Sie (the double room) reservieren?*
■ *Ich möchte das Zimmer (for two nights) (8–10 January) reservieren.*
● *Möchten Sie auch (a parking space) reservieren?*
■ *Nein, danke, wir kommen mit dem Zug. Gibt es (a restaurant) im Hotel?*
● *Ja, das Restaurant ist (08:00–22:30) täglich geöffnet.*
■ *Prima. Wie viel kostet das Zimmer, bitte?*
● *(A double room with breakfast) kostet (110) Euro pro Nacht.*
■ *Sehr gut. Ich freue mich auf den Besuch. Auf Wiederhören.*

Ich möchte (ein / zwei) Doppelzimmer / Einzelzimmer reservieren.

Ich möchte das / die Zimmer für eine Nacht / zwei Nächte vom (8. bis 10. November) reservieren.

Möchten Sie einen Parkplatz / ein Zimmer mit Aussicht reservieren?

Gibt es WLAN / ein Restaurant / einen Fitnessraum im Hotel?

Darf ich den Hund mit ins Hotel bringen?

Um wie viel Uhr ist das Frühstück / Abendessen?

1 Wie fahren wir nach Wien?

● *Discussing ways of travelling and buying train tickets*
● *Comparative and superlative adjectives*

1 **Hör zu und lies den Dialog. Was passt zusammen?**

1 slower than a train
2 more environmentally friendly than other transport
3 quicker than a train

4 more fun than a bicycle
5 more comfortable than a bus
6 more expensive than a bus

a   **b**   **c**   **d**   **e**   **f**

Alicja Kowalski   Marek Sadik

Ruben Engel   Lisl Lehmann

Marek: OK. Wir haben uns entschieden: Wir werden eine Woche nach Wien in Österreich fahren. Fliegen wir mit dem Flugzeug dorthin? Das ist viel schneller als mit dem Zug.

Alicja: Ja, und viel teurer! Fahren wir nicht lieber mit dem Bus? Das ist sicher billiger als mit dem Zug.

Lisl: Ja, aber auch viel langsamer! Die Busfahrt dauert 5,5 Stunden und das ist länger als mit dem Zug! Meiner Meinung nach ist es mit dem Zug viel besser.

Ruben: Alicja, deine Mutter ist Taxifahrerin, nicht? Kann sie uns vielleicht mit dem Auto dorthin fahren? Das ist bequemer als mit dem Bus.

Alicja: Du spinnst! Ihr Taxi ist nicht größer als ein normales Auto und wir sind vier Personen! Nein, das geht nicht.

Marek: Machen wir vielleicht eine Radtour dorthin? Das ist umweltfreundlicher und billiger als die anderen Verkehrsmittel.

Lisl: Ja, aber Wien liegt über 400 Kilometer von München entfernt und die Radtour würde sehr anstrengend sein. Es würde vielleicht lustiger sein, mit dem Mofa dorthin zu fahren!

Alicja: OK, OK. Wir werden mit dem Zug nach Wien fahren, weil das praktischer ist. Habt ihr alle eine Bahnkarte?

Alle: Jawohl!

2 **Übersetze die Sätze ins Deutsche.**

1 An aeroplane is quicker than a car.
2 A bicycle is more environmentally friendly than a train.
3 Taxis are more expensive than buses.
4 Cars are bigger than mopeds.
5 Trams are more comfortable than the underground.

3 **Gruppenarbeit. Diskussion: Transportmittel.**

● *Ist es schneller, mit dem Zug zu fahren oder mit dem Flugzeug zu fliegen?*
■ *Du spinnst! Natürlich ist es schneller mit dem Flugzeug. Ist es umweltfreundlicher, mit dem Bus oder mit dem Taxi zu fahren?*
▲ *Tja, gute Frage, aber ich meine, …*

G **Comparatives**   **❯ Page 226**

To compare two things, add *–er* to the end of the adjective:

schnell → schneller   quick → quick**er**
billig → billiger   cheap → cheap**er**

When comparing two or more items, use *als* for 'than':

*Ein Rad ist langsamer **als** ein Auto.*
A bicycle is slower **than** a car.

You already know the irregular comparative *gern → **lieber*** (like, prefer), and here are some more:

lang → länger (long, longer)
groß → größer (big, bigger)
nah → näher (near, nearer)
gut → besser (good, better)

⭐ Use a dictionary to check the gender or plural of nouns. First look up the English word 'aeroplane' or go straight to *Flugzeug* if you know the word. Then select the German word to find out more about it:

das Flugzeug (sg./neut.)
die** Flugzeug**e (pl./neut.)

lesen

4 Alicjas Mutter ist im Reisebüro. Übersetze den Dialog ins Englische.

> FRAU KOWALSKI: Meine Tochter fährt nach Wien. Wie fährt man von München am besten dorthin?

> BEAMTER: Am einfachsten fährt man mit der Bahn, aber am umweltfreundlichsten fährt man mit dem Rad. Man kann auch mit dem Flugzeug fliegen, aber das ist am teuersten. Am bequemsten fährt man mit dem Auto, aber für Teenager ist das nicht am praktischsten.

> Watch out for cities with different names in German and English, e.g. *Köln* (Cologne), *Genf* (Geneva), *Rom* (Rome), *Wien* (Vienna) and *München* (Munich).

> *mit der Bahn = mit dem Zug*

G Superlatives ❯ Page 226

To say something is 'the most ...', use *am* before the adjective and add *–(e)sten* to the end of the adjective:

schnell → **am schnellsten**   quick → quick**est**
billig → **am billigsten**   cheap → cheap**est**

Be aware of irregular superlative adjectives:

lang → **am längsten** (long, longest)
groß → **am größten** (big, biggest)
nah → **am nächsten** (near, nearest)
gut → **am besten** (good, best)

 hören

5 Am Münchener Hauptbahnhof. Hör zu und füll die Tabelle aus. Welcher Dialog gehört zu den Freunden? (1–4)

	Zug nach	→ oder ⇄	Abfahrt	Gleis	Ankunft	direkt?
1	Berlin	⇄	12:51	22	19:18	✗

> ⭐ Timetable information is given with the 24-hour-clock.
> *dreizehn Uhr zweiunddreißig = 13:32 Uhr*

 sprechen

6 Partnerarbeit. Am Münchener Hauptbahnhof. Mach Dialoge und ändere die Details.

- ● *Guten Tag. Kann ich Ihnen helfen?*
- ■ *Guten Tag. Ja, ich möchte eine Fahrkarte nach (Berlin), bitte.*
- ● *Einfach oder hin und zurück?*
- ■ *(Hin und zurück), bitte. Wann fährt der nächste Zug ab?*

- ● *Er fährt um (12:51) Uhr vom Gleis (22) ab.*
- ■ *Und wann kommt er an?*
- ● *Er kommt um (19:18) Uhr in (Berlin) an.*
- ■ *Fährt der Zug direkt oder muss ich umsteigen?*
- ● *Der Zug fährt (nicht) direkt. Sie müssen (nicht) umsteigen.*

 schreiben

7 Schreib einen kurzen Reisebericht.

Beispiel:

> Letzte Woche bin ich mit dem Zug von ... nach ... um ... Uhr gefahren. Ich bin mit dem Zug gefahren, weil das ... als mit dem Bus ist. Der Zug ist (nicht) direkt gefahren und ich bin um ... Uhr in ... angekommen.

● *Describing accommodation and associated problems*
● *Using the demonstrative article* dieser

1 lesen **Lies die Texte und sieh dir die Bilder (a–e) an. Wer würde (nicht) gern hier übernachten?**

Ruben Ich würde gern in diesem Hotel übernachten, weil es hier ein tolles Freibad mit Sauna gibt.

Alicja Ich würde lieber in diesem kleinen Gasthaus wohnen, weil es billiger als das Hotel ist.

Lisl Ich würde am liebsten in dieser Ferienwohnung oder dieser Jugendherberge wohnen, weil sie beide näher am Stadtzentrum liegen.

Marek Ich würde gar nicht gern auf diesem Campingplatz übernachten, weil das sicher am lautesten und unbequemsten ist.

2 hören **Hör zu. Sie diskutieren die Unterkunft. Schreib zu jedem Stichpunkt (a–e) die Details auf Englisch auf. (1–4)**

Beispiel: **1** a hotel, b …

a type of accommodation

b location: (closest to station, in outskirts, in town centre, 8 km from centre)

c description

d facilities

e final verdict 👍 👎

⭐ Use clues and common sense to understand the dialogues. A *Klimaanlage* is useful to have when the weather is hot, so what could that be? A *Waschsalon* has washing machines. What do you think this is?

G **dieser/diese/dieses/diese** *(this/these or that)*

The demonstrative article follows the same pattern as the definite article (*der, die, das, die*).

	nominative	**accusative**	**dative**
masc.	*dieser*	*diesen*	*diesem*
fem.	*diese*	*diese*	*dieser*
neut.	*dieses*	*dieses*	*diesem*
pl.	*diese*	*diese*	*diesen*

Adjectives after *dieser* also follow the same pattern as after *der, die, das, die*:

*in dem klein**en** Hotel → in diesem klein**en** Hotel.*

3 sprechen **Gruppenarbeit. Diskussion: Die Unterkunftsauswahl aus Aufgabe 1.**

● *Wo würdest du am liebsten übernachten?*
■ *Ich würde am liebsten in diesem Hotel übernachten.*
▲ *Ja, aber das ist teurer als diese Jugendherberge, denke ich.*
◆ *Du hast recht, aber diese Jugendherberge sieht sehr altmodisch aus …*

Es liegt in der Stadtmitte / im Stadtzentrum / am Stadtrand / am nächsten (zum Bahnhof).
Es liegt (8 Kilometer von der Stadtmitte) entfernt.
Es gibt / hat …
  einen Computerraum / Spieleraum / Fernsehraum / Garten / Supermarkt / Waschsalon
  eine Klimaanlage / eine Sauna
  ein Freibad mit Sauna.
Er / Sie / Es ist … / sieht … aus.
  praktisch / modern / altmodisch / schmutzig / ruhig / (un)bequem / chaotisch

4 lesen

Lies die Texte. Sind sie positiv (P), negativ (N) oder positiv und negativ (P+N)?

Traum- oder Alptraumurlaub?

1 Das Zimmer war klein und schmutzig. **Es waren lange Haare in der Dusche und im Waschbecken.** Ich habe auch ab und zu eine kleine Maus neben dem Fahrstuhl gesehen. Vielleicht suchte sie den Ausgang?! **Ich war total unzufrieden und ich werde nie wieder in diesem Hotel übernachten.** *Walter v. F. aus Graz*

2 Dieses Gasthaus war sehr altmodisch und **hatte keinen Internetanschluss. Es gab auch keine Klimaanlage**, und im Sommer war das problematisch. Auf der anderen Seite war das große Zimmer besonders bequem. **Das Frühstück war auch ein Höhepunkt**, weil es immer eine leckere Auswahl auf dem Tisch gab. *Ingrid D. aus Bonn*

3 Bei der Ankunft in dieser kleinen Ferienwohnung haben wir gesehen, **dass es dort große Renovierungsarbeiten und viel Lärm gab**. Wir sind sofort zur Jugendherberge nebenan weitergegangen. **Glücklicherweise hatten sie noch Zimmer frei.** *Lisl und Freunde aus München*

4 Wir haben auf dem Campingplatz schlecht geschlafen, weil unser Zelt direkt neben dem Spielraum und dem Waschsalon war. **Jede Nacht haben wir den Fernseher, die Discomusik und die Waschmaschinen gehört. Dieser Lärm war echt ärgerlich** und wir werden nie wieder auf diesem Campingplatz übernachten. *Familie Klein aus Frankfurt*

> **der Alptraum** = nightmare
> **der Fahrstuhl** = lift
> **der Lärm** = noise

 5 lesen

Lies die Texte noch mal und übersetze die fett gedruckten Sätze ins Englische.

 6 lesen

Lies die Texte zum letzten Mal. Richtig oder falsch?

1 Das Zimmer im Hotel war nicht schön.
2 Walter würde gern wieder im Hotel übernachten.
3 Die Klimaanlage im Gasthaus war altmodisch.
4 Lisl war mit der Ferienwohnung unzufrieden.
5 Auf dem Campingplatz war es zu laut.

7 sprechen

Partnerarbeit. Wer hat in der schrecklichsten Unterkunft übernachtet?

● *Ich habe eine Maus im Restaurant gesehen.*

■ *Das ist nicht so schlimm. Ich habe eine Maus im Restaurant gesehen und das Zimmer war total unbequem.*

 8 schreiben

Wähl eine Unterkunft aus Aufgabe 1 aus und beschwer dich darüber.

• Describe your impression of the accommodation when you arrived.
• Say what you will do in the future.

> Bei der Ankunft habe ich ... gesehen / gefunden. Es gab ... Das war ...
> (Dieses Hotel) war ... Ich werde ... Nächsten Sommer ...

> Es waren lange Haare in der
>   Dusche / im Waschbecken.
> Ich war total unzufrieden.
> Ich werde (nie) wieder in
>   (diesem Hotel) übernachten.
> Das Gasthaus hatte (keinen)
>   Internetanschluss.
> Sie hatten noch Zimmer frei.
> Das Frühstück war ...
> Es gab (k)eine Klimaanlage.
> Es gab Renovierungsarbeiten.
> Es gab viel Lärm.
> Jede Nacht haben wir ... gehört.
> Dieser Lärm war echt ärgerlich.

- *Asking for and understanding directions to sights in Vienna*
- *Using imperatives*

 1 hören — Hör zu. Füll die Tabelle auf Englisch aus. (1–4)

	name	🙂	reason	🙁	reason
1	Alicja	b	film festival	…	…

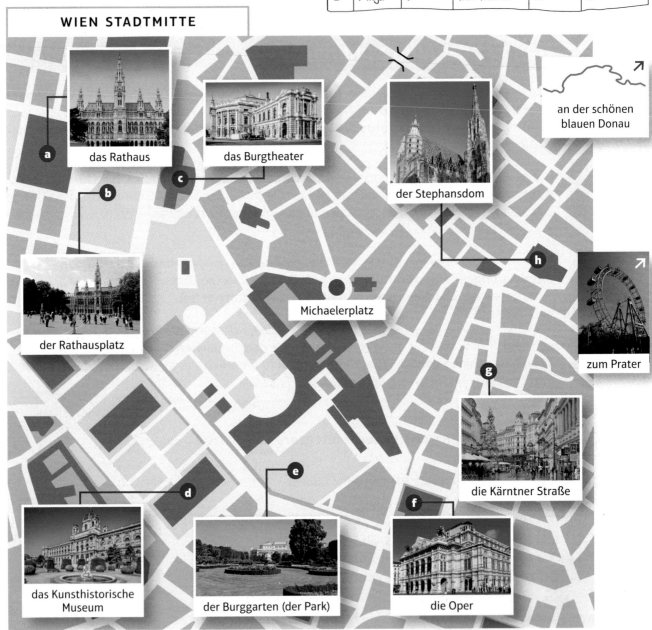

WIEN STADTMITTE

a das Rathaus

das Burgtheater

c

b

der Rathausplatz

an der schönen blauen Donau

der Stephansdom

h

Michaelerplatz

zum Prater

g

die Kärntner Straße

e

d

f

das Kunsthistorische Museum

der Burggarten (der Park)

die Oper

 2 sprechen — **Partnerarbeit. Sieh dir deine Antworten aus Aufgabe 1 an und wähl eine Person aus.**

- ● *Ruben, würdest du lieber zur Kärntner Straße oder zum Burggarten gehen?*
- ▪ *Ich würde nicht gern … gehen, aber ich würde am liebsten … gehen. Lisl, würdest du lieber …?*

⭐ Use *gern* 💜, *lieber* 💜💜 and *am liebsten* 💜💜💜 to give your preference.

 **G** **zu + dative case** ❯ Page 222

Always use a dative ending with *zu*:

zu + der → *zu* **dem** (**zum**) (zum Rathausplatz)
zu + die → *zu* **der** (**zur**) (zur Oper)
zu + das → *zu* **dem** (**zum**) (zum Museum)

3 lesen **Lies den Auszug und beantworte die Fragen auf Englisch.**

> This is a near-cognate. Where might the Austrian friend have been living?

> This extract is from *Geschichten aus dem Wiener Wald* by Odön von Horváth. The captain (*der Rittmeister*) is speaking about an old friend who left Austria many years ago and has just returned.

> *heut* is an abbreviated form of *heute*, and *Vormittag* is 'morning', so what does this mean?

VALERIE: Also ein Mister!

RITTMEISTER: Aber ein geborener Wiener! Zwanzig Jahr war der jetzt drüben in den Staaten, nun ist er zum erstenmal wieder auf unserem Kontinent. Wie wir heut vormittag durch die Hofburg gefahren sind, da sind ihm die Tränen in den Augen gestanden. – Er ist ein Selfmademan. […] Und jetzt zeig ich ihm sein Wien – schon den zweiten Tag – wir kommen aus dem Schwips schon gar nicht mehr raus […]

> Break down this sentence with the separable verb *herauskommen* (to come out) and the negative (*nicht*).

1 Where is the visitor from originally?
2 How long has he been away for?
3 How many times has he visited Vienna since going away?
4 When did they drive through the Hofburg?
5 What effect did this have on the visitor?
6 How long has the captain been showing him Vienna?
7 What do you think a *Schwips* is?

4 lesen **Lies die Wegbeschreibungen (1–12). Übersetze sie mit Hilfe eines Wörterbuchs ins Englische. Für wen sind die Wegbeschreibungen?**

Beispiel: **1** Turn right here. (one or more adults)

5 schreiben **Wähl fünf Wegbeschreibungen aus Aufgabe 4 aus und schreib sie dreimal auf: *du*, *ihr* und *Sie*.**

6 hören **Hör zu. Notiere das Ziel und die Wegbeschreibung. (1–12)**

Beispiel: **1** zum Park: Biegen Sie hier rechts ab.

7 sprechen **Partnerarbeit. Sieh dir den Stadtplan in Aufgabe 1 an. Du bist am Michaelerplatz. Wie kommt man zu …? Tauscht zwischen den *du*- und *Sie*-Formen.**

● *Entschuldigen Sie bitte, wie komme ich am besten zur Oper?*
■ *Gehen Sie hier geradeaus. Biegen Sie dann rechts ab.*

> Entschuldige / Entschuldigen Sie. Wo ist der / die / das …?
> Kannst du / Können Sie mir sagen, wie ich zum / zur … komme?
> Kannst du / Können Sie mir den Weg zum / zur … zeigen?
> Ich habe mich verlaufen. Kannst du / Können Sie mir helfen?

Wegbeschreibungen
1 Biegen Sie hier rechts ab.
2 Geh weiter bis zur Bank.
3 Geht geradeaus.
4 Geh an der Kreuzung rechts.
5 Gehen Sie bis zur Ampel.
6 Es ist auf der rechten Seite.
7 Nimm die zweite Straße links.
8 Überquert den Platz.
9 Biegen Sie an der Ecke links ab.
10 Geht über die Brücke.
11 Es ist hundert Meter entfernt.
12 Fahren Sie mit der U-Bahn-Linie 1 dorthin.

**G** **Imperatives** ⟩ Page 216

Use imperatives to give commands, but make sure you use them in the correct register: *du* (to a friend), *Sie* (to an adult or adults) and *ihr* (to friends).

gehen (to go)

du gehst → ~~du gehst!~~ → **geh!** Go!
Sie gehen → **gehen Sie!** Go!
ihr geht → ~~ihr geht!~~ → **geht!** Go!

Watch out for irregular *du* forms:
du nimmst → **nimm!** Take!
du fährst → **fahr!** Drive!

1 hören **Hör zu und lies. Wo würden Ruben, Lisl, Marek und Alicja am liebsten essen gehen? Schreib es auf Englisch auf.**

1 Ich würde gern im Schnellimbiss Wiener Schnitzel mit Pommes kaufen.

2 **Wenn** ich mehr Geld **hätte**, **würde** ich im Café Sacher **essen**.

3 **Wenn** ich älter **wäre**, **würde** ich in der Kneipe ein Bier **trinken** und Bockwurst mit Senf **essen**.

4 Wir **könnten** in diesem Restaurant hier **essen**. Ich habe Hunger – kommt mit!

2 schreiben **Übersetze die Sätze ins Deutsche.**

1 If I were in Vienna, I would eat in this snack bar.
2 If she had money, she would go to this restaurant.
3 If my dad were here, he would eat in this pub.
4 If I had a map, I could find this café.

3 lesen **Was steht auf der Wiener Speisekarte? Übersetze sie mit Hilfe eines Wörterbuches ins Englische.**

Beispiel: **1** Kartoffelsuppe – potato soup

G **The subjunctive** > Page 235

To convey hypothesis (e.g. If I had / were …, I would …) use the subjunctive forms of *haben* or *sein*: **hätte(n)** or **wäre(n)**.

*Wenn ich Geld **hätte**, würde ich im Café essen.*
If I had money, I would eat in the café.

*Wenn ich älter **wäre**, würde ich in der Kneipe trinken.*
If I were older, I would drink in the pub.

You can also use the subjunctive forms of *können* + an infinitive at the end of the clause to say what you <u>could</u> do:

*Wenn ich mehr Geld hätte, **könnte** ich in diesem Restaurant **essen**.* If I had more money, I could eat in this restaurant.

Restaurant zum Steffl

Vorspeisen
1 Alt-Wiener Kartoffelsuppe	€4,00
2 Rindsuppe	€4,90
3 Wurstteller	€5,90
4 Gefüllte Champignons	€5,20

Hauptspeisen
5 Tagesgericht: Wiener Tafelspitz (Kalb)	€23,50
6 Geröstete Lammleber mit Zwiebelringen	€12,50
7 Wiener Schnitzel vom Schwein	€13,50
8 Hausgemachter Gemüsestrudel	€12,90

Als Beilage: 9 gemischter oder grüner Salat 10 grüne Bohnen
11 Sauerkraut 12 Pommes

Nachspeisen
13 Sachertorte mit Sahne	€7,50
14 Warmer Apfelstrudel mit Vanillesoße	€6,00
15 Eissorten	€3,00

Ihr(e) Kellner(in) bringt Ihnen unsere Getränkekarte.
Wir haben
16 Fruchtsäfte
17 Weine
18 Biere vom Fass

Bedienung inbegriffen

4 hören **Hör zu. Sieh dir die Speisekarte oben an. Was bestellen sie? Wie viel wird das kosten? (1–6)**

Beispiel: **1** 1 x Rindsuppe + 1 x Lammleber mit Sauerkraut = €17,40

5 Gruppenarbeit. Immer etwas Anderes bestellen!

● *Was darf's sein?*
■ *Einmal Gemüsestrudel, bitte. Und Sie?*
▲ *Ich möchte (einmal) … Sind Sie so weit?*
◆ *Ja, ich würde …*

 6 lesen Man beschwert sich im Restaurant. Sieh dir die Bilder an.
Was ist die richtige Reihenfolge?

> Sehr geehrtes Restaurant-Team,
>
> Gestern Abend war ich bei Ihnen zu Gast und ich möchte mich jetzt darüber beschweren. Es war das schrecklichste Erlebnis! Ich habe die Rindsuppe bestellt, aber der Löffel war schmutzig. Diese Vorspeise hat mir sowieso nicht geschmeckt, weil sie geschmacklos war. Wir wollten ein Bier vom Fass trinken, aber leider war ein Haar in meinem Glas. Total unappetitlich. Als Hauptspeise habe ich das Schnitzel bestellt, aber es war kalt. Meine Freundin hat das Tagesgericht bestellt, aber diese Speise war zu würzig. Als Beilage hatten wir beide Pommes. Sie waren zu salzig und fettig. Außerdem war der Tisch in der dunkelsten Ecke und es gab keine Aussicht. Ich würde dieses Restaurant nicht empfehlen.
>
> Mit freundlichen Grüßen, Thomas W.

sich beschweren = *to complain*

 7 hören Im Restaurant. Hör zu und füll die Tabelle auf Englisch aus. (1–4)

	no. of guests	problem 1	problem 2	verdict
1	6	table without a view	cold meat plate too fatty – didn't eat it	won't stay any longer

 8 sprechen Partnerarbeit. Im Restaurant.
Gib zwei Probleme und eine Meinung!

● *Guten Abend.*
■ *Guten Abend. Wir möchten … haben, bitte.*
● *Ja, natürlich, kommen Sie bitte her.*
■ *Nein, das geht nicht. Dieser Tisch hat / ist …*
● *Oh, das tut mir leid.*

[…]

● *Hat's geschmeckt? Alles in Ordnung?*
■ *Nein, das Essen war …*
● *Das tut mir leid.*
■ *Ich möchte mich beschweren!*

> Wir möchten bitte einen Tisch für vier Personen / in der Ecke / mit Aussicht haben.
> Dieser Tisch hat keine Aussicht.
> Dieser Tisch ist sehr laut.
> Dieser Löffel ist sehr schmutzig.
> Es ist ein Haar in diesem gemischten Salat.
> Das Bier ist zu warm.
> Dieser Wurstteller war sehr fettig.
> Das war (die schrecklichste Suppe).
> Ich konnte (das Tagesgericht) nicht essen, weil … so unappetitlich war.
> Ich möchte mich beschweren.
> Ich möchte hier nicht länger bleiben.
> Wir werden nie wieder hierher kommen.
> Wo ist der/die Manager(in)?
> Ich möchte sofort mit ihm/ihr sprechen.
> Ich würde dieses Restaurant nicht empfehlen.

9 schreiben Beschreib einen katastrophalen Abend im Restaurant.

- Wann warst du im Restaurant?
- Was hast du gegessen?
- Was für Probleme gab es?
- Würdest du wieder dort essen? Warum (nicht)?

- Shopping for souvenirs
- Nominative and accusative adjective endings (definite and demonstrative articles)

 hören

1 Hör zu. Was kosten die Wiener Andenken? Kaufen die Freunde sie oder nicht? (1–8)

Beispiel: **1** c – €9,20 ✓

In einem Wiener Andenkenladen

der preiswert**e** Schmuck

die grün-weiß gestreift**e** Tasse

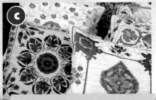
das weich**e** Kopfkissen

die lecker**en** Kekse

der bunt**e** Kuli

die klein**e** Brieftasche

das schön**e** Tischtuch

die cool**en** Postkarten

 lesen

2 Lies die Sprechblasen. Füll die Tabelle auf Englisch aus.

	item	description	where bought	problem
Marek	wallet	small	department store	broken

> Ich habe diese kleine Brieftasche im Kaufhaus gekauft, aber sie ist schon kaputt.

3 **schreiben**

Vervollständige die Sätze.

1 Dies_____ schön_____ Schmuck ist toll!
2 Ich finde dies_____ gestreift_____ Tasse praktischer.
3 Was kosten diese_____ bunt_____ Kulis?
4 Wo hast du dies_____ blau_____ Tischtuch gekauft?
5 Schmecken dies_____ lecker_____ Bonbons?

> Ich habe diesen gestreiften Kuli am Markt gekauft, aber er funktioniert nicht.

G Adjective endings (definite and demonstrative article) ▶ Pages 218, 224

If you use an adjective before a noun, add an ending to match the article (*der, die, das, die* or *dieser, diese, dieses, diese*).

The adjective endings after the definite and the demonstrative article both follow the same pattern.

> Ich habe dieses rote T-Shirt im Einkaufszentrum gekauft, aber es passt mir nicht. Es ist zu klein.

	nominative endings	accusative endings
masc.	*der/dieser preiswert**e** Schmuck*	*den/diesen preiswert**en** Schmuck*
fem.	*die/diese groß**e** Brieftasche*	*die/diese groß**e** Brieftasche*
neut.	*das/dieses weiß**e** T-Shirt*	*das/dieses weiß**e** T-Shirt*
pl.	*die/diese billig**en** Bonbons*	*die/diese billig**en** Bonbons*

> Ich habe diese leckeren Kekse im Souvenirladen gekauft, aber ich habe sie schon alle aufgegessen!

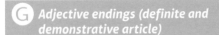

4 Hör zu und lies den Dialog. Beantworte die Fragen auf Englisch.

Alicja:	Entschuldigen Sie, bitte. Ich suche ein T-Shirt als Geschenk für meinen Bruder.
Verkäufer:	Welche Größe hat er?
Alicja:	Er ist klein.
Verkäufer:	Welche Farbe mag er?
Alicja:	Seine Lieblingsfarben sind rot und blau.
Verkäufer:	Dieses blaue T-Shirt ist sehr preiswert.
Alicja:	Ja, aber ich denke, es ist zu kurz. Haben Sie andere T-Shirts?
Verkäufer:	Ja, natürlich. Diese gestreiften T-Shirts sind momentan sehr beliebt. Sie sind auch im Sonderangebot.
Alicja:	OK, ich nehme das gestreifte T-Shirt in Klein. Vielen Dank. Oh, warten Sie mal! Dieses T-Shirt hat ein Loch.
Verkäufer:	Entschuldigung. Hier, nimm bitte dieses T-Shirt.

1 Who is the item for?
2 What size does Alicja need?
3 Why does the salesperson recommend a blue T-shirt?
4 What is wrong with the blue T-shirt?
5 For what two reasons does the salesperson recommend the striped T-shirt?
6 What is the problem with the striped T-shirt?

> The T-shirt is described as having a *Loch*. What could this be – a tear, a hole, a mark? A Scottish loch is a lake, i.e. a 'water-filled hole'.
>
> *Im Sonderangebot* is an expression meaning 'on special offer'.

 5 Hör zu. Füll die Tabelle auf Englisch aus. (1–4)

	item for	size / age	suggestion	problem
1	sister			

 6 Partnerarbeit. Im Kaufhaus. Benutze den Dialog aus Aufgabe 4 als Hilfe.

● *Entschuldigen Sie, bitte. Ich suche (ein Sweatshirt) als Geschenk für (meine Schwester).*
■ *Welche Größe hat (sie)?*
● *(Sie) ist (klein / mittelgroß / groß / neun Jahre alt).*
■ *Wir haben diese … oder …*
● *Oh, das ist (zu lang). Haben Sie etwas Anderes?*

> Vary your language by describing different items of clothing, styles and colours. What might be wrong with each item?
> - teuer
> - schmutzig
> - altmodisch
> - lang / kurz

7 Übersetze diese Kurznachricht ins Deutsche.

> This verb needs the accusative case for either *das Geschäft* or *der Laden*. What ending does the adjective need?

Today I visited this wonderful souvenir shop. I saw these soft slippers for Mum, but they were incredibly expensive. If I had more money, I would buy them. I bought this yellow T-shirt on offer, but it has a hole so I will go back to the shop tomorrow. What would you like to have as a present?

> Get the tenses correct and the verbs in the right places for this *wenn* clause!

> Don't miss out the qualifier here. If you can't remember the word, use a synonym such as 'really', 'very' or 'totally'.

● *Describing problems*
● *Using* seit *+ present tense*

1 lesen **Lies die Sprechblasen. Was ist los? Beschreib jedes Problem auf Englisch.**

①

> Mir ist schlecht.

Ruben ist mit der Achterbahn gefahren.

③

> Das war ein tolles Erlebnis, aber das Bein tut mir jetzt weh.

Alicja ist mit dem Monza Gokart gefahren.

②

> Mir ist kalt.

Lisl ist mit der Wildalpenbahn gefahren.

④

> Ich habe mir den Arm verletzt. Er tut mir weh.

Marek war auf dem Trampolin.

G **Dative pronouns** ❯ *Page 220*

German often uses dative pronouns where English does not:

mir ist kalt / heiß (**to me** is cold / hot → I am cold / hot)
es tut **mir** leid (**to me** is sorry → I am sorry)
das Bein tut **mir** weh (the leg **to me** hurts → my leg hurts)

2 hören **Hör zu. Im Informationsbüro im Prater. Wer hat welches Problem? Welche Lösung bekommen sie? Mach Notizen auf Englisch. (1–6)**

a **b** **c**

d **e** **f**

g

⭐ Use a dictionary if you hear any words you do not understand. Listen carefully to transcribe the word, then look it up. Make sure the meaning you select is the correct one to fit the context.

Ich möchte einen Handy-Diebstahl melden.
Ich bin / Sie ist auf dem Bürgersteig gefallen.
Ich möchte mich über (die Toiletten) beschweren.
Ich suche einen Geldautomaten.
Ich habe (meine Schlüssel / meine Brieftasche) verloren.
Ich habe meinen Rucksack (im Café) gelassen.
Mir ist schlecht.
Gibt es hier in der Nähe ein Fundbüro / eine Apotheke?

Sie müssen / Du musst …
   zur Polizeiwache / zur Apotheke / zum Fundbüro gehen.
   ins Krankenhaus gehen.
   dieses Formular ausfüllen.
Gehen Sie / Geh (links).
Ich werde es dem Manager/der Managerin sagen.
Ich werde einen Krankenwagen rufen.

Kulturzone

Im Prater findet man das berühmte und historische Riesenrad aus dem Jahr 1897. Man findet auch moderne Attraktionen auf diesem weltberühmten Freizeitpark – der Spaß beginnt hier!

3 hören

Hör zu. In der Apotheke. Füll die Tabelle auf Englisch aus. (1–6)

	symptom	why?	how long?	treatment
1	headache	suffers from migraines	4 days	take tablet 3 times a day

> ⭐ Listen carefully for familiar words that might give you a clue to the rest of the sentence: for example, *Ich bin auf der Treppe zum Ausgang gefallen* in extract 6. Can you make a logical guess to work out what this speaker is referring to?

Ich habe Kopfweh.

Ich leide unter Migräne.

Ich habe Zahnschmerzen.

Ich habe mir den Arm verletzt.

Ich bin müde / erschöpft.

Ich habe Husten.

Ich habe Halsschmerzen.

> ### G   seit + *present tense*   〉 Page 210
>
> To say you have been doing something <u>since</u> / <u>for</u> a certain length of time, use *seit* + present tense.
>
> *Ich habe **seit** gestern Kopfweh.*
> I **have had** a headache **since** yesterday.
>
> *Mein Arm **tut** mir **seit** einer Woche weh.*
> My arm **has been hurting for** a week.
>
> Use the dative case after *seit*, including the dative plural –*n* ending: *seit einer Woche, seit drei Tag**en**, seit zwei Jahr**en**.*
>
> Watch out for the expressions *erst seit* (just since) and *schon seit* (already since).

Haben Sie oft (Kopfweh)?
Nehmen Sie zweimal pro Tag eine Tablette.
Sie müssen / könnten …
  (dreimal pro Tag) Tabletten / Vitamine / Hustenbonbons nehmen.
  eine Salbe benutzen.
  beim Zahnarzt anrufen / einen Termin ausmachen / ins Krankenhaus gehen.

4 sprechen

Partnerarbeit. In der Apotheke. Mach Dialoge.

● *Guten Tag. Kann ich Ihnen / dir helfen?*
▪ *Guten Tag. Ich habe (Kopfweh).*
● *Oh, das tut mir leid. Seit wann haben Sie / hast du (Kopfweh)?*
▪ *Ich habe schon seit (vier Tagen) (Kopfweh).*
● *Oh je. Sie müssen / Du musst (diese Tabletten dreimal pro Tag nehmen).*
▪ *Vielen Dank.*

> ⭐ *(Der Bauch) tut mir weh* and *ich habe (Bauch-)Schmerzen* are different ways you can vary your language when talking about parts of your body which hurt.

5 schreiben

Du hast gestern einen Tagesausflug zum Prater gemacht. Schreib eine E-Mail an deine Familie, um den Tag zu beschreiben.

• Wie bist du zum Prater gefahren?
• Was hast du dort gemacht?
• Was für ein Problem hattest du dort / unterwegs?
• Möchtest du in Zukunft wieder zum Prater fahren? Warum (nicht)?

> ⭐ Draw on the language from all units of this chapter to describe your day out to the Prater. You could write about what and where you ate, what the food was like, even about the souvenirs you bought. Don't forget to give an opinion about everything you mention!

lesen **Lies die Urlaubsreportagen auf der Webseite.**

Urlaubsreportagen: Wie war die Reise?

Leon: Ich bin mit Freunden mit dem Zug nach Prag gefahren. Da wir wenig Geld hatten, mussten wir uns bei der Ankunft einen Campingplatz suchen. Das war schrecklich und laut, und ich würde das niemandem empfehlen.

Maria: Wir sind mit dem Flugzeug nach Athen geflogen, aber der Flug hatte vier Stunden Verspätung. Als wir endlich angekommen sind, war kein Hotelzimmer frei. Wir mussten in der Jugendherberge wohnen und das war total unbequem. Es gab keine Klimaanlage und es war die heißeste Woche des Sommers!

Jonas: Letztes Jahr habe ich zwei Wochen mit Freunden auf Sylt verbracht. Meine Großeltern haben dort eine Ferienwohnung, und sie liegt direkt am Strand. Diese Insel an der Nordseeküste ist ein echtes Urlaubsparadies, und es hat sehr viel Spaß gemacht. Wir möchten alle unbedingt nächstes Jahr wieder dorthin fahren!

Zita: Meine Mutter ist nach Budapest gefahren, aber die Zugreise war viel zu lang, also bin ich mit meiner besten Freundin nach München gefahren. Wir haben zwei Betten für drei Nächte in der Jugendherberge reserviert. Das war superlustig, weil wir das Zimmer mit zwei britischen Mädchen geteilt haben.

Welche Details gibt es in den Reportagen? Trag entweder Leon, Maria, Jonas oder Zita ein. Du kannst jedes Wort mehr als einmal verwenden.

Beispiel: Zita mag lange Reisen nicht.

a _____ ist ans Meer gefahren.

b _____ ist unpünktlich am Urlaubsort angekommen.

c _____ hat neue Freunde kennengelernt.

d _____ musste zelten.

e _____ will den Urlaub wiederholen.

> ⭐ Don't throw marks away by making careless mistakes – double check you have written the correct name for each answer here. Underlining key sentences and names in the texts and the statements may help you avoid such errors.

 lesen **Read the extract from the book *Im Reiche des Goldenen Apfels*, written by Turkish writer Evliya Çelebi in 1665.**

Die Stadt Wien hat mit den einfachen oder doppelten Kirchtürmen ihrer dreihundertsechzig Kirchen und Klöster insgesamt vierhundertsiebzig Glockentürme. Sobald nun die Mittagsstunde da ist und die große Uhr des Stephansdoms ihren ersten Schlag tut, beginnen auch schon die Glocken von allen Türmen der Stadt mit einem Schlag zu läuten. Es ist ganz erstaunlich, wie genau sie die Uhren aufeinander eingestellt haben.

Wenn nämlich bei uns in der Türkei jemand zwei Uhren besitzt, so geht bestimmt eine davon um mindestens eine Minute und zwei Sekunden vor oder nach. Die kunstvollen Uhren auf den Kirchtürmen von Wien hingegen beginnen alle zugleich wie mit einem Schlag zu läuten.

Answer the following questions in English. You do not need to write in full sentences.

a Why do the Viennese not have an excuse to be late in their city?

b Where is the main clock in Vienna?

c What is special about the clocks in Vienna?

d How do we know that the Turks are less concerned about their clocks?

> ⭐ When answering questions in English, you often have to infer answers, rather than just translate words straight from the text. You will need to spot synonyms to lead you to the correct answer.

3 **Translate this passage into English.**

Ich würde eine lange Ferienreise nicht empfehlen, vor allem, wenn man mit kleinen Kindern fährt! Man muss entweder stundenlang im Stau sitzen oder sich im Zug langweilen. Deshalb würde ich dir zu einem Urlaub raten, bei dem man in der eigenen Heimatstadt bleibt. Ich habe diesen Sommer die Sehenswürdigkeiten hier besichtigt und es war ein überraschender Erfolg.

4 **Du bist in einem Hotel in Berlin und hörst dieses Gespräch zwischen Frau Lindt und der Hotelrezeption. Füll die Lücke in jedem Satz mit einem Wort oder Wörtern aus dem Kasten. Es gibt mehr Wörter als Lücken.**

Haustieren	102	10:30 Uhr	zwei Einzelzimmer	11:30 Uhr	Auto
~~ein Doppelzimmer~~	20.	Restaurants	24.	Zug	200

Beispiel: Frau Lindt möchte <u>ein Doppelzimmer</u> reservieren.

a Sie möchte das Zimmer vom _____ Januar reservieren.

b Sie und ihr Mann fahren mit dem _____.

c Das Zimmer kostet € _____ pro Nacht.

d Das Frühstück endet um _____.

e Frau Lindt fragt nach _____.

> ⭐ Know your numbers in German! Be confident with numbers up to 60 for recognising 24-hour times, and then also try to learn numbers beyond 60 for prices and larger numbers in statistics, etc.

5 **Your friend Renate has posted a podcast about her plans for travelling to Vienna. What does she say? Listen to the recording and write down the letters of the other <u>three</u> correct statements.**

Example: A, …

A Renate usually goes on holiday by car.
B She is not doing anything different this year.
C Renate is planning a holiday without her family.
D The group will travel as cheaply as possible.

E Some of the group have plenty of money.
F One of her friends can't travel by road.
G The group will fly to Vienna.
H They took some time to decide how to travel.

6 **You hear a radio interview about holiday problems. Listen to the interview and answer the following questions in English.**

Part a
1 What is the biggest complaint?
2 What proves this is the biggest problem?
3 What is the second biggest problem?
4 Name one thing guests complained about regarding food.
5 What is the third biggest problem?

Part b: The interview continues.
1 How does the interviewee react to the number of food complaints?
2 What complaint did guests make of hotel staff?
3 How many guests are satisfied with their holiday?
4 What do an eighth of guests expect on holiday?
5 How do you know there are more complaints not covered in the interview?

A – Role play

Look at this role play card and prepare what you are going to say.

> ⭐ This is a formal situation where you are talking to an adult you do not know – use the *Sie* register.

Topic: Travel and tourist transactions

You are at a railway station in Germany buying tickets. The teacher will play the role of the assistant and will speak first.

You must address the assistant as *Sie*.

You will talk to the teacher using the five prompts below.

- where you see – **?** – you must ask a question
- where you see – **!** – you must respond to something you have not prepared

Task

> You are asking for train tickets here, so mention how many you want, the type of ticket and where you are travelling to.

> You could give a time or perhaps just say whether you want to travel in the morning or afternoon.

> How could you ask for the price?

Sie sind am Fahrkartenschalter am Bahnhof.
Sie kaufen Fahrkarten.

1. Welche Fahrkarten Sie kaufen (nach Salzburg)
2. Fahren – wann
3. !
4. ? Fahrkarten – Preis
5. ? Gleis

> This question will be in the past tense, so make sure you answer in the past tense! If it is an open question, expand your answer by adding extra details. Don't just reply with a simple *ja* or *nein*!

> Use the correct question word and adapt your intonation to convey that it is a question and not a statement.

Practise what you have prepared. Take care with pronunciation and intonation.

> ⭐ Use your preparation time to think about train station vocabulary. What sorts of things might crop up? Time, platform, number of tickets? If you are using a separable verb, remember to split up the parts: *Wann **kommt** der Zug **an**?*

Using your notes, listen and respond to the teacher.

Now listen to Oli performing the role play task.

B – Picture-based task

Topic: Town, region and country

Schau dir das Foto an und sei bereit, über Folgendes zu sprechen:

- Beschreibung des Fotos
- Deine Meinung zur Straßenbahn als umweltfreundliches Verkehrsmittel
- Eine Stadt, die du besucht hast
- Wie ein Stadtbesuch interessanter sein könnte
- !

Look at the picture and read the task. Then listen to Mae's answer to the first bullet point.

1 What forms of transport does Mae refer to?
2 What do you think *Bürgersteig* means?
3 How does she expand her answer?
4 Write down <u>four</u> verbs she uses in the present tense.

> ⭐ *Sonst* (otherwise) is a useful word to join your sentences in a speaking task. Use *vielleicht* (perhaps) when you are not sure of a fact about the photo, but would like to give your interpretation of it.

 Listen to and read how Mae answers the second bullet point.

1 Fill in the gaps.
2 Look at the Answer Booster on page 112. Note down <u>eight</u> examples of what Mae does to produce a well-developed answer.

> Ja, da stimme ich **1** _____ total zu! Autos sind gar nicht umweltfreundlich und es geht
>
> **2** _____ auf die Nerven, wenn man eine Person in einem **3** _____ Auto auf der Straße sieht.
>
> Es ist viel besser, mit **4** _____ Zug oder mit dem Bus zu fahren, meine ich. Leider haben wir
>
> keine Straßenbahn in **5** _____ Stadt, aber ich denke, **6** _____ ist das beste Verkehrsmittel.

 Listen to Mae's answer to the third bullet point.

1 Make a note in English of <u>five</u> details that she gives.
2 Can you work out the meaning of *Theaterkarten* and *Koffer* from the context?

4 **Listen to how Mae answers the fourth bullet point and look again at the Answer Booster. Note down examples of how she gives reasons for what she says.**

5 **Prepare your own answers to the first four bullet points, and try to predict which unexpected question you might be asked. Then take part in the full picture-based discussion with the teacher.**

C – General conversation

1 **Listen to Mohamed introducing his chosen topic. In which order does he mention the following?**

a solution to problem
b where he went

c who he went with
d reason for transport choice

e opinion
f forgotten passport

2 **The teacher then asks Mohamed:** *Und wie war die Ankunft?* **Listen to how he develops his answer. What 'hidden questions' does he also answer?**

> ⭐ A good way to develop your answer is to use the conjunction *um … zu* (in order to). This allows you to add a further detail to your conversation, and you just need to use the infinitive of the verb at the end.

3 **Listen to how Mohamed answers the next question:** *Würdest du wieder ohne Stadtplan in eine fremde Stadt fahren?* **Look at the Answer Booster on page 112. Write down <u>six</u> examples of what he does to produce an impressive answer.**

 Prepare your own answers to Chapter 5 questions 1–6 on page 199, then practise with your partner.

Answer Booster	Aiming for a solid level	Aiming higher	Aiming for the top
Verbs	**Different tenses**: past (perfect or imperfect), present, future	**Different persons of the verb** *haben* and *sein* in the imperfect: *Wir hatten …* *Es war …* **Separable verbs**: *vorbereiten* **Reflexive verbs**: *sich interessieren für …*	**Two tenses to talk about the past** (perfect and imperfect) **Modal verbs in the imperfect**: *Wir mussten …* **Future**: *Das wird …* **Subjunctive**: *Das wäre …* *Wir könnten …*
Opinions and reasons	*weil / denn*	**Add more variety!** *Das wird ein Traum sein.* *Ehrlich gesagt …* *Ich stimme Ihnen (total) zu.* *Es ist viel besser …* *Leider …*	**Expressions**: *Es geht mir auf die Nerven.* *Im Großen und Ganzen …*
Conjunctions	*und, oder*	*weil (das am billigsten war)*	*weil (das schön wäre)*
Other features	**Negatives**: *(gar) nicht, kein(e)* **Qualifiers**: *sehr, besonders, total*	**Comparative adjectives**: *besser* **Superlative adjectives**: *das beste* + noun, *die bekanntesten* + noun	**Declined adjectives**: *kein heißes Wasser, mit zwei guten Freunden*

A – Extended writing task

1 Look at the task. For each of the four bullet points, make notes on:

- which tenses and other structures you need to use
- what extra details you could add to give a well-developed answer.

2 Read Ellie's answer on page 113. What do the underlined phrases mean?

3 Look at the Answer Booster. Note down <u>eight</u> examples of language Ellie uses to write a well-developed answer.

4 Look at the essay plan on page 113, based on Ellie's essay. Fill in the blanks.

5 Now prepare your own answer to the question.

1 Look at the Answer Booster and Ellie's text and essay plan for ideas.
2 Write a detailed plan, based on the bullet points in the question. Organise your answer in paragraphs.
3 Write your answer and then check it carefully.

Ein Stadtbesuch

Sie schreiben ein Blog auf einer Jugendwebseite.

Schreiben Sie einen Eintrag über einen Stadtbesuch mit Freunden.

Sie **müssen** diese Punkte einschließen:

- wo Sie waren
- wie Ihre Meinung zu der Unterkunft war
- was Sie bei einem Stadtbesuch wichtig finden
- wohin Sie und Ihre Freunde nächstes Jahr reisen möchten.

Rechtfertigen Sie Ihre Ideen und Meinungen.

Schreiben Sie ungefähr 130–150 Wörter **auf Deutsch**.

Ellie's answer

Letztes Jahr bin ich mit meinen Freunden nach Italien gefahren, um Rom zu besuchen. Ich fliege sehr gern, aber wir sind mit dem Zug gefahren, weil das am billigsten war. Ich habe meinen Rucksack im Zug gelassen, und das war besonders ärgerlich, weil mein Fotoapparat darin war.

Wir sind zuerst zur Jugendherberge in der Stadtmitte gegangen, aber sie war sehr altmodisch und im Badezimmer gab es kein heißes Wasser. Wir wollten stattdessen ein Hotel finden. Wir hatten Erfolg und sind schnell in ein wunderbares Hotel gezogen.

Am ersten Tag in einer fremden Stadt ist es wichtig, eine Bustour zu machen, um die bekanntesten Sehenswürdigkeiten zu sehen. Wenn mir im Bus schlecht ist, steige ich aus und suche eine Apotheke. Ich frage dann, wie man dorthin kommt, weil die Leute normalerweise sehr hilfsbereit sind.

Im Großen und Ganzen war unsere Romreise ein wunderbares Erlebnis. Nächstes Jahr möchten wir auf eine griechische Insel fahren. Wir könnten dort schwimmen und uns am Strand sonnen, weil das total schön wäre.

Introduction
- when? **1** ———
- how? **2** ———
- who with? **3** ———

Accommodation
- where? **4** ———
- opinion? **5** ———

Activity
- important? **6** ———
- problem? **7** ———

Future plans
- opinion of trip? **8** ———
- next trip? **9** ———

B – Translation

1 Read the English text and Sophia's translation of it. Note down the <u>six</u> mistakes she makes. Can you correct them?

I went to Vienna by train with my friends. We found the art gallery more interesting than the town hall. We all thought the cathedral was brilliant, although my best friend got lost. Next year I would like to visit England, but my friends are certain that we will go to Spain.

Ich werde mit meinen Freunden mit dem Zug nach Wien fahren. Wir haben die Kunstgalerie schöner als das Rathaus gefunden. Wir haben alle den Dom schrecklich gefunden, als meine beste Freundin sich verlaufen hat. Nächstes Jahr würde ich gern nach Schottland fahren, aber meine Freunde sind sicher, dass wir nach Spanien fahren würden.

2 Translate the following passage into German.

I went with my girlfriend by bus to Berlin, because it was cheaper than the train. I would never stay at a campsite again, as there are too many noisy families. We went shopping, but we found that everything in the shops was expensive. Next summer we will visit Austria, in order to walk in the Alps.

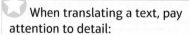 When translating a text, pay attention to detail:
- don't mistake a comparative for the basic adjective
- look closely at the tense and person of each verb
- take care to use the correct versions of words such as 'a', 'the', 'his', etc.

Wörter

Verkehrsmittel / Forms of transport

Ich fahre …
I travel …
- mit dem Zug / Bus / Auto / Rad — *by train / bus / car / bike*
- mit der U-Bahn / S-Bahn / Straßenbahn — *by underground / urban railway / tram*

Ich fliege mit dem Flugzeug. — *I travel by plane.*
Ich fliege. — *I fly.*
Ich gehe zu Fuß. — *I go on foot. / I walk.*

Hotelzimmer reservieren / Booking hotel rooms

Ich möchte … reservieren. — *I would like to reserve …*
- ein Einzelzimmer — *a single room*
- zwei Doppelzimmer — *two double rooms*
- ein Zimmer mit Aussicht — *a room with a view*
- für eine Nacht — *for one night*
- für zwei Nächte vom 8. bis 10. November — *for two nights from 8 to 10 November*

Gibt es WLAN im Hotel? — *Is there Wi-Fi in the hotel?*

der Fitnessraum(–räume) — *gym*
der Parkplatz(–plätze) — *car park / parking space*
das Restaurant(s) — *restaurant*
Darf ich den Hund zum Hotel mitbringen? — *Can I bring my dog with me to the hotel?*
Um wie viel Uhr ist das Frühstück / Abendessen? — *What time is breakfast / dinner?*
Wie viel kostet das Zimmer? — *How much is the room?*

Fahrkarten kaufen / Buying train tickets

Ich möchte eine Fahrkarte nach Berlin, bitte. — *I'd like a ticket to Berlin, please.*
Einfach oder hin und zurück? — *Single or return?*
Wann fährt der nächste Zug ab? — *When does the next train leave?*
Er fährt um 12:51 Uhr vom Gleis 22 ab. — *It leaves at 12:51 from platform 22.*

Wann kommt er an? — *When does it arrive?*
Er kommt in Berlin um 19:18 Uhr an. — *It arrives in Berlin at 19:18.*
Fährt der Zug direkt oder muss ich umsteigen? — *Does the train go direct or do I need to change?*

Ferienunterkunft / Holiday accommodation

das Hotel(s) — *hotel*
das Gasthaus(–häuser) — *guest house / bed and breakfast*
die Ferienwohnung(en) — *holiday apartment*
die Jugendherberge(n) — *youth hostel*
der Campingplatz(–plätze) — *campsite*
Ich würde am liebsten (in diesem Hotel) übernachten. — *I would like best to stay (in this hotel).*
in der Stadtmitte / im Stadtzentrum — *in the town centre*
am Stadtrand — *in the suburbs / outskirts*
am nächsten (zum Bahnhof) — *nearest (to the station)*
(Der Bahnhof) liegt (100 m) entfernt. — *(The station) is (100 m) away.*
der Computerraum(–räume) — *computer room*
der Fernsehraum(–räume) — *TV room*
der Garten (Gärten) — *garden*

der Spieleraum(–räume) — *games room*
der Supermarkt(–märkte) — *supermarket*
der Waschsalon(s) — *launderette*
die Klimaanlage(n) — *air conditioning*
das Freibad(–bäder) mit Sauna(s) — *open-air pool with sauna*

Er/Sie/Es ist … / sieht … aus. — *It is / looks …*
- modern — *modern*
- praktisch — *practical / handy*
- ruhig — *quiet*
- altmodisch — *old-fashioned*
- chaotisch — *chaotic*
- schmutzig — *dirty*
- (un)bequem — *(un)comfortable*

Urlaubsbeschwerden / Holiday complaints

Das Zimmer war klein und schmutzig. — *The room was small and dirty.*
Es waren lange Haare in der Dusche / im Waschbecken. — *There were long hairs in the shower / in the washbasin.*
Ich war total unzufrieden. — *I was totally dissatisfied.*
Ich werde nie wieder in diesem Hotel übernachten. — *I will never stay in this hotel again.*
Dieses Gasthaus hatte keinen Internetanschluss. — *This guest house had no internet connection.*

Es gab keine Klimaanlage. — *There was no air conditioning.*
Das Frühstück war ein Höhepunkt. — *Breakfast was a highlight.*
Es gab Renovierungsarbeiten. — *There were renovation works.*
Es gab viel Lärm. — *There was a lot of noise.*
Unser Zelt war direkt neben dem Spieleraum / Waschsalon. — *Our tent was right next to the games room / launderette.*
Jede Nacht haben wir den Fernseher / die Discomusik / die Waschmaschinen gehört. — *Every night we heard the TV / disco music / the washing machines.*

Wegbeschreibungen / Directions

Fahr / Fahren Sie … — *Go … [using a vehicle]*
Geh / Gehen Sie … — *Go … [walking]*
- rechts / links / geradeaus — *right / left / straight on*
- weiter bis zum/zur … — *further until …*
- über … — *over …*
Nimm / Nehmen Sie … — *Take …*
- die erste / zweite Straße links — *the first / second road on the left*
Bieg / Biegen Sie an der Ecke rechts ab. — *Turn right at the corner.*
Überquer / Überqueren Sie … — *Cross …*
- die Ampel(n) — *the traffic lights*
- den Platz (Plätze) — *the square*
- die Brücke(n) — *the bridge*
- die Donau — *the Danube*
- die Kreuzung(en) — *crossroads*

das Rathaus(–häuser) — *town hall*
der Rathausplatz(–plätze) — *town hall square*
das Museum (Museen) — *museum*
die Oper(n) — *opera house*

Es ist hundert Meter entfernt. — *It's one hundred metres away.*
Es ist auf der rechten Seite. — *It's on the right.*
Kannst du / Können Sie … — *Can you …*
- mir sagen, wie ich zum / zur … komme? — *tell me how to get to …?*
- mir den Weg zum / zur … zeigen? — *show me the way to …?*
Ich habe mich verlaufen. — *I'm lost.*
Kannst du / Können Sie mir helfen? — *Can you help me?*
Entschuldige / Entschuldigen Sie. — *Excuse me.*
Wo ist der / die / das …? — *Where is the …?*

Die Speisekarte — Menu

die Vorspeise(n)	*starter*
die Hauptspeise(n)	*main course*
die Nachspeise(n)	*dessert*
die Beilage(n)	*side dish*
die Getränkekarte(n)	*drinks menu*
das Tagesgericht(e)	*dish of the day*
Bedienung inbegriffen	*service included*

gefüllt	*filled, stuffed*
gemischt	*mixed*
geröstet	*roast*
hausgemacht	*homemade*
das Bier vom Fass	*draught beer*
der Fruchtsaft	*fruit juice*
der Wein	*wine*

Im Restaurant — In the restaurant

Wir möchten einen Tisch … haben.	*We'd like a table …*
für (vier) Personen	*for (four) people*
mit Aussicht auf die Donau	*with a view of the Danube*
in der Ecke	*in the corner*

hier links	*on the left here*
Könnte ich bitte (die Speisekarte / Getränkekarte) haben?	*Could I have (the menu / drinks menu), please?*
Das Tagesgericht ist …	*The dish of the day is …*

Restaurantbeschwerden — Restaurant complaints

Ich möchte mich beschweren!	*I would like to make a complaint!*
Dieser Löffel ist schmutzig.	*This spoon is dirty.*
Es ist ein Haar in diesem Salat.	*There's a hair in this salad.*
Dieser Tisch …	*This table …*
ist sehr laut	*is very noisy*
hat keine Aussicht	*has no view*

ist in der dunkelsten Ecke	*is in the darkest corner*
Das Bier ist zu warm.	*The beer is too warm.*
Dieser Wurstteller war sehr fettig.	*This sausage platter was very fatty.*
Das war (die schrecklichste Suppe).	*That was (the most terrible soup).*
Ich konnte (das Tagesgericht) nicht essen, weil es … war.	*I couldn't eat (the dish of the day) because it was …*

Souvenirs — Souvenirs

der Kuli(s)	*ballpoint pen*
der Schmuck	*jewellery*
die Brieftasche(n)	*wallet*
das Portemonnaie(s)	*purse*
die Tasse(n)	*mug, cup*
das Bild(er)	*picture*
das Kopfkissen(–)	*pillow, cushion*

das Tischtuch(–tücher)	*table cloth*
der Keks(e)	*biscuit*
bunt	*multi-coloured*
(grün-weiß) gestreift	*(green and white) striped*
preiswert	*inexpensive, good value*
weich	*soft*

Einkaufen — Shopping

der Markt (Märkte)	*market*
der Souvenirladen(–läden)	*souvenir shop*
das Kaufhaus(–häuser)	*department store*
das Einkaufszentrum(–zentren)	*shopping centre*
Ich suche (ein T-Shirt) als Geschenk für (meinen Bruder).	*I'm looking for (a T-shirt) as a present for (my brother).*
Welche Größe hat (er)?	*What size is (he)?*
klein / mittelgroß / groß	*small / medium / large*
Seine Lieblingsfarben sind …	*His favourite colours are …*
altmodisch	*old-fashioned*

beliebt	*popular*
kaputt	*broken*
kurz / lang	*short / long*
preiswert	*inexpensive, good value*
schmutzig	*dirty*
teuer	*expensive*
im Sonderangebot	*on special offer*
… funktioniert nicht	*… doesn't work*
… passt mir nicht	*… doesn't fit me*
… hat ein Loch	*… has a hole*

Ein Problem melden — Reporting a problem

Mir ist schlecht / kalt.	*I feel ill / cold.*
Das Bein tut mir weh.	*My leg hurts.*
Ich habe mir den Arm verletzt.	*I have injured my arm.*
Ich möchte einen Handy-Diebstahl melden.	*I'd like to report a mobile phone theft.*
(Meine Mutter) ist auf dem Bürgersteig gefallen.	*(My mother) fell over on the pavement.*
Ich möchte mich über (die Toiletten) beschweren.	*I'd like to complain about (the toilets).*
Ich suche einen Geldautomaten.	*I'm looking for a cash point.*
Ich habe (meine Schlüssel / meine Brieftasche) verloren.	*I have lost (my keys / my wallet).*

Ich habe meinen Rucksack (im Café) gelassen.	*I left my rucksack (in the café).*
Gibt es hier in der Nähe ein Fundbüro / eine Apotheke?	*Is there a lost-property office / chemist near here?*
Sie müssen / Du musst …	*You must …*
zur Polizeiwache gehen	*go to the police station*
zum Fundbüro gehen	*go to the lost-property office*
ins Krankenhaus gehen	*go to hospital*
das Formular ausfüllen	*fill in the form*
Ich werde es dem Manager sagen.	*I will tell the manager.*
Ich werde einen Krankenwagen rufen.	*I will call an ambulance.*

In der Apotheke — At the chemist's

Ich habe Kopfweh.	*I have a headache.*
Ich leide unter Migräne.	*I suffer from migraines.*
Ich habe Zahnschmerzen.	*I have a toothache.*
Ich habe mir den Arm verletzt.	*I have injured my arm.*
Ich bin müde / erschöpft.	*I am tired / exhausted.*
Ich habe Husten.	*I have a cough.*
Ich habe Halsschmerzen.	*I have a sore throat.*

Sie müssen / könnten …	*You must / could …*
Tabletten / Vitamine / Hustenbonbons nehmen	*take tablets / vitamins / throat sweets*
eine Salbe benutzen	*use an ointment*
beim Zahnarzt anrufen	*call the dentist*
einen Termin ausmachen	*make an appointment*
ins Krankenhaus gehen	*go to hospital*

Startpunkt 1 Beliebte Reiseziele

- *Talking about popular holiday destinations*
- *Using nach, in and an to say where you are going to*

---

1 **Sieh dir die Grafik und die Landkarten an. Wo sind die beliebten Reiseziele? Schreib die Namen der Regionen und der Länder auf.**

Beispiel: **a** Baden-Württemberg

Ziele im Inland

Ziele im Ausland

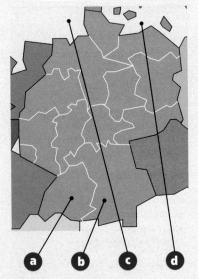

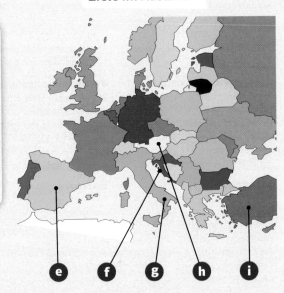

Die beliebtesten Reiseziele
Wohin fahren die Deutschen in Urlaub?

37% ins Inland   63% ins Ausland

Ziele im Inland:		Ziele im Ausland:	
8,1%	Ostsee	14,4%	Spanien
7,1	Bayern	6,9	Italien
6,2	Nordsee	6,7	Türkei
3,0	Baden-Württemberg	4,0	Österreich
		3,0	Kroatien

a b c d

e f g h i

---

2 **Hör zu und überprüfe deine Antworten aus Aufgabe 1. (1–9)**

3 **Partnerarbeit. Diskussion: Reiseziele.**

- ● *Wohin fährst du gern in Urlaub?*
- ■ *Ich fahre sehr gern (nach Italien).*
- ● *Wohin bist du letztes Jahr gefahren?*
- ■ *Ich bin letztes Jahr (in die Schweiz) gefahren. Und du?*

4 **Hör zu und sieh dir die Bilder an. Wohin fahren sie und warum? (1–5)**

a an den Strand

b in die Berge

c an die Küste

d an einen See

e in den Wald

G nach, in *and* an   ❯ Page 222

In German there are several different ways of saying 'to'.

- For countries, federal states, cities and towns, use **nach**:

  *Ich fahre **nach** Deutschland, er fährt **nach** Bayern, wir fahren **nach** Berlin und Sie fahren **nach** Tübingen.*

  Be careful of these common exceptions:

  *Ich fahre **in die** Schweiz, du fährst **in die** Türkei und sie fahren **in die** USA.*

- For lakes, rivers and seas, use **an** plus the accusative form of the definite article:

  *Ich fahre **an den** Bodensee, **an den** Rhein, **an die** Ostsee, **ans** (**an das**) Meer.*

Listen again to exercise 2 and make a note of which preposition you hear with each location.

⭐ As well as for lakes, rivers and seas, *an* is also used to say 'to the beach' or 'to the coast'. Note that in German, to say 'to the mountains' or 'to the woods' you use *in*.

---

5 lesen Lies den Zeitungsbericht. Wie heißt das auf Deutsch?

Die Deutschen im Urlaub

47% der Deutschen haben eine Pauschalreise gebucht, 36% haben ihren Urlaub individuell gebucht und 17% sind losgefahren, ohne vorher zu buchen.

Und womit sind sie gereist?

47% sind mit dem Auto oder dem Wohnmobil gefahren, 37% sind mit dem Flugzeug geflogen, 9% sind mit dem Bus gefahren und 5% mit dem Zug. Nur wenige sind mit der Fähre gefahren.

Wo haben die deutschen Urlauber übernachtet?

50% haben in einem Hotel gewohnt, 22% haben eine Ferienwohnung gemietet, 7% haben in einer Pension übernachtet und 5% haben auf dem Campingplatz gezeltet.

1 a package holiday
2 booked their holiday individually
3 set off
4 without booking in advance
5 travelled by camper van
6 only a few
7 travelled by ferry
8 rented a holiday apartment
9 stayed in a bed and breakfast
10 camped at a campsite

6 lesen Lies den Bericht noch mal. Beantworte die Fragen auf Deutsch.

1 Was haben siebzehn Prozent der deutschen Urlauber gemacht?
2 Was ist das beliebteste Verkehrsmittel?
3 Welches Verkehrsmittel ist nicht beliebt?
4 Wo haben die meisten deutschen Urlauber übernachtet?
5 Wo haben die wenigsten deutschen Urlauber übernachtet?

7 schreiben Füll die Lücken aus. (a–c)

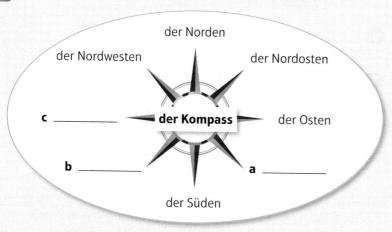

der Norden
der Nordwesten
der Nordosten
c _____ der Kompass der Osten
b _____
a _____
der Süden

> ⭐ The points of the compass are masculine in German. The definite article (*der*) changes to *dem* when it is used with *in* to say where something is located: *in dem (im) Norden*.
>
> If you want to say 'in the middle', it's *in der Mitte*.

8 schreiben Sieh dir die Landkarten in Aufgabe 1 noch mal an. Schreib <u>sechs</u> Sätze auf.

Beispiel: Bayern liegt im Südosten von Deutschland.

9 sprechen Partnerarbeit. Stell und beantworte Fragen.

• Wohin wirst du nächsten Sommer fahren?
• Wo liegt das?
• Wie wirst du dorthin fahren?
• Wo wirst du übernachten?

> ⭐ Remember to use *werden* with an infinitive verb to form the future tense.

Startpunkt 2 Das Wetter

- *Talking about the weather*
- *Using* werden *in the present tense*

Kulturzone

Hitzefrei

In Deutschland ist es im Sommer oft sehr heiß. Wenn es zum Beispiel morgens schon 28 Grad heiß ist, dürfen die Schülerinnen und Schüler nach Hause gehen.

Schneefrei

In manchen Gegenden kann es im Winter bitterkalt sein. Bei starkem Schneefall dürfen die Schülerinnen und Schüler zu Hause bleiben, denn tiefer Schnee kann gefährlich sein.

---

1 hören

Hör zu und lies den Wetterbericht. Was passt zusammen?

Beispiel: **1** c, …

Ich starte in Hamburg, im Norden von Deutschland. Hier ist es sehr stürmisch und es hagelt. Dann mache ich einen Abstecher über Berlin im Osten, wo es ziemlich neblig ist. Später komme ich dann in Hannover an. Dort klärt es etwas auf, es ist sonnig und die Temperaturen steigen, die Durchschnittstemperatur ist 21 Grad. Es bleibt aber wechselhaft.

In Frankfurt ist es leider nicht so schön; der Himmel ist grau, es ist wolkig und etwas kühler. Die Temperaturen liegen zwischen 15 und 18 Grad. Ich fahre weiter Richtung Stuttgart. Dort ist es windig und regnerisch. Es regnet, bis ich in Freiburg bin. Freiburg ist Deutschlands wärmster Ort, oder? Nein, heute nicht! Es ist kalt und frostig und heute schneit es sogar!

Morgen werde ich in die Schweiz weiterfahren. Dort wird es keine Wolken geben, aber es wird am Abend frieren und vielleicht gibt es auch Nebel.

der Abstecher = detour
über = via

Hamburg
Hannover
Berlin
Frankfurt
Stuttgart
Freiburg

1 Hamburg **2** Berlin

3 Hannover **4** Frankfurt

5 Stuttgart **6** Freiburg

  a die Wolken **b** der Hagel

  c der Sturm **d** die Sonne

  e der Schnee **f** der Regen

  g der Wind **h** der Nebel

 i der Frost

---

2 hören

Hör die Wettervorhersage an. Füll die Tabelle auf Deutsch aus. (1–4)

	Wo?	Wetter heute?	Wetter morgen?
1	Hamburg	wolkig, …	

Es ist heiß / kalt / sonnig / trocken / regnerisch / windig / wolkig / neblig / frostig / stürmisch / wechselhaft.

Es friert / hagelt / regnet / schneit.

Es gibt Nebel / Regen(–schauer) / einen Sturm / ein Gewitter.

Die Temperaturen liegen zwischen (15) und (18) Grad.

Die Temperatur ist hoch / niedrig.

---

3 sprechen

Partnerarbeit. Diskussion: Das Wetter.

- *Wie ist das Wetter heute?*
- *Heute ist es trocken, aber ziemlich windig.*
- *Und wie wird das Wetter morgen sein?*
- *Morgen wird es nicht so windig sein, aber es wird vielleicht …*

Es wird windig / neblig sein.

Es wird frieren / regnen / schneien.

Es wird (keinen) Regen / (keine) Wolken geben.

---

4 lesen **Lies die Blogs. Welche Jahreszeit ist das? Antworte auf Englisch. (1–4)**

1
Ich habe im **a** ▨▨▨▨▨ Geburtstag. Das finde ich sehr schön. Der Frühling ist meine Lieblingsjahreszeit. Manche Leute sagen **b** ▨▨▨▨▨, andere Frühjahr. Ich liebe den Frühling, denn die Tage werden länger und das Wetter wird besser. Die Temperaturen werden wärmer und die Sonne scheint öfter.

2
Der Winter ist eine besondere Jahreszeit. Wenn der **c** ▨▨▨▨▨ auf dem Boden liegt, wenn der Himmel blau ist, wenn die Sonne scheint, obwohl es richtig kalt ist, dann bin ich glücklich. Die Nächte werden **d** ▨▨▨▨▨, aber meine Wohnung bleibt warm.

3
Für mich ist der Sommer die schönste Jahreszeit. Mir gefällt es, wenn es heiß und sonnig ist, und wenn wir draußen im Garten essen. Ich mag Schnee, **e** ▨▨▨▨▨, Hagel und kalte Temperaturen gar nicht! Im Sommer werden die Tage länger und **f** ▨▨▨▨▨.

4
Meiner Meinung nach ist der Herbst die beste Jahreszeit. Die Blätter sind **g** ▨▨▨▨▨, rot und orange und die Früchte werden reif. Ich mag den Herbst, weil man die letzten warmen Tage genießen kann, bevor der Winter kommt. Es kann **h** ▨▨▨▨▨ oder neblig sein, aber das mag ich.

5 hören **Hör dir die Blogs an und füll die Lücken aus (Aufgabe 4).**

6 lesen **Wähl einen Absatz aus Aufgabe 4 aus und übersetze ihn ins Englische.**

7 schreiben **Beschreib deine Lieblingsjahreszeit.**

Beispiel: Der Herbst ist meine Lieblingsjahreszeit, weil ... Das Wetter wird ... und die Tage werden ...

8 sprechen **Partnerarbeit. Wähl entweder Foto a oder Foto b aus und beschreib es.**

> **G** **werden in the present tense**
>
> As well as being used with the infinitive of another verb to form the future tense, **werden** can be used in the present tense to mean 'to become':
>
> *Das Wetter **wird** besser.*
> The weather **is becoming** better.
>
> *Die Tage **werden** länger.*
> The days **are becoming** longer.

> ⭐ Make sure you use *werden* in the present tense in your answer.

a

b

- Was machen die Leute auf dem Foto?
- Wie ist das Wetter?
- Welche Jahreszeit ist es, deiner Meinung nach?
- Wie findest du diese Jahreszeit? Warum?

- Was hast du letztes Jahr in dieser Jahreszeit gemacht?
- Was wirst du nächstes Jahr in dieser Jahreszeit machen?

1 **Hör zu. Welcher Urlaub gefällt den Jugendlichen? (1–6)**

2 **Partnerarbeit. Diskussion: Dein Urlaubsstil.**

● *Was für ein Urlaub gefällt dir?*
■ *Ich mache sehr gern Strandurlaub, weil ich gern in der Sonne liege. Ich liebe auch Wassersport!*
● *Was für ein Urlaub gefällt dir nicht?*

Ich mache (nicht) gern	Aktivurlaub / Erlebnisurlaub / Strandurlaub / Winterurlaub / Sightseeingurlaub / Urlaub auf Balkonien	..., weil ich	abenteuerlustig bin. gern draußen bin. gern in der Sonne liege. gern andere Kulturen erlebe. mich für die Natur interessiere. mich entspannen will. mich schnell langweile. nichts tun will.
Ich gehe (nicht) gern	zelten		

3 **Lies die Werbung. Was bedeuten die fett gedruckten Wörter?**

Sportliches Abenteuer in Tirol

Willst du unseren Erlebnisurlaub genießen? Während deines Urlaubs wirst du jeden Tag eine neue, **aufregende** Aktivität oder Sportart **erleben. In unserem Programm bieten wir** eine Raftingtour, eine Canyoningtour, einen Geocachingtrail und **der Höhepunkt** ist der Alpine Coaster, die längste Achterbahn in den Alpen! Du wirst dich nie langweilen!

Auch eine Minigolfanlage steht **zur Verfügung** und **auf unserer Liegewiese** kannst du ein Sonnenbad nehmen. Wegen unserer modernen Grillplätze kannst du sogar **unter dem Sternenhimmel** essen.

* Alter 14–21 Jahre
* **Übernachtung** entweder im Zelt oder in einer Hütte
* Preis: ab €350 (Voll- oder **Halbpension**) für 5 Tage
* ganzjährig geöffnet
* **Im Angebot!** Radverleih (ganzer Tag) €30

4 **Lies die Werbung noch mal. Richtig oder falsch?**

1 Der Urlaub ist für abenteuerlustige Jugendliche.
2 Während des Urlaubs wirst du dich entspannen.
3 Du wirst in den Alpen Ski fahren.
4 Man kann nicht Minigolf spielen.
5 Man kann abends draußen essen.

6 Es gibt unterschiedliche Unterkünfte.
7 Der Urlaub ist nur von Mai bis September verfügbar.
8 Man kann ein Fahrrad mieten.

5 **Hör dir die Werbung an. Mach Notizen auf Englisch.**

a **location**   b **type of holiday**   c **activities**   d **facilities**   e **other details**

6 lesen **Lies die Bewertungen. Wie heißt das auf Deutsch?**

ⓐ *Natururlaub, Lenzkirch, Baden-Württemberg* ★★★★☆

Trotz des schlechten Wetters hatten wir einen tollen Urlaub. Wir haben die Gegend landschaftlich sehr schön gefunden, aber das Wetter im Herbst war sehr wechselhaft und enttäuschend. Wenn wir das nächste Mal kommen, werden wir im Sommer fahren, denn wir würden sehr gern Fahrräder mieten und auch wandern gehen. Die Ferienwohnung war gut eingerichtet und sehr sauber.

ⓑ *Sightseeingurlaub, Zürich* ★★★★★

Die Lage dieser Jugendherberge ist für einen Sightseeingurlaub optimal, denn man kann von hier aus zu Fuß die Sehenswürdigkeiten innerhalb der Stadt besichtigen oder einen Stadtrundgang machen. Man kann auch viele interessante Tagesausflüge machen. Die Jugendherberge ist sehr modern und die Preise sind bezahlbar. Das Personal war superfreundlich. Während der Hauptsaison haben wir es aber schwierig gefunden, ein Bett zu buchen.

ⓒ *Aktivurlaub, Zell am See* ★★★★☆

Wegen der niedrigen Preise haben wir diese altmodische Pension gebucht, statt eines modernen Hotels. Es war eine gute Wahl, weil das Frühstück lecker war und die Betten bequem waren. Der einzige Nachteil ist, die Pension liegt außerhalb der Altstadt. Aber es gibt viele Busse, die direkt in die Stadtmitte fahren. In Zell am See gibt es viel zu tun. Wir sind mit der Seilbahn auf den Berg gefahren und ins Tal zurück gelaufen. Wir werden nächstes Jahr wiederkommen!

> **die Seilbahn** = cable car

1 well-furnished	**5** a walking tour of the town
2 very clean	**6** the prices are affordable
3 the location	**7** the staff
4 visit the sights	**8** a good choice

7 lesen **Lies die Bewertungen noch mal. Schreib auf Englisch eine Liste von den positiven und negativen Seiten von jedem Urlaub auf.**

	positive	negative
a	beautiful landscape, …	

8 hören **Hör zu. Beantworte die folgenden Fragen für jede Person. (1–3)**

a Wohin sind sie in Urlaub gefahren?
b Was für ein Urlaub war es?
c Was gibt es dort zu tun?
d Was war positiv / negativ?
e Würden sie den gleichen Urlaub noch mal machen?

9 schreiben **Beschreib einen Urlaub, den du gemacht hast. Beantworte die Fragen (Aufgabe 8) für dich.**

⭐ Don't forget to include some genitive prepositions.

Ⓖ *Prepositions with the genitive* ❯ Page 222

The following prepositions are used with the genitive case: ***außerhalb*** (outside), ***innerhalb*** (inside), ***statt*** (instead of), ***trotz*** (despite), ***während*** (during), ***wegen*** (because of).

	indefinite article	definite article
masc.	eines*	des*
fem.	einer	der
neut.	eines*	des*
pl.	–	der

* adding **–s** or **–es** to the noun

Look again at the texts in exercise 6. Find and copy out all of the genitive phrases, then translate them into English. Look carefully at the German adjectives; what do you notice about the endings?

1 lesen **Lies die Blogs. Welches Bild passt zu welchem Blog?**

blog**share**

1 Wir sind früher oft nach Frankreich gefahren. Die Reise dorthin war immer furchtbar, weil wir stundenlang im Auto sitzen mussten. Es gab immer einen Stau auf der Autobahn. So langweilig! Meine Brüder und ich haben uns die ganze Zeit gestritten: zwei Eltern, drei Kinder und ein Zelt in einem Auto – wir hatten nicht genug Platz. Aber trotz der schrecklichen Reise haben wir den Urlaub immer genossen. Das Wetter in Frankreich war immer wunderschön. **Leon**

2 Meine Mutter konnte früher in den Schulferien nicht Urlaub nehmen und deshalb sind meine Schwester und ich oft mit dem Zug zu unseren Großeltern in die Schweiz gefahren. Die Fahrt hat immer ewig gedauert und manchmal hatte der Zug auch Verspätung.
Während des Urlaubs haben wir im Wald gespielt und sind in den Bergen wandern gegangen. Das Beste war aber, eine Feuerstelle im Wald zu bauen und dort Würstchen zu grillen! **Nina**

3 Vor drei Jahren hatten wir einen katastrophalen Urlaub. Zuerst ist unser Gepäck nach Istanbul geflogen statt nach Kroatien. Als wir schließlich unser Hotel gefunden hatten, war das Bad dreckig und die Dusche hat nicht funktioniert. Und dann hat es jeden Tag geregnet!
Ich werde trotzdem noch mal nach Kroatien fahren, weil die Landschaft sehr schön war und mir das Essen auch sehr gut geschmeckt hat. **Jan**

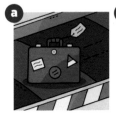 **a**
 **b**
 **c**
 **d**
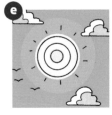 **e**
 **f**

2 lesen **Lies die Blogs noch mal. Wie heißt das auf Deutsch?**

1 for hours
2 traffic jam
3 despite the awful journey
4 lasted an eternity
5 delay
6 to build a campfire
7 catastrophic
8 the landscape

3 hören **Hör dir die Voicemails an. Füll die Tabelle auf Deutsch aus. (1–4)**

	positiv	negativ	Meinung 👎 👍
1	tolle Aktivitäten, ...		

4 sprechen **Partnerarbeit. Stell und beantworte Fragen über Urlaube.**

• Wie war dein letzter Urlaub?
• Was war positiv?
• Was war negativ?

5 lesen   **Lies die E-Mail und beantworte die Fragen auf Deutsch.**

Liebe Sandra,

letztes Wochenende haben wir Florians achtzehnten Geburtstag in der Schweiz gefeiert.

Florians Schwester Felizitas hatte mir die Einladung geschickt und sie hatte alles vorher sehr gut organisiert. Ich bin am Samstagmorgen mit dem Zug in die Schweiz gefahren. Felizitas hatte einen tollen Ort für die Party gewählt – eine Hütte in den Bergen. Die Landschaft war unglaublich schön und wegen der isolierten Lage konnten wir laute Musik spielen und bis spät in der Nacht feiern. Florians Eltern hatten das Essen und die Getränke und auch viele Luftballons gekauft, und sein Cousin hatte die Musik organisiert. Wir haben getanzt, gesungen, gegessen und getrunken. Ein toller Abend! Ich würde auch gern meinen 18. Geburtstag so feiern.

Am Sonntag mussten wir nach Hause fahren und auf dem Weg zum Bahnhof waren wir schnell ins Café gegangen, aber ich hatte meine Brieftasche in der Hütte vergessen! Wir mussten sie holen und dann gab es leider keine Zeit fürs Frühstück. Schade!

Bis bald,
Bruno

1 Was hat Florian letzten Samstag gefeiert?
2 Wer hatte Bruno zur Party eingeladen?
3 Wo hat die Party stattgefunden?
4 Was hatten Florians Mutter und Vater organisiert?
5 Wohin war Bruno am Sonntagmorgen gegangen?
6 Warum konnte Bruno nicht frühstücken?

G *The pluperfect tense*   **❯** *Page 234*

The pluperfect tense (*das Plusquamperfekt*) is used to talk about events which <u>had</u> already happened before the events being described. It is formed with the imperfect tense of *haben* or *sein* and a past participle:

ich hatte du hattest er/sie/es/man hatte wir hatten ihr hattet sie/Sie hatten	die Musik	organisiert
ich war du warst er/sie/es/man war wir waren ihr wart sie/Sie waren	ins Café	gegangen

6 lesen   **Lies die E-Mail (Aufgabe 5) noch mal. Finde die Sätze im Plusquamperfekt und übersetze sie ins Englische.**

Beispiel:
Florians Schwester hatte mir die Einladung geschickt.
Florian's sister had sent me the invitation.

7 schreiben   **Schreib die Sätze im Plusquamperfekt.**

Beispiel: **1** Ich hatte die Musik organisiert.

1 Ich organisiere die Musik.
2 Wir kaufen ein tolles Geschenk.
3 Sie fährt mit dem Zug nach Österreich.
4 Ihr habt die Einladungen geschickt.
5 Er ist zum Einkaufszentrum gegangen.
6 Du wirst nächsten Herbst mit deiner Familie an den Bodensee fahren.

⭐ No matter what the tense, German word order <u>always</u> follows this pattern:

time   manner   place

Ich bin am Samstagmorgen mit dem Zug in die Schweiz gefahren.

8 sprechen   **Erzähl von einer Feier. Nimm eine Voicemail auf MP3 auf. Sieh dir zur Hilfe Aufgabe 5 an.**

(Mein Freund/Meine Freundin) hatte mich zur Party in … eingeladen.
Ich hatte … organisiert.
Meine Freunde hatten … gekauft.
Wir haben (gefeiert / getanzt / gegessen).
Ich war (zum Bahnhof gefahren), aber ich hatte (meine Brieftasche / mein Handy) in … vergessen.

3 Urlaubspläne

• Discussing holiday plans
• Using infinitive constructions with zu

1 lesen **Lies die Reise-Checkliste. Rat mal: Wie heißen diese Urlaubsartikel auf Englisch?**

1 das Visum .... ☐ 5 der Jugendherbergsausweis ..... ☐
2 der Führerschein .... ☐ 6 die Medikamente .... ☐
3 die Buchungsbestätigung ..... ☐ 7 der Personalausweis .... ☐
4 der Reisepass .... ☐ 8 die Reise-Apps .... ☐

> ⭐ Look for words and parts of words you recognise, and separate out compound nouns. Bear in mind the context too; here you are looking at a travel checklist so what sort of items would you expect to find?

2 lesen **Lies den Text und sieh dir Aufgabe 1 noch mal an. Welche vier Urlaubsartikel nehmen die Mädchen mit?**

Ich habe vor, in den Herbstferien mit meiner Schwester einen Strandurlaub in Südspanien zu machen. Ich habe eine Reise-Checkliste geschrieben, um mich an alles zu erinnern. Ich nehme zum Beispiel meinen Personalausweis mit, aber wir brauchen kein Visum, weil Spanien ein EU-Land ist.

Wir planen, in einer Jugendherberge zu übernachten, also müssen wir die Adresse und die Telefonnummer von der Jugendherberge mitnehmen und auch den Jugendherbergsausweis. Wir fahren hin, ohne ein Bett zu buchen, aber das wird bestimmt gut gehen.

Meine Schwester hat vor, ihren Führerschein mitzunehmen, weil wir hoffen, ein Auto zu mieten. Wir haben Lust, ein paar Ausflüge zu machen. Wir laden auch Reise-Apps herunter, denn meine Schwester würde gern Museen und Kunstgalerien besichtigen. Das interessiert mich aber gar nicht. Ich wünsche mir gutes Wetter, denn ich hoffe, am Strand zu liegen und im Meer zu schwimmen. Sonnencreme muss ich unbedingt mitnehmen, weil ich letztes Jahr keine mitgenommen hatte und einen Sonnenbrand bekommen habe.

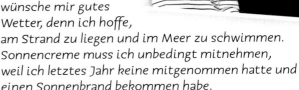

einen Sonnenbrand bekommen = to get sunburnt

G *Infinitive constructions with* **zu**   〉 *Page 232*

The following verbs can be used to express intentions: **planen** (to plan), **hoffen** (to hope), **Lust haben** (to be keen) and **vorhaben** (to intend). They are usually followed by an infinitive construction with **zu**:

Ich **habe vor**, nach Spanien **zu** fliegen.
I intend to fly to Spain.

If the infinitive verb is separable, the **zu** is positioned between the prefix and the verb:

Ich **plane**, Reise-Apps herunter**zu**laden.
I am planning to download travel apps.

The conjunctions **um** (in order to) and **ohne** (without) are also used with **zu** plus an infinitive:

Ich habe eine Reise-Checkliste geschrieben, **um** mich an alles **zu** erinnern.
I have written a checklist in order to remember everything.

Wir fahren hin, **ohne** ein Bett **zu** buchen.
We are travelling there without booking a bed.

---

3 hören **Hör zu und füll die Tabelle auf Deutsch aus. (1–5)**

Lukas   Theo   Rebecca   Tina   Steffi

Name	plant, ...	hofft, ...	hat Lust, ...
Tina	mit ihrem Bruder an die Nordsee zu fahren		

 124 *hundertvierundzwanzig*

4 schreiben **Übersetze den Text ins Deutsche.**

Which verb forms are required here?

I am planning to go to Scotland by train next summer. I hope to stay in a hotel so I must take the booking confirmation with me. I intend to go on trips and I am keen to rent a car. Hopefully the weather will be fine because I would like to see Loch Ness.

Think carefully about word order.

Refer to exercises 1 and 2.

5 lesen **Lies die Forumsbeiträge. Was ist Realität und was ist Traum? Füll die Tabelle auf Englisch aus.**

	reality	dream
1	staycation	

 1 Ich habe vor, diesen Sommer einen Urlaub auf Balkonien zu machen, aber wenn ich mehr Geld hätte, würde ich bestimmt einen Kultururlaub in Asien machen.

 2 Ich habe Lust, etwas sehr Aufregendes zu machen! Wenn ich mehr Zeit hätte, würde ich vielleicht einen Abenteuerurlaub in Südamerika machen. Leider habe ich keine Zeit (und nicht viel Geld) und plane, während der Ferien meine Großeltern zu besuchen.

 3 Meine Freunde hoffen, diesen Sommer nach Griechenland zu fliegen. Wenn ich keine Flugangst hätte, würde ich bestimmt mitfliegen. Griechenland klingt so schön… Weil ich aber doch Angst habe, fahre ich mit meinen Eltern an die Nordsee.

 4 Mein Freund wird nächsten Monat seinen Geburtstag feiern. Ich würde eine große Party auf Mallorca organisieren, wenn ich reich wäre. Wir würden mit vielen Freunden am Strand feiern! Da ich aber kein Geld habe, planen wir, einen billigen Tagesausflug hier in der Nähe zu machen.

6 hören **Hör zu. Richtig oder falsch?**

1 Thomas wird nächsten Sommer in die Türkei fahren.
2 Thomas würde gern nach Amerika fliegen.
3 Thomas' Eltern haben genug Geld, einen Urlaub in China zu machen.
4 Katja würde gern Ski fahren, wenn sie mehr Zeit hätte.
5 Thomas hat keine Lust, Ski zu fahren.
6 Thomas freut sich nicht auf die Winterferien.

7 sprechen **Partnerarbeit. Diskussion: Urlaube.**

● *Was sind deine Urlaubspläne?*
■ *Ich plane, nächsten Sommer (nach Spanien) zu fahren. Ich hoffe, (einen Strandurlaub) zu machen …*
● *Was würdest du machen, wenn du (mehr Geld hättest)?*
■ *Wenn ich (mehr Geld hätte), würde ich …*

G wenn *clauses* ❯ Page 235

Remember, to convey hypothesis (e.g. If I had / were …, I would …) use the subjunctive forms of **haben** or **sein** with the conditional:

*Wenn ich mehr Geld **hätte**, würde ich einen Urlaub in Asien machen.*
If I **had** more money, I would holiday in Asia.

*Ich würde eine große Party organisieren, wenn ich reich **wäre**.*
I would organise a big party if I **were** rich.

Wenn ich mehr Geld / mehr Zeit / keine (Flug-)Angst hätte, würde ich …
Wenn ich reicher / mutiger wäre, würde ich …

nach Australien

auf Safari

zum Mond

in einem Luxushotel

Kulturzone

Sylt ist eine Insel in der Nordsee und ein beliebtes Urlaubsziel. Man kann nicht mit dem Auto hinfahren, aber man kann mit dem Auto auf einen Zug (den Sylt-Shuttle) fahren. Der Zug bringt die Autos vom Festland auf die Insel. Westerland ist ein Badeort und die größte Stadt auf der Insel. Am Strand kann man einen Strandkorb mieten.

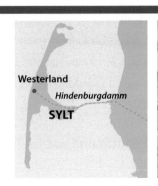

das Festland = mainland
der Badeort = seaside resort

1 hören

Hör Max zu. Was gibt es auf Sylt und was gibt es nicht?

2 hören

Hör noch mal zu. Finde die richtige Antwort.

1 Sylt liegt im Süden / im Norden / in der Nähe von Dänemark.
2 Max wohnt seit sechs / sechzehn / siebzehn Jahren auf Sylt.
3 Es gibt viel / nicht viel / nichts für die Einwohner zu tun.
4 Es gibt keine / eine kleine / eine große Straße vom Festland bis auf die Insel.
5 Im Herbst / In der Nebensaison / In der Hauptsaison gibt es viele Touristen.
6 Max ist glücklich / ist verärgert / langweilt sich, wenn die Touristen Sylt verlassen.
7 Auf Sylt gibt es im Winter / im Sommer / nie Sturm.

3 schreiben

Schreib sechs Sätze über Sylt. Benutze ein und kein. Sieh dir deine Antworten (Aufgabe 1) an.

⭐ Challenge yourself by including adjectives in your work – just make sure they have the correct endings:

masc.	fem.	neut.	pl.
großen	große	großes	große

G es gibt

Use *es gibt* with *ein* or *kein* (+ accusative case) to say what there is or isn't.

Es gibt	einen keinen	Flughafen / Bahnhof.
	eine keine	Autobahn / Schule / Universität.
	ein kein	Fußballstadion / Kino.
	– keine	Fußgängerzonen / Touristen.

- The past tense of **es gibt** is **es gab**:
  Es gab einen Bahnhof.
  There was a train station.
  Es gab keine Autobahn.
  There was no motorway.
- The future tense of **es gibt** is **es wird geben**:
  Es wird ein Fußballstadion geben.
  There will be a football stadium.

4 lesen Lies die Kommentare über Sylt. Wer erwähnt das? (a–j)

1 Mein Freund Lorenz und ich haben letzten Sommer auf Sylt Urlaub gemacht. Wie immer gab es Vor- und Nachteile. Wir haben auf dem Campingplatz weit außerhalb der Stadt übernachtet und das Wetter war ziemlich wechselhaft – es war oft sehr windig. Die Insel ist jedoch unglaublich schön. Es gibt viele interessante Sehenswürdigkeiten, z. B. Museen und Leuchttürme. Es gibt auch ein tolles Freizeitbad mit Hallenbad und Freibad. Alles ist schön und ruhig auf Sylt, weil es fast keine Industrie und nicht viele Autos gibt.
Anna, 18 Jahre alt

2 Mit meinen Eltern bin ich immer wieder nach Sylt gefahren. Es gibt keine Straße zwischen dem Festland und Sylt, aber es gibt einen Zug und wir mussten das Auto auf den Zug laden. Vor hundert Jahren gab es gar keine Brücke. Als ich jünger war, war ein Strandurlaub auf Sylt ein schöner Urlaub für Familien mit Kindern, weil es viel zu tun gab. Ich brauche aber jetzt mehr Aufregung, die Sylt nicht bietet. Es gibt eine Fußgängerzone, wo man montags bis samstags einkaufen kann, aber das interessiert mich gar nicht. **Jan, 15 Jahre alt**

Aufregung = *excitement*

3 Ich habe früher auf Sylt gewohnt, aber wir sind auf das Festland gezogen, als ich acht Jahre alt war. Als Kind hat mir das Leben auf Sylt total gut gefallen. Es gab ein Eiscafé mit leckerem Eis und ich habe die schönen Strände mit den Strandkörben geliebt. In Westerland waren mein Kindergarten und meine Grundschule. Die Vorteile von einem Leben auf Sylt waren die besondere Landschaft, das Meer und das gesunde Klima. Es gab aber auch Nachteile. Es gab im Winter nicht viel zu tun und ich habe mich oft gelangweilt. **Franziska, 23 Jahre alt**

4 Ich plane, nächsten Sommer mit meinem Freundeskreis nach Sylt zu fahren. Wir haben vor, mit dem Flugzeug zu fliegen, denn es gibt einen Flughafen auf der Insel. Vielleicht wird es in Zukunft eine Autobrücke vom Festland bis auf die Insel geben. Ich freue mich besonders auf die Eishalle, wo man gut Schlittschuh laufen kann, und natürlich auf lange Wanderungen. In der Zukunft wird es wahrscheinlich noch mehr Aktivitäten und gute Restaurants für Touristen geben, aber hoffentlich wird es nicht mehr Autos geben als jetzt.
Frank, 17 Jahre alt

a museums	c outdoor pool	e ice rink
b primary school	d pedestrian area	f beach/sea

g lighthouses	i ice-cream café
h road bridge	j indoor pool

5 lesen Lies die Kommentare (Aufgabe 4) noch mal. Füll die Tabelle auf Deutsch aus.

es gibt ...		es gab ...		es wird ... geben	
✔	✗	✔	✗	✔	✗
Museen ...			Brücke ...		

6 hören Hör zu. Wähl die <u>vier</u> richtigen Sätze aus.

1 The town is located in the centre of England.
2 The town does not currently offer any sports facilities.
3 The town has an excellent cinema.
4 There is not much work in the town.
5 In the past the town did not have a train station.
6 In the future there will be more houses in the town.
7 Employment opportunities are not going to improve.
8 In the future there will be more for young people to do.

7 sprechen Mach einen kurzen Videoclip über deinen Wohnort.

• Was gibt es (nicht) in deiner Stadt / deinem Dorf?
• Was gab es früher?
• Was wird es in Zukunft geben, deiner Meinung nach?

8 schreiben Schreib einen Artikel über deinen Wohnort.

Beispiel: Ich wohne seit ... Jahren in ... Es gibt ..., aber es gibt leider kein ... Früher gab es ...

1 lesen **Lies die Ausschnitte. Was bedeuten die fett gedruckten Wörter?**

Ich wohne ein bisschen außerhalb der Stadt **auf einem Bauernhof**. Es ist aber nicht weit **bis zum nächsten Dorf**, wo man Lebensmittel kaufen kann. Dort gibt es eine Bäckerei, eine Metzgerei, eine Apotheke und eine Post. Glücklicherweise haben wir guten Anschluss ans Internet, also kann ich online shoppen. Im Allgemeinen genieße ich das ruhige Leben und die Landschaft ist sehr schön. Ich wohne schon immer hier, **seit meiner Geburt**, also ist das für mich total normal. **Marie**

In dieser Großstadt wohne ich seit eineinhalb Jahren mit meinem Vater und meiner Schwester. Wir haben eine kleine Wohnung direkt in der Stadtmitte. Für mich ist der größte Vorteil, dass **ich überall zu Fuß hinkomme**: in die Fußgängerzone mit den großen Kaufhäusern, aber auch zum Fußballplatz. Es gibt hier in der Nähe sowohl ein Kino als auch tolle Sportanlagen. Es gibt aber auch Nachteile: Es ist oft laut, es gibt **viel Verkehr und Staus**, es wirkt manchmal gefährlich und es liegt viel Müll herum. **Maximilian**

Ich wohne seit dem Frühling **in einem großen Vorort**. Wenn wir ins Stadtzentrum gehen, fahren wir mit der Straßenbahn. Wir haben früher **in einer Kleinstadt** gewohnt. Im Großen und Ganzen hat es mir dort besser gefallen, denn ich hatte viele Leute kennengelernt. Es gab **weder Freibad noch Tennisplatz** und auch keine Fußgängerzone, aber das war mir egal. Ich hoffe, in Zukunft wieder in die Kleinstadt zu ziehen. **Florian**

Ich wohne in einer historischen Stadt, wo es ein Schloss und einen uralten Dom gibt. Es gibt ein **vielseitiges Kulturangebot**, aber ich finde es ziemlich altmodisch und zu ruhig, denn es gibt **in der Umgebung** kein Sportzentrum und keine Diskos. Es gibt **fast nichts für die jungen Leute**. In Zukunft werde ich vielleicht in einer Großstadt leben, wo ich mich nie langweilen werde. Es wird dort bestimmt viele moderne Cafés und Geschäfte geben. Na ja, wenn ich reich wäre, würde ich eine tolle Wohnung in München kaufen! **Lea**

> **eineinhalb Jahre** = one and a half years
> **ziehen** = to move
> **uralt** = ancient

2 lesen **Lies die Ausschnitte (Aufgabe 1) noch mal. Schreib den richtigen Namen.**

Who …
1 dislikes the rubbish and the noise?
2 catches the tram into the town centre?
3 enjoys the peace and quiet?
4 would like to move back to where he/she lived previously?
5 has easy access to good sports facilities?
6 does not always feel safe?
7 has found a solution for the lack of nearby shops?
8 dreams of moving to a place where there is more going on?

> **G** wo *(where)*
>
> Ich wohne in einer Stadt. Man <u>kann</u> Lebensmittel kaufen.
>
> Ich wohne in einer Stadt, **wo** man Lebensmittel kaufen <u>kann</u>.
> I live in a town **where** you can buy groceries.
>
> You always need a comma before **wo** and it sends the verb to the end of the sentence or clause.

3 hören **Hör zu. Mach Notizen für Niklas, Sarah und Dennis. (1–3)**

1 Wo wohnt er/sie?
2 Seit wann?
3 Was sind die Vorteile?
4 Was sind die Nachteile?
5 Wo hat er/sie früher gewohnt?
6 Wo wird er/sie in Zukunft wohnen?

> ⭐ Listen carefully and focus on the details. For example, to identify the tense, listen out for the verbs and also for time expressions like *früher* and *in Zukunft*. Listen carefully for negatives too – the difference between *ein* and *kein* is vital!

4 **lesen** Sieh dir die Poster an. Was passt zusammen?

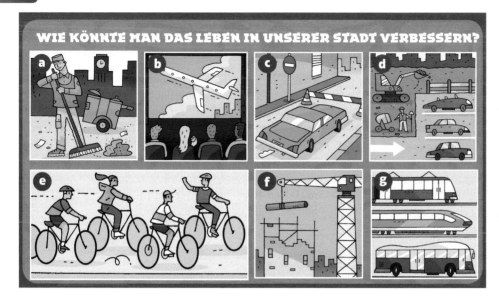

WIE KÖNNTE MAN DAS LEBEN IN UNSERER STADT VERBESSERN?

1 Man sollte vielseitige Aktivitäten für Jugendliche anbieten.
2 Man könnte neue Parkplätze am Stadtrand bauen.
3 Man sollte die öffentlichen Verkehrsmittel verbessern.
4 Man könnte mehr Wohnungen bauen.
5 Wir sollten mehr Fahrradwege haben.
6 Man könnte Autos in der Innenstadt verbieten, um Staus zu reduzieren.
7 Man sollte die Straßen sauber halten.

5 **hören** Hör zu. Beantworte die Fragen für Pellworm und Tübingen auf Englisch. (1–2)

1 What are the advantages of living here?
2 What are the disadvantages of living here?
3 How could life be improved?
4 Which photo is it?

a

b

6 **sprechen** Partnerarbeit. Sieh dir das Foto an. Stell dir vor, du hast gerade diesen Ort besucht. Beschreib den Ort.

- Wie ist der Ort?
- Was sind die Vorteile?
- Was sind die Nachteile?
- Was gibt es dort für junge Leute?
- Wie könnte man das Leben in diesem Ort verbessern?

G **man könnte, sollte, würde …** > *Pages 210, 235*

To talk generally about what **could** or **should** be done, use *könnte* or *sollte* with the pronoun *man* and an infinitive verb at the end of the sentence:

*Man **könnte** Autos in der Innenstadt verbieten.*
We **could** ban cars from the town centre.

*Man **sollte** mehr Wohnungen bauen.*
We **should** build more appartments.

You can use *ich würde* + infinitive to say what you **would** do:

*Ich **würde** einen Jugendclub gründen.*
I **would** set up a youth club.

7 **schreiben** Schreib an den Stadtrat. Beschreib, wie man das Leben in deiner Stadt verbessern sollte.

Sehr geehrte(r) …,

meiner Meinung nach ist der größte Nachteil in meiner Stadt … Man sollte … und man könnte …

⭐ Try to include these useful expressions:

im Großen und Ganzen   on the whole
im Allgemeinen   in general
ein großer Vorteil ist   a big advantage is
der größte Nachteil ist   the biggest disadvantage is

1 **Read this article from a German magazine.**

Umfrage: Was machst du in den Sommerferien?

Jenny (17) – Wentzinger-Gymnasium Sie fährt für drei Wochen nach Spanien in den Urlaub, danach arbeitet sie drei Wochen. Sie ist nicht wirklich glücklich darüber, aber ohne das Geld könnte sie sich nächstes Jahr ihren Führerschein nicht leisten.

Frederick (13) – Hans-Jakob-Realschule Er fährt mit seinen Eltern in die Schweiz zum Urlaub machen. Sonst hat er nicht viel vor, vielleicht etwas mit Freunden unternehmen.

Fabio (16) – Hans-Jakob-Realschule Er fährt eine Woche mit Freunden nach Bayern, viel mehr hat er sich nicht vorgenommen. Abends wird er sich mit Freunden treffen, ein bisschen feiern, an erster Stelle steht natürlich das Entspannen von der Schule!

Semih (17) – Goethe-Gymnasium Er wird sich auf jeden Fall erstmal entspannen. Im Prinzip sollte er auch mal für sein Abi lernen, zuerst geht's aber vier Wochen in die Türkei. Meer, Sonne, Strand, es gibt nichts Besseres …

What information is in the article? Enter Jenny, Fabio, Frederick or Semih in the gaps below.

Example: Fabio plans to party.

⭐ Leave any questions you can't answer until the end, but make sure you come back to them. If you are still unsure, make an educated guess.

a _____ needs to work to save some money.

b _____ thinks hot weather is great.

c _____ needs to recover from the term.

d _____ is going on holiday with relatives.

Answer the following questions in English. You do not need to write in full sentences.

e How does Jenny feel about her holiday job?

f What should Semih really be doing during the holidays instead of relaxing?

2 **Read the extract in which two men are waiting at the station.**

Billard um halb zehn **by Heinrich Böll**

»Komm« sagte Robert, »setzen wir uns, wir haben noch fünfundzwanzig Minuten Zeit.«

Sie hoben ihre Gläser, nickten einander zu und tranken.

»Eine Zigarre, Vater?«

»Nein, danke. Weißt du übrigens, dass sich die Abfahrtszeiten der Züge in fünfzig Jahren kaum geändert haben? [...]«

»Die Stühle, die Tische, die Bilder an der Wand«, sagte Robert, »alles noch wie früher, wenn wir an schönen Sommerabenden zu Fuß von Kisslingen herüberkamen und hier auf den Zug warteten.«

»Ja«, sagte der Vater, »nichts ist verändert. [...]«

Answer the following questions in English. You do not need to write in full sentences.

a How long will the two men have to wait at the station?

b What do they do while they are sitting there?

c To what extent has the station changed over the years?

d How do we know the two men have been there before?

3 lesen **Lies diesen Artikel über die Stadt Marburg an der Lahn.**

Die Universitätsstadt Marburg an der Lahn will den Tourismus stärken und das Kultur-, Natur- und Freizeitangebot der Region verbessern. Vor allem der Kanutourismus könnte wichtiger werden. „Dieses Erlebnis von der Natur am Fluss wollen wir unseren Gästen bieten," sagte Oberbürgermeister Dr. Thomas Spies. Tourismus kann für die Stadt und für die Region wichtig sein – für Arbeit, Firmen und Bildung.

„Wir wissen, dass Kanutouristen auch ein großes Interesse am Besuch von Sehenswürdigkeiten haben," sagte Klaus Hövel (Marburg Stadt und Land Tourismus). Es gibt ein vielfältiges Kultur-, Gastronomie-, Einkaufs- und Freizeiterlebnis. „So bekommen wir bestimmt mehr Tages- und Übernachtungsgäste für Marburg und das Marburger Land."

Beantworte die Fragen auf Deutsch. Vollständige Sätze sind nicht nötig.

a Was ist das Ziel der Stadt Marburg?
b Welche Freizeitaktivität kann man in Marburg machen?
c Wer profitiert vom Tourismus in der Stadt? (ein Detail)
d Was wollen Touristen in der Stadt auch machen?
e Wie lange werden Touristen in Marburg bleiben?

> ⭐ If you come across a long word, it might be a compound noun – work out what it means by breaking it down into its different parts:
>
> *Kanutourismus → Kanu + Tourismus*
>
> These are both cognates. Say them in your head and try to work out what they mean.
>
> What might *Übernachtungsgäste* mean?

4 hören **You hear this telephone message about a birthday outing. What do you hear? Listen to the recording and write down the letters of the other <u>three</u> correct statements.**

Example: A, …

A It's a relative's birthday at the weekend.
B It will be a surprise day out for her birthday.
C Her friends have organised a meal out for her.
D There are lots of English people in Munich.
E It rained on her birthday last year.

F The stepmother hadn't wanted to celebrate this year.
G Most of her friends will be catching the train to Munich.
H Everyone is able to come.

5 hören **Du hörst einen Bericht von einem Reiseexperten im Radio. Wie beschreibt er alles? Trag entweder angenehm, billig, lang oder perfekt ein. Du kannst jedes Wort mehr als einmal verwenden.**

Beispiel: Südfrankreich ist im Juni perfekt .

a Die Temperaturen dort sind _____.
b Die Flüge nach Frankreich sind _____.
c Die Flüge nach Griechenland sind _____.
d Der Reiseexperte findet Fliegen _____.
e In Griechenland sind die Temperaturen _____.

6 hören **Johanna and Herr Klein are discussing their plans for the summer holidays. Listen to the discussion and answer the following questions in English.**

a How do Herr Klein's holiday plans differ from last year?
b Why does Herr Klein find train travel a positive experience?
c How do we know Herr Klein hasn't been abroad before? Give <u>one</u> detail.
d Why will Johanna's bid for independence come to nothing?

A – Role play

1 lesen Look at this role play card and prepare what you are going to say.

Topic: Holidays

You are discussing with an Austrian friend where to go on holiday. The teacher will play the role of your friend and will speak first.

You must address your friend as *du*.

You will talk to the teacher using the five prompts below.

- where you see – **?** – you must ask a question
- where you see – **!** – you must respond to something you have not prepared

Task

Think about how you could state your holiday plans. You could use *Ich habe vor, …*

Du diskutierst mit einem österreichischen Freund/einer österreichischen Freundin, wo ihr Urlaub machen könntet.

1. Urlaubspläne – dieses Jahr
2. Aktivurlaub – Meinung
3. **!**
4. **?** Übernachtung – wo
5. **?** Aktivitäten im Urlaub

Give your opinion and some extra details if you can.

Consider what the unexpected question might be. Make a list of the sorts of questions you could possibly be asked and prepare answers to those questions.

Formulate your question correctly and use the correct register.

Which person of the verb will you use? Remember that you are both going on holiday together. This is also an opportunity to demonstrate your knowledge of the future tense, but you can use the present tense if you prefer.

2 sprechen Practise what you have prepared. Take care with pronunciation and intonation.

3 hören Using your notes, listen and respond to the teacher.

4 hören Now listen to Shaun performing the role play task.

Remember, <u>you</u> can choose what to say. If you really want to go to Croatia, but can't remember how to say it, say you're going somewhere you <u>do</u> know how to say. You are being examined on what you say – your teacher doesn't mind if it's true or not!

B – Picture-based task

Topic: Holidays

Schau dir das Foto an und sei bereit, über Folgendes zu sprechen:

- Beschreibung des Fotos
- Deine Meinung zu Sechzehnjährigen auf Urlaub ohne die Familie
- Ein Urlaub, den du gemacht hast
- Wohin du nächstes Jahr in Urlaub fahren möchtest
- **!**

1 **hören** Look at the picture and read the task. Then listen to Nico's answer to the first bullet point.

1 What does he focus on initially?
2 How does he expand his answer?
3 In which different ways does he give his opinion?
4 Write down three adjectives he uses.

2 **hören** Listen to and read how Nico answers the second bullet point.

1 Fill in the gaps.
2 Which tenses does Nico use?
3 Look at the Answer Booster on page 134. Note down eight examples of what Nico does to produce a well-developed answer.

Ich bin sechzehn Jahre alt und ich **1** _____, diesen Sommer mit einem Freund in Schottland Urlaub zu machen. Ich **2** _____ zum ersten Mal ohne meine Eltern Urlaub machen. Ich **3** _____ sehr darauf, denn ich **4** _____ noch nie in Schottland. Für mich ist es kein Problem, ohne meine Familie in Urlaub **5** _____. Mein Freund und ich haben alles selbst **6** _____ und wir haben die Jugendherberge schon **7** _____. Wenn ich mehr Geld **8** _____, **9** _____ ich in einem Hotel **10** _____, aber ich bin einfach glücklich, ohne Eltern in Urlaub zu fahren! Ich glaube, dass es sehr wichtig **11** _____, mit sechzehn Jahren ein bisschen selbständig **12** _____.

3 **hören** Listen to Nico's answer to the third bullet point and make a note in English of six details that he gives.

4 **hören** Listen to how Nico answers the fourth bullet point and look again at the Answer Booster. Note down examples of how he gives reasons for what he says.

5 **sprechen** Prepare your own answers to the first four bullet points, and try to predict which unexpected question you might be asked. Then take part in the full picture-based discussion with the teacher.

> Pay attention to the agreement of pronouns and adjectives. They will make your work flow better if they are correct.

C – General conversation

1 **hören** Listen to Sarah introducing her chosen topic. True or false?

a Sarah went on an adventure holiday.
b They stayed in the mountains.
c She enjoyed relaxing on the beach.
d She likes being active.
e She will have exams next year.
f She would like to holiday in the mountains next year.

2 **hören** The teacher then asks Sarah: *Was für einen Urlaub findest du besonders toll?* Listen to how she develops her answer. What 'hidden questions' does she also answer?

> Try to think of a range of different vocabulary you can use. If you are confident talking about a *Strandurlaub*, *Skiurlaub* and *Natururlaub*, try to include them in your answer. If not, say something else just as relevant such as *Mir gefällt ein Urlaub, wo …*

3 **hören** Listen to how Sarah answers the next question: *Hast du schon einmal Urlaub ohne deine Eltern gemacht?* Look at the Answer Booster on page 134. Write down six examples of what she does to produce an impressive answer.

4 **sprechen** Prepare your own answers to Chapter 6 questions 1–6 on page 199, then practise with your partner.

Answer Booster	Aiming for a solid level	Aiming higher	Aiming for the top
Verbs	**Different tenses**: past (perfect or imperfect), present, future	**Reflexive verbs**: *sich entspannen* **Extended infinitive clauses**: *Ich habe vor, (…) zu …* *Ich hoffe, (…) zu …*	**Conditional**: *würde + infinitive* **Imperfect subjunctive**: *Wenn ich … hätte, …* **Modal verbs in the imperfect**: *Wir mussten …* **Pluperfect**: *Ich hatte gehofft, …*
Opinions and reasons	*Ich finde / glaube, …* *Für mich …* *weil / denn*	**Add more variety!** *Ich habe (keine) Lust, …* *Mir gefällt …*	**Expressions**: *Das könnten (sechs Freunde) sein.* *Ich freue mich (nicht) darauf.*
Conjunctions	*und, denn, weil, aber, oder*	*Wenn (man sportlich ist), …* *Ich glaube, dass …*	*als, obwohl, um … zu …*
Other features	**Negatives**: *nicht, kein* **Qualifiers**: *ziemlich, bestimmt, besonders, vielleicht, normalerweise* **Adjectives**: *aktiv, anstrengend*	**Declined adjectives**: *keine historischen Gebäude, mit guten Geschäften, meinen letzten Urlaub* **Inverted word order**: *Letztes Jahr bin ich … gefahren.*	**Word order with perfect tense**: *Letztes Jahr bin ich mit einer Jugendgruppe nach Wales gefahren.* **Prepositions with the genitive**: *trotz, wegen, außerhalb* **Relative pronouns**: *die freundlichen Leute, die hier wohnen*

A – Extended writing task

1 *lesen* **Look at the task. For each of the four bullet points, make notes on:**

- which tenses and other structures you need to use
- what extra details you could add to give a well-developed answer.

2 *lesen* **Read Edward's answer on page 135. What do the underlined phrases mean?**

3 *lesen* **Look at the Answer Booster. Note down <u>eight</u> examples of language Edward uses to write an impressive answer.**

4 *lesen* **Look at the essay plan on page 135, based on Edward's essay. Fill in the blanks.**

5 *schreiben* **Now prepare your own answer to the question.**

1 Look at the Answer Booster and Edward's text and essay plan for ideas.
2 Write a detailed plan, based on the bullet points in the question.
3 Write your answer and then check it carefully.

Meine Stadt

Der Bürgermeister hat einen Wettbewerb organisiert. Sie müssen erzählen, was die Vor- und Nachteile von Ihrer Stadt sind.

Schreiben Sie einen Brief an den Bürgermeister und teilen Sie Ihre Ideen mit.

Sie **müssen** diese Punkte einschließen:

- wo und wie lange Sie schon dort wohnen
- eine Beschreibung von Ihrer Stadt jetzt und früher
- was die Vor- und Nachteile von dieser Stadt sind
- ob Sie auch in Zukunft dort wohnen möchten (oder nicht) und warum.

Rechtfertigen Sie Ihre Ideen und Meinungen.

Schreiben Sie ungefähr 130–150 Wörter **auf Deutsch**.

Edward's answer

Ich wohne in einem Dorf etwas <u>außerhalb einer Stadt</u> in der Mitte von England. Ich wohne <u>seit meiner Geburt</u> hier. <u>Ich fühle mich hier sehr wohl</u>, weil ich viele Leute kenne und die Landschaft echt schön ist.

Die Stadt ist weder besonders klein noch besonders groß. Sie hat keine historischen Gebäude, denn <u>ich wohne in einer Industriestadt</u>. Meine Eltern haben entschieden, <u>wegen der Arbeit</u> hier zu wohnen. Früher haben wir in einer sehr großen Stadt gewohnt, und sie war viel schöner als diese hier.

Ich wohne sehr gern hier. Es gibt viele Vorteile, zum Beispiel die freundlichen Leute, die hier wohnen. In der Stadt gibt es eine Fußgängerzone mit guten Geschäften, <u>wenn man gern einkaufen geht</u>. Man kann hier gut Sport treiben, wenn man sportlich ist. <u>Ich kann hier alles machen, was ich will</u>. Aber für mich sind die Nachteile, dass die Stadt nicht sehr schön ist und es nicht viele Parks gibt.

Ich glaube, dass ich später studieren möchte. Dann <u>werde ich irgendwo anders wohnen</u>, denn es gibt hier keine Universität. Ich werde <u>nach dem Studium</u> hier einen Arbeitsplatz suchen. <u>Das würde mir gut gefallen</u>.

Introduction
- Where? **1** ━━━
- How long? **2** ━━━
- Opinion **3** ━━━

Info about the town
- Size? **4** ━━━
- Buildings? **5** ━━━
- Why we live there **6** ━━━

Advantages and disadvantages
- People? **7** ━━━
- Things to do? **8** ━━━
- Negatives? **9** ━━━

Future
- Wishes **10** ━━━
- Education plans **11** ━━━

> ⭐ When you write your answer, look at the expressions and phrases you noted down for exercise 1 and think of some more reasons you could give to make your answer fuller and more interesting.

B – Translation

1 | schreiben

Read the English text and Clara's translation of it.
Fill in the missing verbs.

Last year we had planned to go to Spain but in the end we went to Rome. I am not interested in beach holidays and would prefer to visit famous sights. I think that Rome is a beautiful, historic city, although there were lots of tourists. I would like to go back again one day, but next year I hope to go to Austria.

Letztes Jahr **1** ▢▢▢ wir **2** ▢▢▢ , nach Spanien zu fahren, aber schließlich **3** ▢▢▢ wir nach Rom **4** ▢▢▢ . Ich **5** ▢▢▢ mich nicht für Strandurlaube und **6** ▢▢▢ lieber berühmte Sehenswürdigkeiten besuchen. Ich denke, dass Rom eine schöne, historische Stadt **7** ▢▢▢ , obwohl es dort viele Touristen **8** ▢▢▢ . Ich möchte eines Tages noch mal **9** ▢▢▢ , aber nächstes Jahr hoffe ich, nach Österreich zu **10** ▢▢▢ .

2 | schreiben

Translate the following passage into German.

Last year we flew to Spain, but it was really boring. I am active and would prefer to go on an adventure holiday. I am not very interested in famous sights, although I like visiting cities. I had hoped to go to Switzerland next summer but perhaps I will go to France.

> ⭐ Make sure you don't overlook small words such as 'really', 'very' and 'perhaps', as they make a difference to your translated text.

Wörter

Länder und Orte / Countries and places

Länder und Orte	Countries and places
im Ausland	abroad
Bayern	Bavaria
die Ostsee	the Baltic sea
die Nordsee	the North sea
Spanien	Spain
Italien	Italy
die Türkei	Turkey
Österreich	Austria
Kroatien	Croatia
Frankreich	France
die Schweiz	Switzerland
Großbritannien	Great Britain
Griechenland	Greece
Ich fahre / reise / fliege ...	I go / travel / fly ...
nach Deutschland	to Germany
in die Türkei	to Turkey
an einen See	to a lake
an das (ans) Meer	to the sea
an den Strand	to the beach / seaside
an die Küste	to the coast
auf eine Insel	to an island
in den Wald	to the forest / woods
in die Berge	to the mountains

Himmelsrichtungen / Points of the compass

Himmelsrichtungen	Points of the compass
der Kompass	compass
der Norden	north
der Nordosten	north east
der Osten	east
der Südosten	south east
der Süden	south
der Südwesten	south west
der Westen	west
der Nordwesten	north west
in der Mitte	in the middle

Das Wetter / The weather

Das Wetter	The weather
Es ist ...	It is ...
heiß	hot
kalt	cold
sonnig	sunny
trocken	dry
regnerisch	rainy
windig	windy
wolkig	cloudy
neblig	foggy
frostig	frosty
stürmisch	stormy
wechselhaft	changeable
Es ...	It's ...
friert	freezing
hagelt	hailing
regnet	raining
schneit	snowing
Es gibt ...	There is (are) ...
Nebel	fog
Regen(–schauer)	rain (showers)
einen Sturm	a storm
ein Gewitter	a thunderstorm
Die Temperaturen liegen zwischen (15) und (18) Grad.	Temperatures lie between (15) and (18) degrees.
Die Temperatur ist hoch / niedrig.	The temperature is high / low.
Es wird windig / neblig sein.	It will be windy / foggy.
Es wird frieren / regnen / schneien.	It will freeze / rain / snow.
Es wird ... geben.	There will be ...
(keinen) Regen	(no) rain
(keine) Wolken	(no) clouds

Die Jahreszeiten / The seasons

Die Jahreszeiten	The seasons
der Frühling / das Frühjahr	spring
der Sommer	summer
der Herbst	autumn
der Winter	winter

Urlaubsarten / Types of holidays

Urlaubsarten	Types of holidays
Ich mache (nicht) gern ...	I (don't) like ...
Pauschalurlaub	a package holiday
Aktivurlaub	an active holiday
Erlebnisurlaub	an adventure holiday
Strandurlaub	a beach holiday
Winterurlaub	a winter holiday
Sightseeingurlaub	a sightseeing holiday
Urlaub auf Balkonien	a staycation / a holiday at home
Ich gehe (nicht) gern zelten, weil ich ...	I (don't) like going camping because I ...
abenteuerlustig bin	am adventurous
gern draußen bin	like being outdoors
gern in der Sonne liege	like sunbathing
gern andere Kulturen erlebe	like experiencing other cultures
mich für die Natur interessiere	am interested in nature
mich entspannen will	want to relax
mich schnell langweile	get bored easily
nichts tun will	don't want to do anything

Wie war der Urlaub?

Die Reise …	The journey …
war furchtbar	was awful
hat ewig gedauert	lasted forever
Wir mussten stundenlang im Auto sitzen.	We had to sit in the car for hours.
Es gab einen Stau auf der Autobahn.	There was a traffic jam on the motorway.
Wir haben uns die ganze Zeit gestritten.	We argued / quarrelled the whole time.
Der Zug hatte Verspätung.	The train was delayed.
Das Bad war dreckig.	The bath was dirty.
Die Dusche hat nicht funktioniert.	The shower didn't work.
Die Ferienwohnung war …	The holiday apartment was …
gut eingerichtet	well-furnished
sehr sauber	very clean

Eine Feier organisieren — Organising a party

Mein Freund hatte mich zur Party in … eingeladen.	My friend had invited me to the party in …
Ich hatte … organisiert.	I had organised …
den Urlaub	the holiday
die Feier	the party
das Wochenende	the weekend

Urlaubsartikel — Holiday items

das Visum	visa
die Buchungsbestätigung	booking confirmation
der Reisepass	passport
die Medikamente	medicines

Absichten äußern — Expressing intentions

planen	to plan
hoffen	to hope
Lust haben	to be keen

Wenn … — If …

Wenn ich mehr Geld / mehr Zeit / keine (Flug-)Angst hätte, …	If I had more money / more time / no fear (of flying) …
Wenn ich mutiger / reicher wäre, … würde ich …	If I were braver / richer … I would …

Wo ich wohne — Where I live

Es gibt einen Flughafen / Bahnhof.	There is an airport / a station.
Es gab keine Autobahn / Schule / Universität.	There was no motorway / school / university.
Es wird … geben.	There will be …

Meine Stadt: Vor- und Nachteile — My town: advantages and disadvantages

Ich wohne in einer Stadt / in einem Vorort, wo …	I live in a town / suburb where …
man (Lebensmittel) kaufen kann	you can buy (groceries)
es (eine Bäckerei) gibt	there's a (bakery)
ich überall zu Fuß hinkomme	I can get everywhere on foot
ich mich nie langweile	I never get bored
es oft zu laut ist	it is often too noisy
es zu viel Verkehr / Müll gibt	there is too much traffic / rubbish
Es gibt in der Umgebung …	In the neighbourhood there is …
fast nichts für junge Leute	virtually nothing for young people
ein vielseitiges Kulturangebot	a varied cultural offering
Wir haben früher … gewohnt.	Before, we lived …
in einer Kleinstadt / Großstadt	in a small town / city
außerhalb der Stadt	outside the town

Während des Urlaubs …	During the holiday …
sind wir in den Bergen wandern gegangen	we went walking in the mountains
war das Wetter wunderschön	the weather was beautiful
hat es jeden Tag geregnet	it rained every day
Wir haben den Urlaub genossen.	We enjoyed the holiday.
Die Landschaft war sehr schön.	The scenery was very beautiful.
Das Essen hat mir sehr gut geschmeckt.	I really liked the food.
außerhalb	outside of
innerhalb	inside / within
statt	instead of
trotz	in spite of
während	during
wegen	because of

Meine Freunde hatten … gekauft.	My friends had bought …
das Essen / die Getränke / Luftballons	the food / the drinks / balloons
Wir haben (gefeiert / getanzt / gegessen).	We (celebrated / danced / ate).
Ich war (zum Bahnhof) gefahren.	I had gone (to the station).
Ich hatte (mein Handy) vergessen.	I had forgotten (my mobile phone).

der Führerschein	driving licence
der Jugendherbergsausweis	youth hostel membership card
die Reise-Apps	travel apps
der Personalausweis	identity card

vorhaben	to intend
um … zu	in order to
ohne … zu	without

nach Australien / zum Mond fliegen	fly to Australia / to the moon
auf Safari gehen	go on safari
in einem Luxushotel übernachten	stay in a luxury hotel

ein Fußballstadion / Kino	a football stadium / cinema
Fußgängerzonen / Touristen	pedestrian precincts / tourists
Leuchttürme / Museen	lighthouses / museums
nicht so viele Autos	not so many cars

Es gab weder Freibad noch Tennisplatz.	There was neither an open-air pool nor a tennis court.
Man sollte / könnte …	We should / could …
vielseitige Aktivitäten für Jugendliche anbieten	offer varied activities for young people
neue Parkplätze am Stadtrand bauen	build new car parks on the outskirts of the town
die öffentlichen Verkehrsmittel verbessern	improve public transport
mehr Wohnungen bauen	build more flats
mehr Fahrradwege haben	have more cycle paths
Autos in der Innenstadt verbieten, um Staus zu reduzieren	ban cars from the town centre to reduce traffic jams
die Straßen sauber halten	keep the streets clean

7 Rund um die Arbeit

Startpunkt 1 Arbeiterinnen und Arbeiter

- Describing jobs and places of work
- Using masculine and feminine nouns

1 lesen **Lies und vervollständige die Sätze. Welcher Arbeitsplatz bleibt übrig?**

1 Ich bin Schauspielerin und ich arbeite im …

2 Ich bin Bäcker und ich arbeite in der …

3 Ich bin Klempner und ich arbeite …

4 Ich bin Ärztin und ich arbeite …

5 Ich bin Verkäufer und ich arbeite …

6 Ich bin Metzger und ich arbeite …

7 Ich bin Beamtin und ich arbeite …

> der Keller / Laden
> die Bäckerei / Metzgerei / Schule
> das Büro / Krankenhaus / Theater

> ⭐ Use *in* + the dative case to describe where you do something:
> *in* + *der* → *in dem (im)*
> *in* + *die* → *in der*
> *in* + *das* → *in dem (im)*

2 hören **Hör zu. Welchen Job machen sie? Wo arbeiten sie? (1–10)**

Beispiel: **1** teacher – school

> Ich bin … / Ich arbeite als …
>
> Apotheker(in)   Polizist(in)
> Bäcker(in)   Schauspieler(in)
> Chef(in)   Verkäufer(in)
> Informatiker(in)
> Kellner(in)   Arzt/Ärztin
> Klempner(in)   Koch/Köchin
> Lehrer(in)
> Mechaniker(in)   Steward(ess)
> Metzger(in)
>   Bankangestellter/Bankangestellte
>   Beamter/Beamtin

> ⭐ Don't use the indefinite article to describe the jobs people do:
> *Er ist Mechaniker.*
> He is **a** mechanic.
>
> Use the indefinite article with an adjective to describe the person specifically:
> *Er ist **ein guter** Mechaniker.*
> He is **a good** mechanic.

G *Masculine and feminine nouns* > Page 218

It's not just *der* that changes to *die*. Most feminine jobs also end with *–in*:

masculine	feminine
der Lehrer	die Lehrer**in**
der Bäcker	die Bäcker**in**

There are some exceptions, e.g.:

der Arzt	die **Ä**rzt**in**
der Steward	die Steward**ess**

Adjectival nouns, such as *der Angestellte* (employee), need to have an ending to match the article:

der Angestellte	die Angestellte
ein Angestellter	eine Angestellte

Ich bin Kellner. Ich bin ein *guter* Kellner!

schreiben

3 Übersetze die Sätze ins Deutsche.

Beispiel: **1** Meine Mutter ist Tierärztin.

1 My mother is a vet.
2 My brother is a fireman.
3 Josh is an artist.
4 My aunt is a bank employee.
5 My grandmother was a good dentist.
6 Mr Welter is a gifted poet.

> ⭐ Use a dictionary to look up any jobs you don't know. When you look up a job, you will find the masculine noun listed first, and the feminine ending afterwards:
>
> *Lehrer(in)*　　teacher
> *Tierarzt/–ärztin*　vet

 sprechen

4 Gruppenarbeit. Wie viele Jobs und Arbeitsplätze kannst du in fünf Minuten sammeln?

● *Was macht deine Mutter / dein Onkel als Beruf?*
■ *Er/Sie ist Lehrer(in).*
● *Wo arbeitet er/sie?*
■ *Er/Sie arbeitet in der Schule.*

> der Supermarket / Markt
> die Apotheke / Autowerkstatt / Bank / Küche / Polizeiwache
> das Flugzeug / Labor / Reisebüro / Restaurant

5 **lesen**

Lies die Texte. Wer ist das?

1 Meine Stelle ist gut bezahlt und interessant, weil **sie** auch kreativ ist. Leider ist man bei dieser Arbeit gar nicht aktiv, weil man den ganzen Tag vor dem Bildschirm sitzt.

2 Mein Beruf ist abwechslungsreich, aber man langweilt sich manchmal, wenn man stundenlang auf den Notruf wartet. Man muss fit und stark sein, um diesen Job zu machen, weil **er** sehr anstrengend und gefährlich ist.

3 Ich mache Schichtarbeit und arbeite während des Tages oder der Nacht, und das passt nicht gut zum Familienleben. Ich arbeite entweder in einem Krankenhaus oder in einem Altersheim und ich komme sehr gut mit meinen Kollegen aus.

4 Ich mache meinen Job sehr gern, weil ich dabei kostenlos um die Welt reise! Das Schlechteste daran ist, dass ich eine schreckliche Uniform tragen muss. Das Hemd hasse ich besonders, weil **es** so unbequem ist.

a

Feuerwehrmann/Feuerwehrfrau

b

Pilot(in)

c

Krankenpfleger/Krankenschwester

d

Programmierer(in)

> ⭐ Look at the words for 'it' highlighted in bold: *er*, *sie* and *es*.
>
> *er* for masculine nouns:
> *der Job → er*
>
> *sie* for feminine nouns:
> *die Stelle → sie*
>
> *es* for neuter nouns:
> *das Hemd → es*

 6 **lesen** Lies die Texte noch mal. Finde eine positive und eine negative Meinung zu jedem Job und schreib sie auf Englisch auf.

1 **Hör zu. Was musste man beim Arbeitspraktikum machen? (1–6)**

Beispiel: **1** c

> ⭐ Listen carefully for what each person had to do – not the things they were pleased they <u>didn't</u> have to do!

2 **Partnerarbeit. Diskussion: Was musstest du machen?**

● *Was musstest du beim Arbeitspraktikum machen?*

■ *Ich musste Akten abheften und ich musste auch Telefonanrufe machen. Glücklicherweise musste ich keine Formulare ausfüllen! Und du?*

> **G** **Using conjunctions** ❯ *Page 230*
>
> Conjunctions are used to make sentences longer and to join ideas together: *und, aber, oder, auch.*

> Beim Arbeitspraktikum musste ich …
> Glücklicherweise musste ich keine …
>   Telefonanrufe machen
>   Akten / Dokumente abheften
>   Formulare ausfüllen
>   E-Mails schreiben
>   Gäste bedienen
>   Autos waschen
>   Termine organisieren
> Ich musste auch (keinen) …
>   Tee / Kaffee machen

3 **Hör zu. Wähl zu jeder Kategorie die richtige Antwort aus. (1–3)**

Beispiel: **1** d, …

Job:	Experience from:	When:
a tennis coach	**e** sports centre	**i** last year
b waiter	**f** shopping centre	**j** Saturdays
c office help	**g** school	**k** at Easter
d babysitter	**h** crèche	**l** last summer
Characteristics:	**Pay:**	**Question asked:**
m very friendly and helpful	**q** 8,50 euros an hour	**u** dress code
n funny and especially tidy	**r** 80 euros a day	**v** languages required
o quite confident and tidy	**s** 10 euros a day	**w** responsibilities
p fit and extremely patient	**t** 10 euros an hour	**x** hours

4 **Hör noch mal zu. Schreib die Antwort zur letzten Frage auf Englisch auf. (1–3)**

Beispiel: **1** prepare evening meal, …

1 Was muss ich genau machen?   **2** Was sind die Arbeitsstunden?   **3** Was muss ich tragen?

5 sprechen **Partnerarbeit. Wähl einen Job aus und bewirb dich.**

Stellenangebote

Babysitter(in)	Kellner(in)	Trainer(in)
€9 pro Stunde	€70 pro Tag	€12 pro Stunde
Mo. Do. 15–19 Uhr	Sa. So. 10–17 Uhr	Di. Mi. Fr. 14–16 Uhr

● *Für welchen Job interessieren Sie sich?*
■ *Ich interessiere mich für den Job als …*
● *Haben Sie schon als (Babysitter(in)) gearbeitet?*
■ *Ich arbeite als … / Letztes Jahr/Letzten Sommer habe ich als …
im/in der … gearbeitet.*
● *Was für Charaktereigenschaften haben Sie?*
■ *Ich bin (besonders fit) und (wirklich freundlich).*
● *Sie verdienen (X). Haben Sie eine Frage an mich?*
■ *Was muss ich genau machen? / Was sind die Arbeitsstunden? / Was muss ich tragen?*

 Use *Sie* in a job interview, as it is a formal occasion where you do not know the interviewer.

G *Using intensifiers*

Intensifiers add detail to adjectives and help you to express yourself more fully:

ziemlich, sehr, zu, besonders, wirklich, höchst (highly), *(gar) nicht, ein bisschen*

 6 sprechen **Partnerarbeit. Stell und beantworte Fragen zum Foto.**

• Was machen die Leute?
• Was tragen die Leute?
• Was sind die nötigen Charaktereigenschaften für diese Arbeit, deiner Meinung nach?
• Hast du schon Arbeitserfahrung gesammelt? Was hast du gemacht?
• Was möchtest du in Zukunft als Beruf machen? Warum?

Make sure you use conjunctions and intensifiers!

- *Understanding job descriptions*
- *Recognising sequencers*

1 sprechen

Partnerarbeit. Wie heißen die Berufe auf Englisch?

● *Was bedeutet „Übersetzer"?*

■ *Tja, übersetzen bedeutet „translate" auf Englisch, denke ich. Vielleicht bedeutet Übersetzer „translator". Schauen wir im Wörterbuch nach?*

> ⭐ Dictionaries are a useful resource, but always try to work out the meaning for yourself first.

1 Übersetzer(in)
2 Kraftfahrer(in)
3 Arzt/Ärztin
4 Elektriker(in)

5 Journalist(in)
6 Krankenpfleger/Krankenschwester
7 Kellner(in)
8 Architekt(in)

2 lesen

Lies die Berufsbilder und finde den passenden Jobtitel aus der Liste in Aufgabe 1.

Berufsbilder im Überblick

a Sie entwerfen, planen und organisieren Bauwerke. Sie sind für die technischen und ökologischen Aspekte verantwortlich. Ihr Gehalt ist großzügig, und die Arbeitsbedingungen sind besonders gut. Sie brauchen eine gute Ausbildung.

b Sie haben ausgezeichnete Deutschkenntnisse, die Sie täglich für Ihre Reportagen aus aller Welt brauchen. Sie decken Skandale auf, interviewen die Stars und berichten über viele aktuelle Themen. Ein Hochschulabschluss ist nicht notwendig, aber wenn Sie den absolvieren, verdienen Sie schneller ein höheres Gehalt.

c Sie beschäftigen sich mit Strom und arbeiten auf Baustellen und in privaten Häusern. Sie müssen gute Kommunikationsfähigkeiten haben, weil Sie oft den Kunden alles erklären müssen. Sie verdienen ein Gehalt, das niedrig ist, und es gibt wenige Aufstiegsmöglichkeiten.

d Sie haben hervorragende Sprachkenntnisse und sind in Deutsch und noch einer Sprache fließend. Sie müssen zuverlässig sein, um Ihre Arbeit pünktlich abzuliefern. Sie können entweder freiberuflich von zu Hause aus oder bei einer Firma im Büro arbeiten. Laut einer Umfrage ist dieser Job der beste Job in Deutschland!

> **die Ausbildung** = education
> **absolvieren** = to complete (course), to pass (exam)
> **niedrig** = low

3 lesen

Lies die Berufsbilder in Aufgabe 2 noch mal. Finde das Deutsche. (1–10)

1 excellent knowledge of languages
2 to deliver your work on time
3 you are involved with electricity
4 you are responsible for the technical aspects
5 you can work freelance from home

6 good communication skills
7 a higher salary
8 the work conditions are especially good
9 there are few chances for promotion
10 a degree is not necessary

4 hören

Hör zu. Was ist sein/ihr Traumberuf und warum? (1–8)

Beispiel: **1** translator – excellent language skills (fluent in German and Russian)

> ⭐ Use *Sie* as the register, as you are writing job descriptions for people you do not know.

5 schreiben

Partnerarbeit. Beschreib zwei Berufsbilder mithilfe der Texte in Aufgabe 2. Kennt dein(e) Partner(in) den Jobtitel?

Beispiel: Sie müssen eine gute Ausbildung haben, aber ein Hochschulabschluss ist nicht notwendig. Sie verdienen ein niedriges Gehalt und die Arbeitsbedingungen sind nicht besonders gut.

Sie müssen gute Kommunikationsfähigkeiten haben. Sie arbeiten vielleicht in einem Krankenhaus. (Krankenschwester/-pfleger)

6 hören Tanja, Kamal, Emma und Olaf besprechen ihren Weg ins Berufsleben. Hör zu und mach auf Englisch Notizen zu den Stichpunkten. (1–4)

a firstly **b** then / after that
c finally **d** now **e** future goals

G *Sequencers*

Sequencers help writing and speaking passages flow: *zuerst* (firstly), *danach* (after that), *dann* (then), *anschließend* (finally). Sequencers and other time phrases are also a useful indicator of tenses and time frames.

As with other expressions of time, sequencers are followed by the verb if they start the sentence:

Zuerst *habe ich als Kellnerin gearbeitet und* ***dann*** *habe ich einen Job als Managerin gefunden.*

7 lesen Lies das Interview mit Ben, einem Engländer in der Schweiz. Beantworte die Fragen auf Englisch.

UNTER DER LUPE! DIESEN MONAT:

Ben aus Großbritannien, Informatiker und DJ

Was haben Sie an der Schule gelernt?
Nach der Mittleren Reife habe ich zuerst zwei Jahre lang Deutsch, Physik und Werken in der Oberstufe in England gelernt.

Was haben Sie dann gemacht?
Dann habe ich den Hochschulabschluss an der Uni gemacht. Ich habe Informatik und Wirtschaft mit Französisch studiert. Ich habe zwei Praktikumsjahre gemacht. Das zweite Jahr habe ich in der Pharmaindustrie in der Schweiz verbracht. Danach habe ich bei einer Firma meinen ersten Job als Informatiker bekommen.

Was machen Sie jetzt als Beruf?
Ich arbeite jetzt Teilzeit als Informatiker in der Schweiz. Ich verbringe den Rest der Woche mit der Musik bei meinem Lieblingsjob. Das heißt, ich arbeite nachts als DJ. Während des Tages unterrichte ich auch Leute, die sich für elektronische Musik interessieren.

Was sind Ihre Zukunftsziele?
Ich werde weniger als Informatiker arbeiten, um mehr Zeit mit der Musik zu verbringen. Ich werde ein kreativeres Leben führen.

Was möchten Sie anschließend machen?
Ich würde gern in einer Hütte in den Schweizer Alpen wohnen. Ich würde dort einige Tiere sowie ein Musikstudio haben. Das wäre mein Traumleben!

1 What did Ben learn in the sixth form?
2 What did Ben then study at university?
3 What did Ben spend two years doing as part of his degree?
4 What was Ben's first job? Where was it?
5 What does Ben do now as a job? (two details)
6 What are Ben's goals?
7 What would Ben like to do eventually?

8 sprechen Gruppenarbeit. Du bist Ben. Deine Gruppe stellt dir Fragen. Mach dein Buch zu und beantworte die Fragen.

● *Ben, was haben Sie zuerst gemacht?*
■ *Ich habe zuerst Deutsch, Physik und Werken gelernt.*
▲ *Und was haben Sie dann gemacht?*
■ *Ich …*

 If you don't know *Werken*, type it into an online dictionary to give yourself a good chance of finding out the meaning of this word.

- *Preparing a personal profile for job applications*
- *Developing an understanding of word order with weil*

1 *lesen*

Lies die Profile auf der Jobsuche-Webseite. Was passt zusammen? Wer wird wahrscheinlich keinen Job finden?

1 Ich habe immer ausgezeichnete Noten, weil ich mich sehr gut konzentrieren kann. Ich arbeite jedes Wochenende als Freiwillige im Altersheim und letzten Sommer habe ich bei einer internationalen Schule als Sprachenassistentin gearbeitet. Ich interessiere mich für Skifahren, Kino und die Natur und ich bin Mitglied im Orchester. **Zehra**

2 Ich bin sehr fleißig und ich bin in Mathe begabt. Ich nehme immer an der Mathe-Olympiade teil und letztes Jahr habe ich den ersten Preis gewonnen. In den letzten Ferien habe ich als Touristenführer in meiner Heimatstadt gearbeitet, weil ich später in der Touristik arbeiten möchte. Im Dezember habe ich auch nachmittags einen Textverarbeitungs-Kurs besucht, um meinen Lebenslauf zu verbessern. **Kai**

3 Meine Sprachkenntnisse, die OK sind, helfen mir viel im Urlaub. Beim Strandurlaub spreche ich zum Beispiel immer Spanisch, um mich mit neuen Freunden zu unterhalten. Seit der 7. Klasse spiele ich in einer Rockband mit. Ich chatte viel mit Freunden online, und das ist mein Lieblingshobby. Ich suche eine gut bezahlte Stelle, weil ich mir ein superschnelles Auto kaufen möchte. **Aloisa**

4 Ich bin sehr verantwortungsbewusst und ich habe einen Teilzeitjob als Babysitter, weil ich finanziell so selbstständig wie möglich sein will. Ich habe viel Berufserfahrung gesammelt, weil ich an mehreren Arbeitsplätzen gearbeitet habe. Ich hatte früher in einer Bäckerei gearbeitet, aber in letzter Zeit habe ich als Handballtrainer im Sportverein gearbeitet und ich habe auch oft meinen Eltern im Büro geholfen. **Matthias**

um … zu = *in order to*

2 *lesen*

Lies die Profile noch mal. Wer ist das?

Who …

1 has experience of teaching languages?
2 is looking for a well-paid job?
3 worked as a tour guide?
4 does voluntary work?
5 wants to be financially independent?
6 wants to improve their CV?
7 thinks their language skills are acceptable?
8 has a paid part-time job?

G **weil *with two verbs***

*Ich kann mich gut konzentrieren. → Ich habe gute Noten, **weil** ich mich gut **konzentrieren kann**.*

*Ich möchte in der Touristik arbeiten. → Ich arbeite als Touristenführer, **weil** ich in der Touristik **arbeiten möchte**.*

*Ich habe an mehreren Arbeitsplätzen gearbeitet. → Ich habe viel Berufserfahrung gesammelt, **weil** ich an mehreren Arbeitsplätzen **gearbeitet habe**.*

3 *hören*

Hör dir die Interviews beim Arbeitsamt an. Mach Notizen auf Englisch. (1–3)

a area of interest   c experience
b education   d personality and hobbies

⭐ Listen patiently: sometimes if you don't understand something at first, there may be a following sentence to explain it. E.g., the first speaker mentions *Nachhilfe*, a new word meaning 'tutoring', but then goes on to explain what it is: *ich unterrichte Kinder.*

4 *sprechen*

Partnerarbeit. Beim Arbeitsamt.

- *Was für Interessen haben Sie?*
- ▪ *Ich interessiere mich für …*
- *Haben Sie ein gutes Zeugnis?*
- ▪ *Ich bekomme gute Noten und meine Durchschnittsnote ist … / Meine Noten sind leider nicht so gut, aber …*

- *Haben Sie einen Ferienjob? Haben Sie schon gearbeitet?*
- ▪ *Ich habe einen Teilzeitjob / Ferienjob als … Letzten Sommer habe ich als … gearbeitet.*
- *Was sind Ihre Charaktereigenschaften und Hobbys?*
- ▪ *Ich bin (verantwortungsbewusst / selbstständig / kreativ / musikalisch / geduldig / fleißig / pünktlich).*

5 lesen **Lies die Titel und die Informationen.**
Was passt zusammen?

Lebenslauf

Anschrift: Kupf

Telefonnummer: 0049

E-Mail: adr

1 Name: ....

2 Vorname: ....

3 Geburtsdatum: ....

4 Geburtsort: ....

5 Eltern: ....

6 Schulbildung: ....

7 Schulabschluss: ....

8 Schulleistungen: ....

9 Hochschulabschluss: ....

10 Berufserfahrung: ....

11 Freiwillige Arbeit: ....

12 Freizeitaktivitäten: ....

> ⭐ Don't be daunted by having to identify information in complex reading passages, as you can rely on your strategies and existing knowledge to help:
> • look for cognates, or near-cognates to work out the German
> • relate your knowledge of English to the German words
> • separate out compound nouns into smaller words
> • look for key words and similarities that will help you to link the texts to the headings.

a 1978 Mitarbeiterin im Zentralinstitut für Physikalische Chemie in Berlin; 1991 Bundesministerin für Frauen und Jugend

b 1978 Abschluss als Physikerin

c Horst Kasner: Theologe; Herlind Kasner (geb. Jentzsch): Lehrerin für Englisch und Latein

d Goethe-Schule Templin (1967–69), Erweiterte Oberschule Templin Klasse 8–12 (1969–1973)

e in der Natur sein, Wandern, Langlaufen, klassische Musik, besonders Opern

f Hamburg

g Mitglied der Freien Deutschen Jugend (FDJ); FDJ-Sekretärin in der Schule; nachmittags auf FDJ-Treffen (nicht bezahlt)

h 17. Juli 1954

i Angela Dorothea

j begabt in Russisch, Mathematik and Naturwissenschaften; Gewinnerin Russisch-Olympiade; in der 10. Klasse Lessing-Medaille in Silber für ausgezeichnete Leistungen

k 1973 Abitur (Durchschnittsnote: 1,0)

l Kasner

6 lesen **Lies den Lebenslauf und mach Notizen auf Englisch. Was ist diese Person geworden?**

1 Date of birth
2 Mother's job
3 Award in 10th class
4 Grade achieved in *Abitur*
5 Degree
6 Hobbies (two details)

Diese Frau ist … geworden.

a Theologin **b** Bundeskanzlerin **c** Sekretärin

> **werden** = to become
> **sie ist … geworden** = she became …

7 schreiben **Schreib dein eigenes Profil für die Jobsuche-Webseite (Aufgabe 1).**

• Charaktereigenschaften
• Schulleistungen
• Berufserfahrung
• Hobbys

- *Talking about your dream job*
- *Using a variety of tenses*

1 hören **Hör zu. Was wollten sie als Kind werden? (1–4)**

a b c d

G *The imperfect tense of* **wollen** ❯ *Page 214*

You have already met modal verbs in the past tense:
durfte (was allowed to), *musste* (had to), *konnte* (was able to / could).
Here, *wollte* is similar, meaning 'wanted to' from the modal verb
wollen (to want to):
Ich wollte ... *werden* (I wanted to become ...).

⭐ When listening to German extracts, think about where you might have heard language in different contexts, e.g. *Abitur bestanden* in Chapter 1 and *auf die Nerven gehen* from Chapter 3. Language is constantly recycled, so make sure you are ready to recognise it wherever it appears.

---

2 hören **Hör zu. Robert, Özge, Alexa und Lutz besprechen ihre Kinderträume und die Wirklichkeit. Füll die Tabelle aus. (1–4)**

	dream job	problem	actual job	opinion	future plans
1 Robert	fireman	he was too short			

3 sprechen **Partnerarbeit. Träume und Pläne.**

- ● *Was wolltest du als Kind werden?*
- ▪ *Als Kind wollte ich Tierarzt werden, weil ich mich so für Tiere interessiert habe.*
- ● *Und möchtest du noch Tierarzt werden?*
- ▪ *Nein, ich interessiere mich jetzt gar nicht dafür. Ich würde gern in Zukunft Feuerwehrmann werden, weil ich gern Leuten helfe.*

noch = *still*

Als Kind wollte ich ... werden.
  Feuerwehrmann/-frau / Tierarzt/Tierärztin / Pilot(in) / Klempner(in) /
  Manager(in) / Übersetzer(in) / Beamter/Beamtin / Chef / Clown

Ich möchte / würde gern ... arbeiten.
  als Manager(in) / im Ausland / in (den USA) / freiwillig / in einem
  Elefantenheim / bei der Europäischen Kommission / bei einer
  (internationalen) Firma / beim Zirkus

Ich möchte / würde gern ...
  in einer Hütte in den Alpen wohnen / nach (Thailand) reisen / ein Jahr
  in (Thailand) verbringen / eine Lehre machen / Marketing machen

---

G *Using a variety of tenses*

Present
Das Gehalt ist sehr niedrig.
The salary is very low.

Perfect
*Nach der Schule habe ich eine Lehre
als Klempner gemacht.* After school
I did a plumbing apprenticeship.

Past modals
*Als Kind wolltest du Feuerwehrmann
werden.* As a child you wanted to
become a fireman.

Conditional
Ich würde gern Übersetzer werden.
I would like to become a translator.

4 lesen

Lies den Text. Beantworte die Fragen auf Englisch.

In this extract taken from *Der Bankbeamte* by Hermann Ungar, a clerk describes his daily work routine.

gewesen is the past participle of *sein* (to be). What does *ich bin … gewesen* mean?

This means 'clock' or 'watch' as well as 'o'clock'.

Ich bin von meinem zwanzigsten Lebensjahr an Beamter einer Bank gewesen. Täglich um dreiviertel acht Uhr morgens ging ich in mein Büro. Ich verließ mein Haus Tag für Tag um dieselbe Zeit, niemals um eine Minute früher oder später. Wenn ich aus der Seitengasse, in der ich wohne, hinaustrat, schlug die Uhr vom Turm drei Mal.
Ich habe in der ganzen Zeit, in der ich Beamter war, weder jemals meine Stellung noch meine Wohnung gewechselt …

Just as *halb acht* means 'half an hour **to** eight' (7:30 Uhr), what do you think *dreiviertel acht* means relating to a clockface?

Stellung means the same as *Stelle* – words such as these are very closely related; here they both mean 'position', i.e. 'job'.

1 What institution did the writer work for?
2 How old was he when he started working there?
3 At what time did he go to his office every morning?
4 How do you know he always left punctually for work?
5 How often did the clock strike?
6 What two things did the writer never change?

G *The imperfect tense* **›** *Page 233*

The imperfect tense is often used in story-telling. Regular verbs end in –te: *wohnte* (I used to live / I live**d**). Irregular verbs don't follow a pattern, so you need to try to recognise them: *ging* (used to go / went), *verließ* (used to leave / left), *schlug* (used to strike / struck).

5 hören

Hör zu. Welchen Job erwähnen sie? Ist das Vergangenheit, Gegenwart oder Konditional? (1–7)

Beispiel: **1** f die Vergangenheit

die Vergangenheit (früher)

a Verkäufer(in) (*sales person*)
b Anwalt/Anwältin (*lawyer*)
c Bibliothekar(in)

die Gegenwart (jetzt)

d Freiwillige(r)
e Sozialarbeiter(in)
f Friseur/Friseuse

das Konditional (vielleicht in Zukunft)

g Dolmetscher(in) (*interpreter*)
h Architekt(in)
i Koch/Köchin

6 schreiben

Schreib über deine Träume und Pläne für die Arbeitswelt.

• Was wolltest du als Kind werden? Warum?
• Was für Berufserfahrung hast du gesammelt? Wie war das?
• Was möchtest du in Zukunft als Beruf machen?

- *Discussing reasons for learning German and other languages*
- *Using* um … zu

1 hören **Hör zu. Warum lernen sie Deutsch? (1–4)**

Ich lerne Deutsch, **um** …

a in Zukunft in Deutschland **zu** arbeiten.

b nach Deutschland aus**zu**wandern.

c mit Leuten in ihrer Muttersprache **zu** kommunizieren.

d das Land besser kennen**zu**lernen.

Kulturzone

Es gibt 100 Millionen Menschen mit Deutsch als Muttersprache und noch dazu gibt es rund 60 Millionen Menschen mit Deutsch als zweite Sprache. Wenn man im deutschsprachigen Raum arbeiten, wohnen, studieren oder reisen will, ist es eine gute Idee, die Sprache zu lernen.

noch dazu = additionally, on top of that

G **um … zu** *clauses* ❯ *Page 232*

Ich lerne Deutsch, **um** *in Deutschland* **zu** *arbeiten.*
I am learning German **in order to** work in Germany.

With separable verbs, place *zu* between the prefix and the stem of the verb: *Ich lerne Deutsch,* **um** *das Land besser kennen**zu**lernen.*
I am learning German **in order to** get to know the country better.

2 lesen **Lies die Texte und beantworte die Fragen auf Englisch.**

a

(1) Nächstes Jahr werde ich an die Heidelberger Uni gehen, um ein Erasmus-Semester zu machen. Ich weiß, dass viele Menschen an der Uni Englisch sprechen werden, aber ich interessiere mich für Fremdsprachen und **(2) ich möchte meine Deutschkenntnisse verbessern. (3) In Zukunft möchte ich an der Börse in Frankfurt arbeiten** und deshalb ist mir Deutsch wichtig.

Lewis, Glasgow, Schottland

b

Ich bin Mathematiklehrerin in China und **(4) letztes Jahr habe ich ein Jahr als Austauschlehrerin an einem Stuttgarter Gymnasium verbracht**. Ich habe auf Englisch unterrichtet, aber **(5) ich habe auch die Landessprache ein bisschen gelernt, um die Leute und die Kultur besser kennenzulernen**.

Lin Shi, Hangzhou, China

c

(6) Im Juli fahre ich zu einem Sportwettbewerb nach Österreich und **(7) ich werde bei einer Gastfamilie in den Bergen wohnen**. Die Eltern sprechen weder Spanisch noch Englisch, also **(8) ist es nötig, dass ich jetzt fleißig in den Deutschstunden lerne. (9) Sonst wird es peinlich sein, wenn ich nicht mit der Familie sprechen kann**.

Silvana, Barcelona, Spanien

sonst = otherwise

d

(10) Mein Bruder ist vor drei Jahren nach Deutschland ausgewandert und **(11) er hat sich dort völlig integriert**. Er hat Deutsch an einer Sprachschule gelernt. **(12) Das ist eine Notwendigkeit, um sich um einen guten Job zu bewerben**, sagt er. Hoffentlich darf ich in Zukunft dort bei ihm leben, also lerne ich jetzt online Deutsch.

Kevin, Yaoundée, Kamerun

sich bewerben um = to apply for

1 Why might Lewis not be able to use his German?	**5** What problem will Silvana face in Austria?
2 Why is German important to Lewis?	**6** How will she feel if she can't speak German?
3 Why did Lin spend time in Germany?	**7** How did Kevin's brother learn German?
4 What language did Lin use to teach maths?	**8** What does Kevin hope to do in the future?

3 lesen **Übersetze die fett gedruckten Wörter in Aufgabe 2 ins Englische.**

4 | hören

Welche Sprache lernen sie und warum? Hör zu und mach Notizen auf Englisch. (1–6)

Beispiel: **1** French – compulsory school subject

5 | sprechen

Gruppenarbeit. Klassenumfrage.

- *Entschuldige. Was ist deine Muttersprache?*
- *Meine Muttersprache ist (Französisch).*
- *Welche Fremdsprache lernst du? Warum?*
- *Ich lerne (Deutsch), um … zu … Und du?*
  Was ist deine Muttersprache?

> Im Moment lerne ich (Spanisch), um …
> Ich möchte (Griechisch) lernen, um …
>   mich um einen guten Job zu bewerben
>   (in China / an der Börse) zu arbeiten
>   meine (Deutsch-)Kenntnisse zu verbessern
>   die Leute / Kultur / Landessprache besser
>   kennenzulernen
>   (die Liedertexte / Opern) richtig zu verstehen
>   durch das Land zu reisen
>   mit (der Familie) zu kommunizieren
>   (mich) zu amüsieren
>   nach (Spanien) auszuwandern
> Im Moment lerne ich (Mandarin), weil es Pflichtfach /
>   nötig / mir wichtig ist.

 Word order with um … zu, weil, denn > *Page 230*

Add variety to your speaking and writing by varying your conjunctions and your tenses:

Ich lerne Deutsch, …
um *in Deutschland* **zu arbeiten**.
denn *ich* **will** *in Deutschland arbeiten*.
weil *ich in Deutschland arbeiten* **will**.

- *um … zu* is always used with an infinitive verb, regardless of the tense of the preceding clause.
  Ich habe Deutsch gelernt, **um** *in Deutschland* **zu** *arbeiten.*

- *denn* and *weil* can be followed by the present, past, future or conditional tenses, and you can use <u>trigger words</u> to reinforce the time frame:
  Ich habe Deutsch gelernt, denn ich **werde** <u>später</u> *in Deutschland* **arbeiten**.
  Ich werde Deutsch lernen, weil ich <u>in Zukunft</u> *in Deutschland* **arbeiten möchte**.

6 | hören

Hör zu. Schreib die Sätze auf Deutsch auf. (1–7)

Beispiel: **1** Im Moment lerne ich Englisch, um mich um einen Job bei einer Sprachschule zu bewerben.

7 | lesen

Übersetze den Absatz ins Englische.

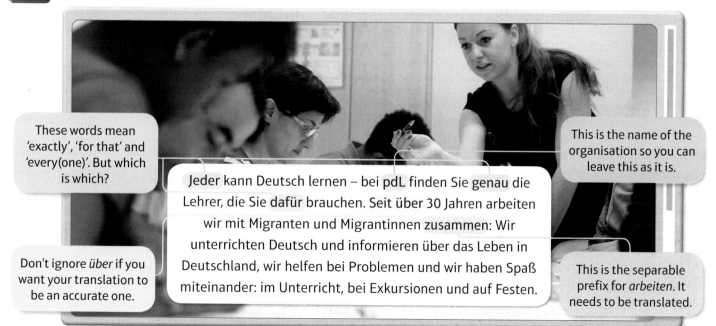

> These words mean 'exactly', 'for that' and 'every(one)'. But which is which?

> This is the name of the organisation so you can leave this as it is.

> Jeder kann Deutsch lernen – bei pdL finden Sie genau die Lehrer, die Sie dafür brauchen. Seit über 30 Jahren arbeiten wir mit Migranten und Migrantinnen zusammen: Wir unterrichten Deutsch und informieren über das Leben in Deutschland, wir helfen bei Problemen und wir haben Spaß miteinander: im Unterricht, bei Exkursionen und auf Festen.

> Don't ignore *über* if you want your translation to be an accurate one.

> This is the separable prefix for *arbeiten*. It needs to be translated.

- *Talking about using German beyond school*
- *Using* etwas *plus an adjective*

1 hören **Hör zu. Wer möchte was machen? (1–6)**

Beispiel: **1** f – etwas Neues

Peter

Sara

Maja

Artur

Aafreen

Daniel

Ich/Er/Sie möchte etwas … machen.
Ich/Er/Sie würde gern etwas … machen.

a ganz Anderes	**d** Interessantes
b Sinnvolles	**e** Praktisches
c Aufregendes	**f** Neues

> **G** **Using** etwas *plus an adjective* ❭ *Page 237*
>
> After *etwas* an adjective becomes a noun, so it begins with a capital letter and adds the ending –*(e)s*.
>
> *Ich möchte* **etwas Aufregendes** *machen.* I would like to do something exciting.

2 lesen **Lies die Texte. Wer meint oder sagt das?**

Beispiel: **1** Sara

Nächsten Sommer würde ich am liebsten eine Bustour durch Amerika machen, denn das wäre supertoll. Danach möchte ich auf die Uni gehen, um Fremdsprachen zu studieren. **Daniel**

Meiner Meinung nach hat man als Lehrling in technischen Berufen bessere Aufstiegschancen als in Bürojobs, also möchte ich mich um eine Lehre als KFZ-Technikerin bei BMW bewerben. **Maja**

Nach dem Schulabschluss würde ich gern nach Österreich fahren, um als Hüttenhilfe in Tirol zu arbeiten. **Artur**

Nach der Uni würde ich gern etwas Interessantes machen, und daher möchte ich mich um ein Dolmetscher-Praktikum bei einer Sportmedienfirma bewerben. **Aafreen**

Im Moment suche ich über soziale Netzwerke einen Job, weil ich gern als ehrenamtliche Mitarbeiterin an einem sozialen Projekt arbeiten würde. Diese Organisationen sind im Internet sehr aktiv, finde ich. **Sara**

der Lehrling = apprentice
die Lehre = apprenticeship

1 I am looking for a job through social networks.
2 I would like to apply for a work experience placement.
3 I would like to travel next summer.
4 I would like to study languages at university.
5 I would like to apply for an apprenticeship.
6 Prospects are better in technical jobs than office jobs.
7 I would like to work as a volunteer.
8 I would like to work in Austria.
9 I would like to do something interesting.
10 I would like to work in a chalet.

3 **hören**

Hör Peter zu und beantworte die Fragen.

1 Was für einen Job hat Peter gemacht?
2 Um welchen Job bewirbt er sich im Moment?
3 Was hat er an der Uni studiert?
4 Was möchte er jetzt machen?

 4 **hören**

Hör zu. Schreib die Tabelle ab und füll sie für Maja, Artur und Aafreen aus. (1–3)

	application	reason	university	extra	travel
1	BMW apprenticeship	do something practical, ...			

 5 **sprechen**

Partnerarbeit. Mach Interviews.

● *Möchtest du (eine Lehre machen / reisen / an der Uni studieren)?*
■ *Ja, ich würde gern (etwas Praktisches) machen.*
Nein, ich würde das nicht gern machen, weil ich lieber (als ehrenamtliche Mitarbeiterin) arbeiten möchte.

> Ich möchte …
> mich um eine Lehre / ein Praktikum als … bewerben.
> in (der Autoindustrie) / bei … arbeiten.
> eine Bustour durch (Amerika) machen.
> (Fremdsprachen) an der Uni studieren.
> Arbeitserfahrung sammeln.
> als Lehrling / ehrenamlicher Mitarbeiter / ehrenamtliche Mitarbeiterin arbeiten.
> etwas (Interessantes) machen.

6 **schreiben**

Übersetze den Text ins Deutsche.

> Remember the construction: *ich möchte* (or *würde gern*) + infinitive at the end.

> Maja spoke of working in the *Autoindustrie*, so how do you think you say 'music industry' in German?

> After A levels, I would like to do something interesting. Most of all, I would like to apply for an apprenticeship in the music industry. I am very good at foreign languages and I speak English fluently. In future I would really like to travel to America, in order to work as a musician.

> Choose between a literal translation (*Meine Sprachkenntnisse sind sehr gut*) and a more liberal option (*Ich habe hervorragende Sprachkenntnisse*). It's always worth looking back through your books to remind yourself of useful phrases.

> The German word here comes from the verb *fließen* (to flow). How might it be changed into an adjective?

> Remember the *um ... zu* construction here.

1 lesen **Read the extract from the play.**

Andorra by Max Frisch

> *Andri sitzt und wird vom Doktor untersucht, der ihm einen*
> *Löffel in den Hals hält, die Mutter daneben.*
>
> […]
>
> DOKTOR: Wie alt bist du?
> ANDRI: Zwanzig.
> DOKTOR: *zündet sich einen Zigarillo an.*
> ANDRI: Ich bin noch nie krank gewesen.
> DOKTOR: Du bist ein strammer Bursch, das seh' ich, ein braver
> Bursch, ein gesunder Bursch, das gefällt mir, mens
> sana in corpore sano*, wenn du weißt, was das heißt.
> ANDRI: Nein.
> DOKTOR: Was ist dein Beruf?
> ANDRI: Ich wollte Tischler werden.
>
> […]
>
> DOKTOR: Tischler ist ein schöner Beruf, ein andorranischer
> Beruf, nirgends in der Welt gibt es so gute Tischler
> wie in Andorra, das ist bekannt.
>
> *(Latin for:) A healthy mind in a healthy body.

der Bursch = boy

Answer the following questions **in English**. You do not need to write in full sentences.

a How old is the patient?
b How often has the patient been unwell in the past?
c Why is the doctor pleased with him?
d What is the doctor's opinion of Andri's chosen profession?

> ⭐ *Tischler* is an unfamiliar word, but you do know part of the word already: *der Tisch* (table). A *Tischler* is somebody who works with tables (i.e. wood).

2 lesen **Lies diesen Artikel über Toms Beruf.**

Seit der Grundschule interessiert sich Tom für Fremdsprachen. Hier erzählt er davon:

Mit einer Fremdsprache hat man die Möglichkeit, neue Leute, andere Kulturen und tolle Länder echt gut kennenzulernen. Und das Beste ist, ich verdiene damit jetzt auch ein gutes Gehalt, weil ich seit zehn Jahren als Dolmetscher beim UN-Sekretariat in Genf arbeite.

Als Dolmetscher muss man ausgezeichnete Fremdsprachenkenntnisse haben, und meine Sprachen sind Italienisch und Französisch. Ich arbeite immer mit einem Kollegen/einer Kollegin zusammen, um regelmäßig Pausen zu machen, denn man darf nicht länger als 30 Minuten ohne Pause dolmetschen. Als Simultandolmetscher (das heißt, ich übersetze das Gespräch oder die Rede zur gleichen Zeit) muss man sich voll konzentrieren. Wenn man ein Wort nicht richtig hört, führt das zu großen Problemen. Zu zweit arbeiten wir oft sechs Stunden pro Tag, aber wenn das Thema sehr technisch oder kompliziert ist, würden wir dann einen zusätzlichen Dolmetscher im Team haben.

Obwohl mein Beruf stressig und schwierig ist, liebe ich ihn, weil er so abwechslungsreich ist und das Beste daran ist, dass ich den ganzen Tag lang immer beschäftigt bin. Fremdsprachen sind mir sehr wichtig, und ich bin froh, dass ich den idealen Beruf für meine Fähigkeiten gefunden habe. Hoffentlich werde ich noch lange hier in Genf arbeiten, weil die Stadt und der Lebensstil mir gefallen.

Beantworte die Fragen auf Deutsch. Vollständige Sätze sind nicht nötig.

a Was ist der größte Vorteil für Tom bei seiner Stelle?
b Warum muss Tom mit jemandem zu zweit arbeiten?
c Was passiert, wenn das Thema besonders spezialisiert ist?
d Was passiert Tom während des Arbeitsalltags nie?
e Was sind Toms Zukunftspläne?

> ⭐ Make sure what you write does answer the question, and is not just a copying exercise. For example, question 2 asks <u>why</u> Tom works in a pair, so your answer needs to include a reason.

3 lesen **Translate this passage into English.**

> Mit Sprachkenntnissen kann man um die Welt reisen und neue Erfahrungen sammeln. Ich habe Fremdsprachen studiert, weil es mein Traum war, im Ausland zu arbeiten. Ich würde meinen Kindern raten, beim Sprachunterricht in der Schule besonders aufzupassen. Seit meiner Kindheit wusste ich, dass Sprachen mir in der Zukunft sehr nützlich sein würden.

4 hören **Du hörst diese Anzeige von Carol aus Schottland auf der Sommerjobs-Webseite. Füll die Lücke in jedem Satz mit einem Wort oder Wörtern aus dem Kasten. Es gibt mehr Wörter als Lücken.**

> alten Menschen   Telefonanruf   fleißig   Sommerurlaub   freiwillig   Gäste
> Kinder   nicht   ~~Sommerjob~~   Tieren   fließend   Vorstellungsgespräch

Beispiel: Carol sucht einen <u>Sommerjob</u> in Deutschland.

a Sie will Deutsch _____ sprechen.

b Sie hat schon _____ bedient.

c Sie wird _____ arbeiten.

d Sie will am liebsten mit _____ arbeiten.

e Sie möchte einen _____ bekommen.

> ⭐ If you can't work out the answer, use your common sense. Carol is in Scotland – she has posted an advert online. What is she probably <u>not</u> expecting to get?

5 hören **You hear an advert on the radio about an exchange programme for young people. Listen to the recording and write down the letters of the other <u>three</u> correct statements.**

Example: A, …

The exchange programme …

A has been running for eight years.
B is for people who love studying.
C is useful when considering future work.
D offers suitable jobs to participants.

E is especially suitable for older learners.
F encourages people to learn away from home.
G offers minimal support from the main office.
H offers support for participants.

6 hören **Lila is being interviewed on German radio about her work. Listen to the interview and answer the following questions in English.**

Part a
1 What is Lila's job in the housing department?
2 When might people come into contact with Lila?
3 How can Lila help to resolve an issue?
4 What does Lila regret about the job?
5 What experience had Lila had which helped her with a client last week?

Part b: The interview continues.
1 Where does Lila get her love of languages from?
2 What is Lila's opinion of her daily work?
3 What does she find negative about her job?
4 Why does her negativity not last long?
5 In what way does she differ from other people?

A – Role play

 1 Look at this role play card and prepare what you are going to say.

> Get yourself into the mode of 'ski school' and 'job interview' – think about the sort of dialogue which could come up.

Topic: Work

You want to work for a Swiss ski school. You are speaking on the telephone with the manager of the ski school. The teacher will play the role of the manager and will speak first.

You must address the manager as *Sie*.

You will talk to the teacher using the five prompts below.

- where you see – **?** – you must ask a question
- where you see – **!** – you must respond to something you have not prepared

> To state your interest in the job you could start by saying *Ich interessiere mich für …*

Task

Sie möchten als Assistent(in) an der Skischule arbeiten.
Sie haben ein Interview am Telefon mit dem Manager/der Managerin.

1. Welchen Job Sie suchen
2. Ideal für den Job – warum
3. !
4. ? Jobbeginn – wann
5. ? Arbeitsstunden

> Give your opinion and try to add a reason to expand your answer.

> What might the unexpected question be? Experience would be likely here. This is a key word to do with work, so make sure you learn your vocabulary as you go through the book.

> Questions require different intonation from statements, so practise before the exam.

 2 Practise what you have prepared. Take care with pronunciation and intonation.

 3 Using your notes, listen and respond to the teacher.

 4 Now listen to Ian performing the role play task.

> Look carefully at the text with this photo – it is not just about working, it is specifically about working <u>abroad</u>.

B – Picture-based task

Topic: Using languages beyond the classroom

Schau dir das Foto an und sei bereit, über Folgendes zu sprechen:

- Beschreibung des Fotos
- Deine Meinung zu Arbeitserfahrung im Ausland
- Was für Arbeitserfahrung du schon gehabt hast
- Wie du deine Fremdsprachenkenntnisse im Beruf nutzen möchtest
- !

1 *hören* **Look at the picture and read the task. Then listen to Amy's answer to the first bullet point.**

1 How does she describe the person?
2 How does she expand her answer?
3 How does she include a tense other than the present?
4 What do you think the word *Bestellungen* means in this context?

2 *hören* **Listen to and read how Amy answers the second bullet point.**

1 Fill in the gaps.
2 Look at the Answer Booster on page 156. Note down <u>eight</u> examples of what Amy does to produce a well-developed answer.

> Tja, **1** [____] würde ich nicht sagen, weil es manchmal Probleme **2** [____] gibt. Man **3** [____] zum Beispiel Heimweh haben oder sich beim Job **4** [____], und dann befindet man **5** [____] weit weg von zu Hause. **6** [____] ist es aber eine gute Idee, im **7** [____] zu arbeiten, denn man kann seine Sprachkenntnisse schnell **8** [____] und das Land und die Leute besser **9** [____].

3 *hören* **Listen to Amy's answer to the third bullet point.**

1 Make a note in English of <u>five</u> details that she gives.
2 Can you work out the meaning of *Telefonanrufe* and *Treffen* from the context and your prior knowledge?

4 *hören* **Listen to how Amy answers the fourth bullet point and look again at the Answer Booster. Note down examples of how she gives reasons for what she says.**

5 *sprechen* **Prepare your own answers to the first four bullet points, and try to predict which unexpected question you might be asked. Then take part in the full picture-based discussion with the teacher.**

> ⭐ Be aware of time passing in your exam! You have 3 to 3.5 minutes for the picture-based task, and you need to answer <u>all</u> the bullet points, plus the unexpected question.

C – General conversation

1 *hören* **Listen to George introducing his chosen topic. In which order does he mention the following?**

a his parents' jobs
b his dream job as a child
c what is important to him
d his plans for the future
e his opinion of his childhood plan
f the right to dream

2 *hören* **The teacher then asks George: *Was wirst du also machen?* Listen to how he develops his answer. What 'hidden questions' does he also answer?**

> ⭐ If you are prompted by a question in the future tense, reply in that same tense.

3 *hören* **Listen to how George answers the next question: *Wie wird die Berufswelt sein, deiner Meinung nach?* Look at the Answer Booster on page 156. Write down <u>six</u> examples of what George does to produce an impressive answer.**

4 *sprechen* **Prepare your own answers to Chapter 7 questions 1–6 on page 199, then practise with your partner.**

Answer Booster	Aiming for a solid level	Aiming higher	Aiming for the top
Verbs	**Different tenses**: past (perfect or imperfect), present, future	*sein* in the imperfect: *war …* **Separable verbs**: *kennenlernen* **Reflexive verbs**: *sich langweilen, sich bewerben*	**Modal verbs in the imperfect**: *Ich musste …* **Conditional**: *Das würde …*
Opinions and reasons	*Meiner Meinung nach …* *gern / lieber / am liebsten* *weil / denn*	**Add more variety!** *Wenn man …* *hoffentlich*	**Expressions**: *Das kann zu (Problemen) führen.* *Das war einmalig.* *Das hat viel Spaß gemacht.*
Conjunctions	*und, denn, weil, aber, oder, also*	*um … zu …*	
Other features	**Negatives**: *nichts, kein(e)* **Qualifiers**: *sehr, ziemlich, lieber*	**Adjectives**: *nützlich, positiv* **Time phrases**: *in der Kindheit, seit (diesem Besuch)*	**Declined adjectives**: *ausgezeichnete Noten, ein lehrreiches Erlebnis*

A – Extended writing task

1 Look at the task. For each of the four bullet points, make notes on:

- which tenses and other structures you need to use
- what extra details you could add to give a well-developed answer.

2 Read Robyn's answer on page 157. What do the underlined phrases mean?

3 Look at the Answer Booster. Note down <u>eight</u> examples of language Robyn uses to write a well-developed answer.

4 Look at this essay plan, based on Robyn's essay. Fill in the blanks.

5 Now prepare your own answer to the question.

  1 Look at the Answer Booster and Robyn's text and essay plan for ideas.

  2 Write a detailed plan, based on the bullet points in the question. Write in paragraphs.

  3 Write your answer and then check it carefully.

Fremdsprachen

Sie nehmen am Wettbewerb „Fremdsprachen im Mittelpunkt" teil.

Schreiben Sie einen offiziellen Brief an den Direktor oder die Direktorin, um ihn/sie über Ihre Ideen und Erfahrungen im Bereich Fremdsprachen zu informieren.

Sie **müssen** diese Punkte einschließen:

- welche Sprachen Sie gelernt haben
- warum Sprachen für junge Leute wichtig sind oder nicht
- die Vorteile vom Sprachenlernen
- wie Sie in Zukunft Ihre Sprachen nutzen werden.

Rechtfertigen Sie Ihre Ideen und Meinungen.
Schreiben Sie ungefähr 130–150 Wörter **auf Deutsch**.

Introduction
- primary school? **1** ⸻
- secondary school? **2** ⸻

Opinion
- languages when young? **3** ⸻

Languages for work
- advantages? **4** ⸻

Languages on holiday
- why important? **5** ⸻
- disadvantages? **6** ⸻

Future plans
- after studying? **7** ⸻
- other plans? **8** ⸻

Robyn's answer

In der Grundschule habe ich Französisch gelernt und das hat viel Spaß gemacht, weil wir oft lustige Lieder gesungen haben.

Letzten Sommer bin ich auf eine Musiktour nach Madrid gefahren, und das war einmalig und ein lehrreiches Erlebnis. Seit diesem Besuch bekomme ich ausgezeichnete Noten in Spanisch!

Als junge Person lernt man alles sehr schnell und ich finde es besser, die Sprachen in der Kindheit zu lernen. Wenn man mit der Zeit eine Sprache fließend spricht, kann man neue Städte und Kulturen richtig kennenlernen.

Meiner Meinung nach ist es sehr nützlich, Fremdsprachen in der Schule zu lernen, weil man in Zukunft eine bessere Stelle bekommen kann. Wenn man auch gute praktische oder technische Fähigkeiten hat, kann man ins Ausland reisen, um sich dort um einen Job zu bewerben.

Wenn man keine Fremdsprachen spricht, versteht man nichts im Urlaub und das kann zu Problemen führen. Durch Fremdsprachenkenntnisse lernt man neue Freunde kennen und das finde ich sehr positiv.

Nach dem Hochschulabschluss hoffe ich, als Beamtin bei der Europäischen Kommission zu arbeiten. Ich möchte zuerst im Ausland leben, also werde ich ein Praktikumsjahr in Argentinien machen, um mein Spanisch zu üben.

B – Translation

 1 schreiben **Read the English text and Esam's translation of it. Can you translate the underlined words?**

As a child Oliver wanted to become a fireman, because he liked helping people. After school, Oliver applied for an apprenticeship instead of going to university. Oliver then worked in a garage, in order to improve his skills. In future he would like to travel to America in order to gain work experience.

Als Kind wollte Oliver Feuerwehrmann werden, **1** _____ er gern Leuten geholfen hat. Nach der Schule **2** _____ sich Oliver um eine Lehre **3** _____, statt an die Uni zu gehen. Oliver hat **4** _____ in einer Autowerkstatt gearbeitet, um seine Fähigkeiten zu **5** _____. In Zukunft **6** _____ nach Amerika reisen, **7** _____ Arbeitserfahrung **8** _____ bekommen.

 2 schreiben **Translate the following text into German.**

At school Gemma didn't want to become a vet, because she was not interested in animals. First of all Gemma went to university, and then she did work experience to improve her language skills. Ideally she would like to travel, in order to use her languages. Next year she will go to Africa to help in an animal home.

⭐ Don't miss out any part of a verb: a reflexive verb needs a pronoun and sometimes also a preposition: *sich für…* *interessieren* (to be interested in).
Check that all nouns have a capital letter!

Wörter

Berufe — Jobs

Berufe	Jobs
der/die Anwalt/Anwältin	lawyer
der/die Apotheker(in)	chemist
der/die Architekt(in)	architect
der/die Arzt/Ärztin	doctor
der/die Bäcker(in)	baker
der/die Bankangestellte	bank clerk
der/die Beamte/Beamtin	civil servant
der/die Bibliothekar(in)	librarian
der/die Chef(in)	boss
der/die Dolmetscher(in)	interpreter
der/die Elektriker(in)	electrician
der/die Feuerwehrmann/-frau	firefighter
der/die Friseur/Friseuse	hairdresser
der/die Informatiker(in)	computer scientist
der/die Journalist(in)	journalist
der/die Kellner(in)	waiter/waitress
der/die Klempner(in)	plumber
der/die Koch/Köchin	cook
der/die Kraftfahrer(in)	lorry driver
der/die Krankenpfleger/ Krankenschwester	nurse
der/die Lehrer(in)	teacher
der/die Manager(in)	manager
der/die Mechaniker(in)	mechanic
der/die Metzger(in)	butcher
der/die Pilot(in)	pilot
der/die Polizist(in)	police officer
der/die Programmierer(in)	computer programmer
der/die Schauspieler(in)	actor/actress
der/die Sozialarbeiter(in)	social worker
der/die Tierarzt/Tierärztin	vet
der/die Verkäufer(in)	sales assistant
der/die Steward(ess)	air steward(ess)
der/die Übersetzer(in)	translator

Arbeitsorte — Places of work

Arbeitsorte	Places of work
der Keller(–)	cellar
der Laden (Läden)	shop
die Apotheke(n)	chemist's
die Autowerkstatt(–stätten)	garage
die Bäckerei(en)	bakery
die Bank (Banken)	bank
die Metzgerei(en)	butcher's
die Polizeiwache(n)	police station
das Büro(s)	office
das Flugzeug(e)	aeroplane
das Geschäft(e)	shop
das Krankenhaus(–häuser)	hospital
das Labor(s)	laboratory
das Reisebüro(s)	travel agency
das Restaurant(s)	restaurant
das Theater(–)	theatre

Ein Praktikum — A work experience

Ein Praktikum	A work experience
Beim Arbeitspraktikum musste ich …	For my work experience I had to …
Glücklicherweise musste ich keine …	Fortunately I didn't have to …
Telefonanrufe machen	make phone calls
Akten / Dokumente abheften	file files / documents
Formulare ausfüllen	fill in forms
E-Mails schreiben	write emails
Gäste bedienen	serve customers
Autos waschen	wash cars
Termine organisieren	organise meetings
Ich musste auch (keinen) …	I also did (not) have to …
Tee / Kaffee machen	make tea / coffee

Berufsbilder — Job descriptions

Berufsbilder	Job descriptions
Sie haben ausgezeichnete …	You have an excellent …
Deutschkenntnisse	knowledge of German
Sprachkenntnisse	knowledge of languages
Sie sind in (Deutsch) fließend.	You are fluent in (German).
Sie müssen hervorragende Kommunikationsfähigkeiten haben.	You need to have excellent communication skills.
Sie sind für die technischen Aspekte verantwortlich.	You are responsible for the technical aspects.
Sie beschäftigen sich mit (Strom).	You deal with (electricity).
Sie …	You …
schreiben Reportagen	write reports
decken Skandale auf	uncover scandals
berichten über viele aktuelle Themen	report on lots of current issues
interviewen (die Stars)	interview (the stars)
Sie müssen …	You must …
zuverlässig sein	be reliable
Ihre Arbeit pünktlich abliefern	deliver your work on time
Sie brauchen eine gute Ausbildung.	You need a good education.
Ein Hochschulabschluss / Arbeitserfahrung ist nicht notwendig.	A degree / Work experience is not necessary.
Wenn Sie einen Hochschulabschluss machen, verdienen Sie schneller ein höheres Gehalt.	If you graduate, you earn a higher salary more quickly.
Ihr Gehalt ist niedrig / großzügig / ausgezeichnet.	Your salary is low / generous / excellent.
Die Arbeitsbedingungen sind besonders gut / schlecht.	The working conditions are particularly good / bad.
Es gibt gute / wenige Aufstiegsmöglichkeiten.	There are good / few opportunities for promotion.
Sie arbeiten …	You work …
auf Baustellen	on building sites
bei einer Firma	for a company
freiberuflich von zu Hause aus	freelance from home
in einem Geschäft	in a shop
in einem Altenheim	in a care home for older people
in einem Krankenhaus	in a hospital
zuerst	first(ly)
danach	after that
dann	then
anschließend	finally

Bewerbungen

Applications

Ich interessiere mich für den Job
  als ..., weil ...
  ich (in Mathe) begabt bin
  ich (in der Touristik) arbeiten
    möchte
  ich verantwortungsbewusst bin
  ich selbstständig sein will
Seit drei Jahren ...
  bin ich Mitglied im Orchester
  bin ich Kapitän der (Handball-)
    Mannschaft
  gehe ich zum Sportverein
  gehe ich zur Musikgruppe
Ich besuche einen (Computer-)Kurs.
Ich habe einen (Textverarbeitungs-)
  Kurs besucht.

I'm interested in the job as ...
  because ...
  I'm good at / gifted in (maths)
  I would like to work in (tourism)

  I'm responsible
  I want to be independent
For three years ...
  I have been a member of an orchestra
  I have been captain of the
    (handball) team
  I have been going to a sports club
  I have been going to a music group
I attend a (computer) course.
I attended a (word-processing) course.

Ich bekomme gute Noten.
Meine Noten sind nicht so gut.
Meine Durchschnittsnote ist ...
Ich habe einen Teilzeitjob als
  (Touristenführer(in)).
Letzten Sommer habe ich als
  (Freiwillige(r)) gearbeitet.
Ich bin ...
  kreativ
  musikalisch
  geduldig
  fleißig
  pünktlich

I get good grades.
My grades are not so good.
My average grade is ...
I have a part-time job as a (tour guide).

Last summer I worked as a (volunteer).

I am ...
  creative
  musical
  patient
  hard-working
  punctual

Mein Lebenslauf

My CV

die Schulbildung
der Schulabschluss
die Schulleistung
die freiwillige Arbeit

school education
school-leaving qualification
school achievement
voluntary work

der Hochschulabschluss
die Berufserfahrung
die Freizeitaktivitäten

degree
professional experience
leisure activities

Traumberufe

Dream jobs

Als Kind wollte ich (Clown /
  Feuerwehrmann) werden.
Ich möchte ... arbeiten.
  als (Manager(in))
  im Ausland
  in (den USA)
  freiwillig
  in einem Elefantenheim

  bei der Europäischen Kommission

As a child, I wanted to be a
  (clown / firefighter).
I would like to work ...
  as a (manager)
  abroad
  in (the USA)
  voluntarily
  in an elephant home / elephant
    sanctuary
  for the European Commission

bei einer (internationalen) Firma
beim Zirkus
Ich würde gern ...
  in einer Hütte in den Alpen
    wohnen
  nach (Thailand) reisen
  ein Jahr in (Thailand) verbringen
  eine Lehre machen
  Marketing machen

for an (international) company
for a circus
I would like ...
  to live in a hut / a cabin in the Alps

  to travel to (Thailand)
  to spend a year in (Thailand)
  to do an apprenticeship
  to do marketing

Sprachen öffnen Türen

Languages open doors

Im Moment lerne ich (Spanisch),
  um ...
  mich um einen guten Job zu
    bewerben
  die Leute / die Kultur /
    die Landessprache besser
    kennenzulernen
  nach (Spanien) auszuwandern
Ich lerne (Deutsch), um ...
  (an der Börse) zu arbeiten
  meine (Deutsch-)Kenntnisse
    zu verbessern

At the moment I'm learning (Spanish)
  in order to ...
  apply for a good job

  get to know the people / the culture /
    the national language better

  emigrate to (Spain)
I'm learning (German) in order to ...
  work (at the stock exchange)
  improve my knowledge (of German)

(die Liedertexte / Opern) richtig
  zu verstehen
Ich möchte (Griechisch) lernen,
  um ...
  durch das Land zu reisen
  mit Leuten in ihrer Muttersprache
    zu kommunizieren
  mich zu amüsieren
Im Moment lerne ich (Mandarin),
  weil es ... ist.
  ein Pflichtfach
  nötig
  mir wichtig

understand (the lyrics / operas)
  properly
I would like to learn (Greek) in order
  to ...
  travel around the country
  communicate with people in their
    native language
  have fun
At the moment I'm learning (Mandarin)
  because it's ...
  a compulsory subject
  necessary, essential
  important to me

Sprachen bei der Arbeit

Languages at work

Ich möchte etwas ... machen.
Er/Sie würde gern etwas ... machen.
  ganz Anderes
  Sinnvolles
  Aufregendes
  Interessantes
  Praktisches
  Neues
Ich möchte ...
  mich um eine Lehre / ein
    Praktikum als ... bewerben

I would like to do something ...
He/She would like to do something ...
  completely different
  meaningful
  exciting
  interesting
  practical
  new
I would like to ...
  apply for an apprenticeship /
    a work-experience placement as ...

in (der Autoindustrie) arbeiten
bei (BMW) arbeiten
eine Bustour durch (Amerika)
  machen
(Fremdsprachen) an der Uni
  studieren
Arbeitserfahrung sammeln
als Lehrling arbeiten
als ehrenamtlicher Mitarbeiter /
  ehrenamtliche Mitarbeiterin
  arbeiten

work in (the car industry)
work for (BMW)
go on a bus tour through (America)

study (foreign languages) at
  university
accumulate work experience
work as an apprentice / trainee
work as a volunteer

8 Eine wunderbare Welt
Startpunkt 1 Festivals und Events

- Describing international festivals and events
- Forming questions

1 Partnerarbeit. Wähl ein Foto (a oder b) aus und beschreib es.

- Welche Personen sind auf dem Foto?
- Was machen die Personen auf dem Foto?
- Was kann man sonst auf dem Foto sehen?
- Deine Meinung: Macht Rockmusik gute Laune?
- Beschreib ein Musikfestival, das du in Zukunft sehen möchtest. Gib Gründe an.

2 Lies die Texte. Welches internationale Festival oder Event ist das? (a–f)

1 Dieses Turnier zwischen Nationalmannschaften findet alle vier Jahre statt. Es gibt ein Turnier für Männer und ein Turnier für Frauen. Normalerweise dauert die Endrunde vier Wochen und es spielen zweiunddreißig Mannschaften. Die deutsche Nationalmannschaft hat viermal gewonnen.

2 Das ist ein berühmtes europäisches Musikfestival, das seit 1956 jährlich stattgefunden hat. Normalerweise kann man nur Sänger und Komponisten aus europäischen Ländern hören, aber 2015 hat Australien zum ersten Mal teilgenommen.

3 Es ist das größte Volksfest auf der ganzen Welt. Jedes Jahr begrüßen die Einwohner von München Millionen Besucher aus aller Welt. Man kann bayerische Spezialitäten probieren und spezielle Biere trinken. Man kann auch tanzen und Volksmusik hören.

4 Zweimal im Jahr, im Februar und im September, kann man hier die neuesten Kollektionen sehen. Im Februar kann man die Kollektionen für den Herbst sehen und im September kann man die Kollektionen für den Frühling sehen. Während der Woche gibt es ungefähr neunzig Modenschauen.

5 Diese Wettkämpfe sind die wichtigsten internationalen Spiele. Sie finden seit 1896 alle vier Jahre im Sommer und im Winter statt. Athleten und Mannschaften aus vielen Ländern spielen und kämpfen gegeneinander, um Gold-, Silber- oder Bronzemedaillen zu gewinnen.

6 Jeden Mai kommen die Stars in diese Kleinstadt im Süden von Frankreich. Eine internationale Jury wählt den besten Film und dieser Film bekommt einen Preis, die „Goldene Palme". Es gibt auch Preise für den besten Schauspieler, die beste Schauspielerin, den besten Regisseur und das beste Drehbuch.

stattfinden = to take place

a die Olympischen Spiele
b das Oktoberfest
c die Internationalen Filmfestspiele von Cannes
d die Pariser Modewoche
e der Eurovision Song Contest
f die Fußballweltmeisterschaft

3 Hör zu. Vier junge Leute sprechen über Festivals und Events. Füll die Tabelle auf Deutsch aus. (1–4)

	Wie heißt das Festival / Event?	Wann hat es stattgefunden?	Wo hat es stattgefunden?	Was hat man gemacht?	Was war seine/ihre Meinung?
1	Rugby-Union-Weltmeisterschaft				

G Asking questions

> Page 228

When asking open questions, question words are used at the beginning of the sentence:

Was *machen die Personen auf dem Foto?*
Wann *warst du beim Musikfestival?*
Wo *hat es stattgefunden?*
Warum *ist Rock deine Lieblingsmusik?*
Wie *fährst du zum Musikfestival?*

The question word **wer** (who) changes depending on whether it is nominative, accusative or dative:

Nominative: **Wer** *ist im Foto?* Who is in the photo?

Accusative: **Wen** *hast du beim Musikfestival gesehen?* Who did you see at the music festival?

Dative: *Mit* **wem** *bist du gegangen?* With whom did you go?

The question word **welch–** (which) follows the same pattern as the definite article (*der, die, das, die*).

	nominative	accusative	dative
masc.	*welch**er***	*welch**en***	*welch**em***
fem.	*welch**e***	*welch**e***	*welch**er***
neut.	*welch**es***	*welch**es***	*welch**em***
pl.	*welch**e***	*welch**e***	*welch**en***

Nominative: **Welche** *Bands spielen?*

Accusative: **Welchen** *Sänger hast du gesehen?*

Dative: *Mit* **welcher** *Freundin bist du gegangen?*

4 **Übersetze die Fragen ins Deutsche.**

1 When do you listen to music?
2 Where do you play football?
3 Which bands have you seen?
4 Why is tennis your favourite sport?
5 How did you travel to the World Cup?
6 Who did you see at the Olympic Games?

> Pay attention to the tense and take care to use the correct tense in German translations.
>
> And don't forget that in German the verb comes second, after the question word.

5 **Partnerarbeit. Diskussion: Ein Musikfestival / ein sportliches Event.**

- Hast du schon ein Musikfestival oder ein sportliches Event besucht? Welches war das?
- Wann hat es stattgefunden?
- Wo hat es stattgefunden?
- Was hast du gemacht?
- Wie war es?

6 **Du warst auf einem Musikfestival oder einem sportlichen Event. Schreib eine E-Mail an einen Freund oder eine Freundin.**

- Use the questions from exercise 5 to help you to structure your writing.
- Remember to use the perfect and imperfect tenses.
- Add opinions, with reasons.
- Extend your sentences using connectives to link ideas.
- For an extra challenge, add in present and future tenses or conditional sentences.

Letzten (Sommer / Mai) Letztes (Jahr / Wochenende)	habe ich bin ich	das (Festival / Event) zum (Festival / Event)	gesehen. gefahren.
Das Festival Das Konzert Das Event Das Turnier	hat	in Deutschland in England in Australien	stattgefunden.
Ich habe	dort	Fußball / Saxofon nette Leute die Sehenswürdigkeiten die Spiele / die Bands	gespielt. kennengelernt. besichtigt. gesehen.
Ich bin		im Meer	geschwommen.
Das Festival Das Konzert Das Event Das Turnier	war fand ich	etwas sehr total ziemlich	langweilig. laut. lustig. spannend.

***ich fand** = I found*

1 lesen **Sieh dir die Berlin-Marathon-Strecke an. Wo liegt das auf dem Plan? Wie heißt das auf Englisch?**

Beispiel: **1** c checkpoint

1 der Streckenposten
2 der Informationskiosk
3 der Führungswagen
4 die Ziellinie
5 das Souvenirgeschäft
6 der Massageraum
7 die Kleiderabgabe
8 die Kinderkrippe

⭐ Use what you know about compound nouns to work out what the component parts of each word mean.

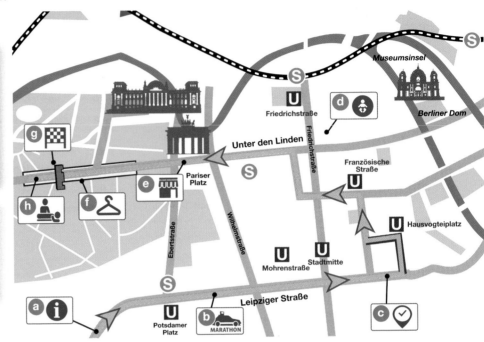

 2 hören **Hör zu und sieh dir den Plan noch mal an. Wo helfen sie beim Berlin-Marathon? (1–8)**

Beispiel: **1** e

 3 lesen **Lies den Text über Volunteering beim Berlin-Marathon. Sind die Sätze richtig oder falsch?**

Mein Lieblingshobby ist Inlineskating und ich würde gern Profiskaterin werden. Ich muss sehr fit bleiben und gehe oft trainieren.

Ich helfe seit vier Jahren beim Berlin-Marathon und **für** mich ist das immer anstrengend, aber toll. Wir Inlineskater müssen die Straßen **entlang** skaten und den Läuferinnen und Läufern helfen. Wir helfen im Startbereich und im Zielbereich. Wir skaten auch **durch** die Stadt und arbeiten an den Streckenposten. **Ohne** uns gibt es keinen Marathon!

Es gibt auch einen Marathon für Inlineskater. Letztes Jahr bin ich **um** das Stadtzentrum geskatet und ich bin **gegen** Teilnehmer aus aller Welt gelaufen. Ich habe mich sehr gut darauf vorbereitet und **wider** alle Erwartungen habe ich gewonnen. Ich war so glücklich!

Anni

1 Anni ist Profiinlineskaterin.
2 Sie hilft seit vier Jahren beim Marathon.
3 Sie hilft gern.
4 Die Arbeit ist für Anni sehr wichtig.
5 Sie hat nie am Marathon teilgenommen.
6 Letztes Jahr hat sie keinen Spaß gehabt.

 4 lesen **Lies den Text noch mal. Übersetze die fett gedruckten Wörter. Was für Wörter sind es?**

Beispiel: für – for

G Prepositions taking the accusative

> Page 222

These prepositions are always followed by the accusative case:

für   entlang   durch   ohne

um   gegen   wider

Here is a reminder of the definite and indefinite articles in the accusative case:

	masc.	fem.	neut.	pl.
def. art.	den	die	das	die
indef. art.	einen	eine	ein	–

*Wir skaten durch **die** Stadt.* We skate through the city.

*Ich bin um **das** Stadtzentrum geskatet.* I skated around the city centre.

If the preposition is followed by a pronoun, this must also be in the accusative case:

mich	me
dich	you (familiar)
ihn	him
sie	her
es	it
uns	us
euch	you (plural, familiar)
Sie	you (polite form)
sie	them

*Für **mich** ist das anstrengend.* For me that is tiring.

*Ohne **uns** gibt es keinen Marathon!* Without us there is no marathon!

5 Beschreib das Foto. Schreib einen kurzen Text.

- Welche Personen sind auf dem Foto?
- Was machen die Personen auf dem Foto?
- Was kann man sonst auf dem Foto sehen?
- Deine Meinung: Macht Sport Spaß?
- Beschreib ein sportliches Event, das du gesehen hast oder wo du geholfen hast.

⭐ How many of the prepositions did you use to answer the questions? Once you have written your answers, highlight the prepositions you used. Did you remember to use the accusative after each preposition?

6 Partnerarbeit. Diskussion: Wie findest du Marathon laufen?

- Würdest du an einem Marathon teilnehmen? Warum (nicht)?
- Wie würdest du dich darauf vorbereiten?
- Würdest du Inlineskating machen? Warum (nicht)?
- Würdest du bei einem sportlichen Event helfen? Bei welchem?
- Wie würdest du am liebsten helfen?

⭐ To say how you would prepare for the marathon use ***sich vorbereiten***:

*Ich würde **mich** gut **vorbereiten** – ich würde zum Beispiel viel trainieren und viel Wasser trinken.*

I would **prepare** (myself) well – for example, I would train a lot and drink lots of water.

1 Partnerarbeit. Sieh dir die Statistik an und erfinde fünf Fragen für deinen Partner/deine Partnerin.

Die besten Nationen bei den Olympischen Winterspielen (bis 2014)

Land	Gold-medaillen	Silber-medaillen	Bronze-medaillen	Alle-medaillen
1 Deutschland	136	135	106	377
2 Russland	136	103	102	341
3 Norwegen	118	111	100	329
4 USA	96	102	83	281
5 Kanada	62	55	53	170

Zur Hilfe:
- Welche Nation hat zweiundsechzig Goldmedaillen gewonnen?
- Welche Nation hat die meisten Bronzemedaillen gewonnen?
- Welche Nation hat mehr Silbermedaillen als Norwegen gewonnen?
- Welche Nation ist die erfolgreichste Nation?

2 Hör zu und lies. Schreib den Text ab und vervollständige den Text.

Im Jahr **1** ▓▓▓▓▓ fanden die 22. Olympischen Winterspiele statt. Sie fanden vom **2** ▓▓▓▓▓ bis **3** ▓▓▓▓▓ Februar in Sotschi, Russland statt. Das war das zweite Mal, dass die Olympischen Spiele in Russland stattgefunden haben. **4** ▓▓▓▓▓ fanden die Olympischen Sommerspiele in Moskau statt. Das Olympiastadion hatte eine Kapazität von **5** ▓▓▓▓▓ Zuschauern. Zirka **6** ▓▓▓▓▓ Sportler aus **7** ▓▓▓▓▓ Ländern haben an den Olympischen Winterspielen in Sotschi teilgenommen. Man konnte fast **8** ▓▓▓▓▓ Medaillen gewinnen und die Russen haben insgesamt **9** ▓▓▓▓▓ Medaillen gewonnen.

300	7.	2014
40.000	23.	88
2.800	33	1980

fanden ... statt (stattfinden) = ... took place (to take place)

3 Partnerarbeit. Wähl einen Text (a oder b) aus und lies ihn vor. Dein(e) Partner(in) macht das Buch zu und schreibt die Zahlen auf.

a
1976 fanden die 12. Olympischen Winterspiele in Innsbruck (Österreich) statt. Das war das zweite Mal, dass die Olympischen Winterspiele in Innsbruck stattgefunden haben. Sie fanden vom 4. bis 15. Februar statt. Ungefähr 1.200 Sportler aus 37 Ländern haben an diesen Olympischen Winterspielen teilgenommen. Es gab Wettbewerbe in 6 Sportarten.

b
1928 fanden die 2. Olympischen Winterspiele in St. Moritz in der Schweiz statt. Sie fanden vom 11. bis 19. Februar statt. 464 Sportler aus 25 Ländern haben an diesen Olympischen Winterspielen teilgenommen. Es gab Wettbewerbe in 4 Sportarten. 20 Jahre später fanden die Winterspiele wieder in St. Moritz statt.

G Large numbers and dates

Remember that numbers in the 20s, 30s, 40s, 50s, 60s, 70s, 80s and 90s are always said smaller number first and larger number second.
33 dreiund**dreißig** (three and thirty)
88 achtund**achtzig** (eight and eighty)

Numbers in the hundreds and thousands work in a similar way to English but you can leave out 'one' when you say 'one hundred' or 'one thousand':
124 *hundertvierundzwanzig* (hundred twenty-four)
1.300 *tausend**drei**hundert* (thousand three hundred)
40.000 *vierzigtausend*

Years starting with 19– are always said in hundreds, and years starting with 20– are usually said in thousands:
1980 *neunzehnhundertachtzig* (nineteen hundred eighty)
2016 *zweitausendsechzehn* (two thousand sixteen)

Ordinal numbers add –**ten** for dates to the number up to 20, and –**sten** from 20 onwards.
7. *sieb**ten*** (seventh)
23. *dreiundzwanzig**sten*** (twenty-third)

4 Übersetze entweder Text **a** oder Text **b** ins Englische.

5 lesen Lies die Texte. Wie heißt das auf Deutsch?

a

Viele Leute sagen, dass die Olympischen Spiele viel Geld in die **Gastgeberstadt** bringen. Ein positiver Aspekt der Olympischen Spiele im Jahr 2012 war, dass viele Touristen nach London gekommen sind. Diese Touristen haben Souvenirs gekauft, haben in Restaurants und Cafés gegessen und getrunken und haben in Hotels übernachtet.
Klara

c

Die Spiele in Vancouver waren ein unvergessliches Erlebnis für Sportler und Zuschauer und waren ein super Event für die Einwohner der Stadt. Meiner Meinung nach sind die Olympischen Spiele sehr wichtig, weil man Leute **aus aller Welt** treffen kann. Sie bringen Kulturen und **Sprachen** zusammen.
Zoe

b

2004 gab es in Athen überall **Baustellen** und es war sehr schmutzig. Es gab viele Nachteile: erstens konnte man nicht einfach zur Schule oder zur Arbeit kommen, weil es viel mehr **Staus** gab. Zweitens gab es wegen der LKWs und Autos auch mehr **Luftverschmutzung** und **Lärmbelastung**.
Martin

d

Ich finde, das größte Problem ist der **Zeitdruck**. Es gibt oft nicht genug Zeit, die neuen Stadien zu bauen und die neue Infrastruktur aufzubauen. Deswegen sind die Baustellen manchmal unsicher und es gibt **Unfälle**. Manche Arbeiter, die oft Migranten sind, sterben bei der Arbeit.
Leo

1 building sites	4 noise pollution	7 time pressure
2 host city	5 languages	8 traffic jams
3 accidents	6 air pollution	9 from all over the world

manche = some

6 lesen Lies die Texte noch mal. Wer ist für und wer ist gegen die Olympischen Spiele? Warum? Füll die Tabelle auf Deutsch aus.

	dafür oder dagegen?	warum?
Klara	dafür	Touristen, …
Martin		
Zoe		
Leo		
Sara		

7 hören Hör zu und füll die Tabelle (Aufgabe 6) für Sara aus.

8 sprechen Gruppenarbeit. Diskussion: Olympische Spiele – dafür oder dagegen?

● *Meiner Meinung nach sind die Olympischen Spiele nicht gut, weil es mehr Luftverschmutzung gibt.*

■ *Du hast gesagt, dass die Olympischen Spiele nicht gut sind, aber ich denke, die Olympischen Spiele bringen viele Jobs und viel Geld.*

▲ *Auf der einen Seite …*

Meiner Meinung nach …
Die Olympischen Spiele sind mir wichtig, weil …
Die Olympischen Spiele sind mir gar nicht wichtig, weil …
Du hast gesagt …, aber ich denke …
Auf der einen Seite …, aber auf der anderen Seite …

2 Der Eurovision Song Contest

● *Discussing the positive and negative aspects of a global music event*
● *Developing an awareness of adjectival nouns*

1 **Hör zu. Wie viele Punkte haben diese Länder von der deutschen Jury bekommen? Füll die Lücken aus.**

Albanien	Georgien	Montenegro	Serbien
Armenien	Griechenland	Norwegen 7	Slowenien
Australien 1	Großbritannien	Österreich	Spanien
Belgien 2	Israel 4	Polen	Ungarn 10
Deutschland	Italien 5	Rumänien	Zypern
Estland 3	Lettland 6	Russland 8	
Frankreich	Litauen	Schweden 9	

2 **Partnerarbeit. Stell deinem Partner/deiner Partnerin Fragen zu den Ländern in Aufgabe 1.**

- Wie viele Länder gibt es?
- Was ist das größte Land?
- Was ist das kleinste Land?
- Wo liegt Albanien / Armenien / …?
- Welche Sprache spricht man in …?

> ☆ If you don't know the answer to a question you are asked, use one of these simple phrases:
>
> *Ich weiß nicht.* I don't know.
> *Ich bin mir nicht sicher.* I'm not sure.
> *Es hängt davon ab …* It depends …

Das liegt		im Norden im Osten im Süden im Westen	von Afrika. von Amerika. von Asien. von Australien. von Europa.
In	Australien Belgien Deutschland Frankreich Großbritannien Italien Österreich Spanien *usw.*	spricht man	Deutsch. Englisch. Französisch. Italienisch. Spanisch. *usw.*

3 **Lies den Text. Sind die Sätze richtig oder falsch?**

Der Eurovision Song Contest ist das größte Musikfest in Europa. Es gibt viel Interessantes über den Eurovision Song Contest zu sagen und die Stimmung ist immer toll! Aber wie hat das angefangen?
Am ersten Eurovision Song Contest **1956** haben sieben Länder teilgenommen: die Schweiz, die Niederlande, Belgien, Deutschland, Frankreich, Luxemburg und Italien. Heute dürfen alle EU-Mitglieder teilnehmen, wenn sie sich qualifizeren und Israel nimmt auch seit **1978** teil. Fünf Länder (Deutschland, Frankreich, Spanien, Italien und Großbritannien) können automatisch teilnehmen, weil sie den größten Teil der Kosten bezahlen. **2015** ist etwas Neues passiert: Australien qualifizierte sich als Jubiläumsgast direkt für das Finale.

Eine Deutsche hat zum letzten Mal **2010** gewonnen. **2015** hat die Deutsche Anne Sofie keinen einzigen Punkt bekommen und **2016** hat die Deutsche Jamie-Lee Kriewitz elf Punkte bekommen und war damit die Letzte. Der erfolgreichste Teilnehmer ist der Ire Johnny Logan, der zweimal als Sänger und einmal als Komponist gewonnen hat.

Wer gewinnt, muss im folgenden Jahr Gastgeberland werden. Das kann viele Probleme verursachen, weil es sehr teuer ist, Gastgeberland zu sein. Ein Nachteil ist, dass der Wettbewerb oft ein Fokus für Konflikte oder politische Probleme ist. Aber das Gute daran ist, dass er europäische Nationen zusammenbringt.

der Ire = Irishman
das Gastgeberland = host country
verursachen = to cause

1 EU-Mitglieder müssen am Eurovision Song Contest teilnehmen.
2 Alle Länder qualifizieren sich automatisch.
3 Manchmal dürfen Länder aus der EU teilnehmen.
4 Der letzte Gewinner ist aus Deutschland gekommen.
5 Johnny Logan hat dreimal gewonnen.
6 Für das Gastgeberland bringt der Eurovision Song Contest hohe Kosten.

4 hören   Hör zu und mach Notizen auf Deutsch über die Sängerin Conchita Wurst.

Nachname: ___Neuwirth___

Vorname: ___

Geburtsjahr: ___

Land: ___

Künstlername: ___

Leistungen: ___

G *Adjectival nouns* › *Page 237*

In German, adjectives can often be used as nouns. They begin with a capital letter and are preceded by the correct article (*der/die/das/die* or *ein/eine*). They have the same endings as if they were adjectives:

deutsch → **der Deutsche / die Deutsche** the German (person)
ein Deutscher / eine Deutsche a German (person)

They are often used with a neuter article to convey an idea or concept:

interessant → **das Interessante** the interesting thing
gut → **das Gute** the good thing

They are also frequently used after **etwas** (something), **nichts** (nothing), **viel** (much) or **wenig** (little):

etwas **Interessantes** something interesting
nichts **Interessantes** nothing interesting
viel **Gutes** much good
wenig **Gutes** little good

Look again at the text in exercise 3. Can you identify the adjectives that are used as nouns?

---

5 hören   Hör noch mal zu und beantworte die Fragen auf Deutsch.

1 Wie sieht Conchita Wurst aus?
2 Wie oft hat Österreich den Eurovision Song Contest gewonnen?
3 In welchen Ländern war Conchita Wurst bei manchen Leuten nicht beliebt?
4 Wie haben die meisten Österreicher auf Conchita Wurst reagiert?

6 schreiben   Übersetze den Text ins Deutsche.

Look at the grammar box for help with adjectival nouns.

Conchita Wurst is my idol! In 2014 she won the Eurovision Song Contest and she is now extremely popular in Austria. The interesting thing is that she is a beautiful woman with a beard. In the future I would like to take part in the Eurovision Song Contest, because it is an unforgettable experience.

In German you don't say 'in': *2014 hat sie …* Alternatively you can say *Im Jahr 2014 …*

If you struggle to remember this phrase in German, look back to Unit 1 where you have seen it before. Still no luck? Rather than leave it blank, replace it with a synonym: e.g. you could say 'a great event'.

Kulturzone
Conchita sang her winning song *Rise Like a Phoenix* in English. Search for the German and English lyrics online and compare them.

7 schreiben   Du interessierst dich für den Eurovision Song Contest.
Schreib einen Artikel für eine deutsche Zeitschrift.

Beschreib:
• deine Meinung über die Stimmung beim Eurovision Song Contest
• ob du den Eurovision Song Contest schon gesehen hast und wie du ihn gefunden hast
• die Vorteile und Nachteile des Wettbewerbs
• ob du am Eurovision Song Contest teilnehmen möchtest und warum (nicht).

● *Explaining what a school does to be environmentally friendly*
● *Using comparative and superlative adjectives and adverbs*

 1 hören

Hör zu. Welche Umweltaktionen besprechen sie? Würde man das in der Schule bestimmt (✓), vielleicht (?) oder nie (✗) machen? (1–8)

Beispiel: **1** c ✗

a den Müll trennen (die Müllscouts)

b Biomüll kompostieren

c eine Solaranlage installieren

d Bienenvölker im Schulgarten halten

e Druckerpatronen und Kopierkartuschen recyceln

f Nistkästen für Vögel bauen

g eine Fahrradwoche organisieren

h Energie sparen

 2 sprechen

Partnerarbeit. Diskussion: Umweltaktionen in der Schule.

● *Welche Umweltaktionen sollte man in der Schule machen?*
■ *Meiner Meinung nach sollte man Bienenvölker im Schulgarten halten, weil man Bienen schützen sollte.*

☆ To talk generally about what you **should**, **could** or **would** do, remember to use these useful verb forms:

Man **sollte**		You / We **should**	
Man **könnte**	die Natur schützen.	You / We **could**	protect nature.
Man **würde**		You / We **would**	

 3 hören

Hör zu. Die Umweltsprecher von jeder Klasse besprechen Umweltschutz für das Schuljahr. Wer will was machen? Mach Notizen auf Englisch. (1–5)

Beispiel: **1** Katja: sort rubbish more often and …

1 Katja   2 Thomas   3 Marlene   4 Chris   5 Kim

☆ Listen out for the comparative and superlative adjectives and adverbs and note them down. These details are important when doing listening tasks.

G *Comparative and superlative* ❯ *Page 226*

Comparative adjectives: add **–er** to the adjective:
*Naturschutz ist **wichtiger** als Müll trennen.* Protecting nature is **more important** than sorting the rubbish.

Superlative adjectives: use the correct definite article and add **–ste** or **–te** to the adjective:
*Der Müll ist **das wichtigste** Problem in der Schule.* Rubbish is **the most important** problem in school.

Some one-syllable adjectives add an umlaut:
*das **größte** Problem*

Adverbs (words that describe verbs) can also be used to make comparisons:
*Man könnte **öfter** den Müll trennen.*
We could sort the rubbish **more often**.

Other useful adverbs include: *effektiver* (more effectively) and *besser* (better).

Use **mehr** or **weniger** as an adjective or adverb to say **more** or **less**:
*Man könnte **mehr** Druckerpatronen recyceln.*
We could recycle **more** printer cartridges.
*Man sollte **weniger** Auto fahren.* We should drive **less**.

 4 schreiben

Übersetze die Sätze ins Deutsche.

1 Saving energy is more important than building bird boxes.
2 In my opinion rubbish is the biggest problem.
3 We could drive less.
4 I think we should sort rubbish more effectively.
5 We would install more solar panels.
6 We should recycle printer cartridges more often.

5 Partnerarbeit. Beschreib das Foto.

- Welche Personen sind auf dem Foto?
- Was machen die Personen auf dem Foto?
- Was kann man sonst auf dem Foto sehen?
- Deine Meinung: Ist es wichtig, in der Schule umweltfreundlich zu sein?
- Beschreib eine Umweltaktion, die du in der Schule gemacht hast.

> ⭐ Make sure you know the past participles of the verbs in exercise 1 and look up any that you are unsure of.

6 Lies den Text und wähl die richtige Antwort aus.

Stefan

Ich besuche die Schule am Waldblick in Mahlow und bin sehr stolz auf meine Schule. 2014 hat meine Schule einen Deutschen Klimapreis gewonnen. Das Preisgeld war 10.000 Euro! Meine Klasse, die neunte Klasse, hat unser Projekt „Schule spart Energie – Schüler unterrichten Schüler" genannt.

Zuerst sind wir zum Institut für Umweltfragen gegangen und haben dort gelernt, wie man in der Schule Energie sparen könnte. Wir haben Informationen über Lüften, Licht ausschalten und Raumtemperaturen bekommen.

Weil das so einfach und interessant war, haben wir entschieden, eine Unterrichtsstunde für die vierten und fünften Klassen der Herbert-Tschäpe-Grundschule zu planen. Danach haben wir diese Stunde unterrichtet. Es war oft schwierig und anstrengend, mit den Grundschulkindern zu arbeiten, aber es hat trotzdem sehr viel Spaß gemacht.

Seit dem Projekt bin ich Umweltsprecher für meine Klasse geworden und ich versuche, ein gutes Vorbild zu sein. Ich schalte das Licht aus und trenne den Müll.

Was für einen Projekt könnte man in deiner Schule machen?

> *eine Unterrichtsstunde* = a lesson
> *ein Umweltsprecher* = an environmental representative

1 Die Schule am Waldblick in Mahlow hat die Lotterie / einen Preis / einen Wettbewerb gewonnen.
2 Die 9. Klasse hat ein Bild / einen Austausch / ein Umweltprojekt gemacht.
3 Zuerst haben sie gelernt, wie man Energie / Wasser / Tiere sparen kann.
4 Im Projekt haben sie in Grundschulklassen / im Gymnasium / in der neunten Klasse unterrichtet.
5 Das hat viel Spaß gemacht, aber das war auch langweilig / nicht einfach / lustig.
6 Seit dem Projekt ist Stefan umweltfreundlicher / glücklicher / weniger umweltfreundlich geworden.

7 Stell dir vor, du machst ein Umweltprojekt mit deiner Klasse. Schreib einen Bericht auf Deutsch.

- Was macht ihr dieses Jahr?
- Warum macht ihr das?
- Was könnte man in der Zukunft besser machen?

> ⭐ Adapt the texts on these pages:
> - use *man sollte … / man könnte … / man würde …*
> - use comparative and superlative adjectives and adverbs to give more complex opinions and reasons.
> - you could also use the perfect tense to explain something you have done in the past.

● *Explaining what a country can do to be environmentally friendly*
● *Using subordinate clauses*

1 hören

Hör zu. Was ist das größte Problem? (1–8)

Beispiel: **1** b

die Luftverschmutzung

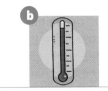
die globale Erwärmung

die Abholzung

die Lärmbelastung

die Wüstenbildung

die Überschwemmungen

das Aussterben von Tierarten

die Überbevölkerung

2 hören

Hör noch mal zu und verbinde die Probleme und die Konsequenzen.

Beispiel: **1** d viii

das Problem

a Die Abholzung ist sehr alarmierend,
b Die Überschwemmungen sind sehr gefährlich,
c Die Überbevölkerung ist das wichtigste Problem,
d Die globale Erwärmung ist das größte Problem,
e Das Aussterben von Tierarten ist sehr traurig,
f Die Lärmbelastung ist auch wichtig,
g Die Luftverschmutzung ist das wichtigste Problem,
h Ich finde, die Wüstenbildung ist das größte Problem,

die Konsequenz

i weil man dadurch krank werden kann!
ii weil so viele Menschen an Hungersnot leiden.
iii weil sie das Leben und die Infrastruktur bedrohen.
iv weil die Menschen dadurch krank werden und das Ozonloch größer wird.
v weil der Planet nicht unendlich viele Menschen ernähren kann.
vi weil wir in Zukunft diese schönen Tiere nie mehr sehen werden.
vii weil die Wälder weniger Kohlendioxid aus der Luft absorbieren und der saure Regen die Meere vergiftet.
viii weil die Gletscher schmelzen und der Meeresspiegel steigt.

3 sprechen

Was ist für dich das größte Problem? Besprich die Probleme mit deinem Partner/deiner Partnerin.

● *Was ist für dich das größte Problem? Warum?*
■ *Für mich ist das größte / wichtigste Problem …, weil …*
● *Was ist für dich nicht so wichtig? Warum?*
■ *Für mich ist … nicht so wichtig, weil …*

⭐ Remember the key phrases you have learned to express your opinion and try to use as many as you can in your conversation.

• To ask for more information or for a justification:

Was denkst du? Warum sagst du …? Du hast gesagt …, aber ich denke …

• To agree or disagree:

Übereinstimmung	Nichtübereinstimmung
Ja, das stimmt!	Nein, das stimmt nicht!
Ja, ich finde das auch!	Nein, das finde ich nicht!
Du hast recht!	Da hast du nicht recht!

4 **lesen** **Lies den Auszug aus dem Roman „Somniavero".
Beantworte die Fragen auf Englisch.**

In Anja Stürzer's novel *Somniavero*, Jochanan is a boy living in 2121. He and his parents take a holiday back to 2031 to see what the world was like.

Dort, wo er herkam, gab es keine Mücken.
Auch keinen Wald und keine Wölfe oder irgendwelche anderen
Raubtiere. Eben überhaupt keine wilden Tiere mehr. Darum musste
man in die Vergangenheit reisen, wenn man welche sehen wollte.
Jochanan grinste. Das würde er aufschreiben! […] „Wenn man
Natur erleben will, dann muss man in der Zeit zurückkreisen."

die Mücke(–n) = mosquito(s)
darum = therefore

1 Which creatures don't exist in 2121?
2 Which place doesn't exist in 2121?
3 What do people have to do if they want to see wild animals?
4 What does Jochanan decide to do?

5 **lesen** **Was passt zusammen? Schreib die Sätze auf und übersetze
sie ins Englische.**

Beispiel: **1** c

1 Wenn man die Luftverschmutzung reduzieren will,
2 Wenn man die Meere nicht vergiften will,
3 Wenn man weniger Öl, Kohle oder Gas nutzen will,
4 Wenn wir Tierarten nicht verlieren wollen,
5 Wenn wir das Kohlendioxid in der Luft reduzieren wollen,
6 Wenn wir keine Atomkraftwerke bauen wollen,

a sollte man in erneuerbare Energien investieren.
b sollten wir die Natur schützen.
c könnte man öfter mit dem Rad oder öffentlichen Verkehrsmitteln fahren.
d könnten wir Windkraftanlagen, Solaranlagen oder Wasserkraftwerke bauen.
e sollten wir die Wälder nicht zerstören.
f könnte man weniger Ölkatastrophen verursachen.

G **Using subordinate clauses** ❯ *Page 230*

If you want to …, you must / should / could …

Wenn man Natur erleben **will, muss**
man in der Zeit zurückkreisen.
If you want to experience nature, you must
travel back in the past.

wenn is often used to link two ideas
together, and just like **weil**, **wenn** sends the
verb to the end of the clause. This results in
the pattern verb – comma – verb.

verursachen = to cause

6 **hören** **Sind die Deutschen umweltbewusster als wir? Hör zu und wähl die
richtige Antwort aus.**

1 2015 / 2005 / 2010 hat das Bundesministerium für Umwelt,
Naturschutz, Bau und Reaktorsicherheit eine Studie gemacht.
2 71 / 91 / 81 % der Deutschen finden den Umweltschutz wichtig.
3 80 / 60 / 40 % glauben, dass der Mensch für die globale Erwärmung
verantwortlich ist.
4 Die Deutschen finden es ziemlich / sehr / nicht wichtig, in erneuerbare
Energien zu investieren.
5 Sie würden gern / nicht gern Ökostrom oder Biokraftstoffe kaufen.
6 58 / 85 / 45 % denken, dass man Windkraftanlagen, Solaranlagen
oder Wasserkraftwerke bauen sollte.
7 Sie würden / würden nicht mehr Geld für energiesparende oder
umweltfreundliche Geräte ausgeben.

⭐ Use logic to work out the
meaning of new vocabulary:
• Can you work out the
meaning from the gist of the
passage?
• Can you use your knowledge
of linked vocabulary?
• Can you spot any cognates?

das Gerät(–e) = machine(s)

7 **schreiben** **Schreib einen Artikel: Deine Meinungen zu Umweltproblemen.**

• Welche Umweltprobleme sind dir wichtig? Warum?
• Was könnte man dagegen tun?
• Was macht deine Schule?
• Was könnte deine Schule besser machen?

1 **Lies den Text. Schreib die Sätze ab und vervollständige die Sätze.**

> Willst du in den Sommerferien für eine Wohlfahrtsorganisation arbeiten?
> Möchtest du freiwillig arbeiten? Würdest du gern ins Ausland reisen?
> Willst du der Natur, der Umwelt, Kindern, kranken Menschen oder armen Menschen helfen?
> **Kein Problem – wir haben viele Ideen!**
>
> **Du könntest:**
> » ehrenamtlich arbeiten – arbeite mit blinden Kindern in Nepal!
> » mit Kindern arbeiten – unterrichte Deutsch in Bali!
> » bei einer Tierschutzorganisation arbeiten – schütze Schildkröten auf den Malediven!
> » bei einer Umweltschutzorganisation arbeiten – hilf beim Umweltschutz in Costa Rica.
> » bei einer Hilfsorganisation für Straßenkinder arbeiten – treib Sport mit Straßenkindern in Nepal!

1 This website offers opportunities to work for a charity during the ▨▨▨▨ .
2 It's great if you want to work as a volunteer and ▨▨▨▨ abroad.
3 In Nepal, you could work with ▨▨▨▨ children or ▨▨▨▨ children.
4 You could teach ▨▨▨▨ in Bali.
5 If you want to work with animals, you could ▨▨▨▨ turtles in the Maldives.
6 In Costa Rica you could work for an ▨▨▨▨ organisation.

2 **Wer ist das? Hör zu und schreib den richtigen Namen auf. (1–6)**

 Karla

 Thomas

 Sofie

 Finn

 Pia

 David

a … würde ein Sportprojekt machen.
b … möchte ein Computerprojekt machen.
c … will nicht in einer Schule unterrichten.

d … möchte freiwillig mit wilden Tieren arbeiten.
e … würde in einer Schule unterrichten.
f … will mit armen Kindern arbeiten.

3 **Partnerarbeit: Diskussion: Die Ideen auf der Webseite (Aufgabe 1).**

● *Was würdest du machen? Warum?*
  ▨ *Ich würde gern … machen, weil …*
● *Was würdest du nicht machen?*
  ▨ *Ich würde nicht gern … machen, weil …*
● *Hast du andere Ideen?*
  ▨ *Ich könnte vielleicht auch …*

4 lesen

Lies den Text. Wie heißt das auf Deutsch?

2013 feierte der WWF Deutschland seinen 50. Geburtstag. Der Geburtstag **wurde** mit kleineren und größeren Aktionen **gefeiert**. Das Motto der Kampagne war „Die Zukunft beginnt heute".

Vielen ehrenamtlichen Helfern **wurde** in einer Fernsehwerbung **gedankt**. Eine Reise durch Deutschland **wurde** „Pandas on Tour" **genannt** und die Freiwilligen sind durch 25 deutsche Städte gefahren. 1.600 Pandaskulpturen **wurden**

mitgenommen – weil es noch 1.600 freilebende Pandas gibt. Die Tour war sehr populär und **wurde** von 750.000 Menschen **besucht**.

Die Jubiläumsaktionen waren sehr erfolgreich und 2013 **wurden** 64,2 Millionen Euro an den WWF **gespendet**. Nach den Jubiläumsaktionen **wurden** viele positive Rückmeldungen an die Organisation **geschickt**.

1 many volunteers were thanked
2 64.2 million Euros were donated
3 the birthday was celebrated
4 many positive messages were sent
5 1,600 panda sculptures were taken along
6 a trip around Germany was called 'Pandas on Tour'

5 lesen

Lies den Text noch mal und beantworte die Fragen auf Deutsch.

1 Wie alt wurde der WWF 2013?
2 Was für Aktionen hat die Organisation gemacht?
3 Wem wurde gedankt?
4 Was hat die Organisation in Deutschland gemacht?
5 Wie viele Besucher haben die Ausstellung gesehen?
6 Was ist nach den Jubiläumsaktionen passiert?

 6 hören

Hör zu. Das Albert-Einstein-Gymnasium war zu Besuch bei der Partnerschule in Namibia. Sind die Sätze richtig oder falsch?

1 Die Schule in Deutschland ist kleiner als die Schule in Namibia.
2 Die Schule in Namibia ist in einem Vorort.
3 Die Menschen in Namibia sind ziemlich arm.
4 Die deutschen Schüler sind nicht in Namibia zur Schule gegangen.
5 Heute kommunizieren sie oft mit den Schülern in Namibia.
6 Sie werden in Zukunft sportliche Aktivitäten zusammen machen.

G *The passive* > Page 236

Many of the sentences in exercise 4 use the passive voice. The passive is used to emphasise the action **being done** rather than the person or thing **doing** the action.

To form the passive, use **werden** in the appropriate tense as an auxiliary verb, put the main verb into the past participle form and position it at the end of the sentence:

*Der Geburtstag **wurde** gefeiert.*
The birthday was celebrated.

*1.600 Pandaskulpturen **wurden** mitgenommen.*
1,600 panda sculptures were taken along.

In the examples above, *werden* is used in the imperfect tense. It can also be used in the present tense or in the perfect tense:

Present tense: *Der Geburtstag **wird** gefeiert.*
The birthday is being celebrated.

Perfect tense: *1.600 Pandaskulpturen **sind mitgenommen worden***. 1,600 panda sculptures have been taken along.

* Note that in the passive, the past participle of **werden** (**geworden**) loses the **ge–**.

7 sprechen

Partnerarbeit. Stell deinem Partner/deiner Partnerin Fragen.

• Welche Personen sind auf dem Foto?
• Was machen die Personen auf dem Foto?
• Was kann man sonst auf dem Foto sehen?
• Jede Schule in Deutschland sollte eine Partnerschule in Namibia haben. Was meinst du?
• Was würdest du machen, um einer Partnerschule in Namibia zu helfen?

1 lesen **Read the article from a German school magazine.**

Dieses Jahr sparen wir Energie! Energie sparen ist einfach. Jeder kann etwas tun, um die Umwelt zu schützen. In deiner Klasse wirst du in einem Team arbeiten. Jedes Team muss Ideen sammeln, wie man in der Schule Energie sparen kann.

Erste Phase Dein Team muss eine Umfrage machen. Wie gebraucht ihr Energie in der Schule? Wie könnt ihr Energie sparen? Was machen die Lehrer? Sind die Lehrer umweltfreundlich oder nicht? Ihr müsst genau kalkulieren, wie viel Energie ihr innerhalb eines Monats verbraucht.

Zweite Phase Wie werdet ihr weniger Energie verbrauchen? Könntet ihr öfter das Licht oder den Computer abschalten? Könntet ihr Energiesparlampen installieren? Müsst ihr das Klassenzimmer heizen? Ihr müsst eine Liste von Energiesparmethoden schreiben und alle müssen mitmachen. Nach einem Monat solltet ihr wieder kalkulieren, wie viel Energie ihr verbraucht habt. Habt ihr weniger Energie verbraucht? Waren eure Methoden erfolgreich?

Dritte Phase Was könnten wir in der Schule machen? Sollten wir eine Solaranlage installieren? Oder sollten wir Nistkästen im Schulgarten bauen? Das Team mit den besten Ideen gewinnt einen tollen Preis!

> ⭐ Remember to read the questions first, then skim-read the text, and then read the text again in detail.

1 What is mentioned in the article? Write down the letters of the other <u>three</u> correct statements.

Example: A, …

A More can be done to save energy.
B Students will calculate energy used in a set period of time.
C Governments should take more responsibility for protecting the environment.
D Students will pool ideas for ways to save energy.
E The first phase will last a year.
F First you need to know how energy is used.
G Teachers are leading the project.
H The school will seek sponsorship to achieve the third phase.

Answer the following questions in English. You do not need to write in full sentences.

2 How will the teams know their ideas are successful?
3 In what way will the whole school be involved?

2 lesen **Lies diese Informationen über den Marathon in Wien.**

Der Wiener Marathon – wo findet man was?

Die Streckenposten Hier bekommen Sie Informationen über die Strecke, zum Beispiel, wo man genau laufen muss. Man kann auch Erste Hilfe bekommen, wenn man sich nicht wohl fühlt. Wenn das Wetter wirklich schlecht ist, geben wir Ihnen Regenponchos. Wir bieten Ihnen auch Energiegetränke und Wasser an.

Der Informationskiosk Hier müssen wir ständig auf die Uhrzeit schauen. Wir haben den Zeitplan für den ganzen Tag und wissen genau, wann alles passieren sollte! Sie können uns Fragen über alles stellen. Wenn wir die Antwort nicht wissen, dann werden wir sie herausfinden.

Der Massageraum Sind Sie müde? Tun die Beine weh? Hier arbeitet unser Team von ausgebildeten Physiotherapeuten vor und nach dem Lauf. Massagebetten und besondere Massagestühle stehen zur Verfügung.

Die Ziellinie Hier stehen hunderte von Fans, Familie und Freunde. Nachdem Sie mit dem Marathon fertig sind, bieten unsere Freiwilligen Tee, Saft, Wasser oder alkoholfreies Bier an. Obst und Kekse werden auch ausgegeben. Wir werden Sie mit einem Lächeln und netten Worten begrüßen.

Beantworte die Fragen auf Deutsch. Vollständige Sätze sind nicht nötig.

a Welche Artikel können die Läufer(innen) am Streckenposten bekommen? Gib ein Detail.
b Wo kann man hingehen, wenn man medizinische Hilfe braucht? Gib ein Detail.
c Worüber kann man sich am Informationskiosk informieren? Gib ein Detail.
d Wann kann man den Massageraum benutzen? Gib ein Detail.
e Wie wird man nach dem Marathon empfangen? Gib ein Detail.

Du hörst einen Bericht über Thomas' Besuch in Nepal. Füll die Lücke in jedem Satz mit einem Wort oder Wörtern aus dem Kasten. Es gibt mehr Wörter als Lücken.

gearbeitet	Hilfsorganisation	~~klein~~	länger	gelernt	Lebensprioritäten
lohnend	groß	nur drei Wochen	nutzlos	nichts Neues	Universität

Beispiel: Thomas' Unterkunft war sehr klein.

a Er hat in einer Schule _____.
b Er ist mit einer _____ gefahren.
c Er konnte _____ bleiben.
d Er fand die Reise _____.
e Er hat _____ gelernt.

You hear a radio interview with the partner of a German Olympic medallist. Listen to the interview and answer the following questions in English.

a Why was Lisa particularly proud of Felix when he won the medal?
b What showed that Felix's team-mates had confidence in him?
c How do we know that Felix puts everything into his sport?
Give two details.
d How do the team members react when a colleague wins a medal?

You hear a German radio report about an environmental summit for young people. What happened at the summit? Listen to the recording and write down the letters of the other three correct statements.

Example: A, …

A The summit was aimed at one age group.
B The delegates were international.
C The summit took place in a developing country.
D Electricity resources were discussed.
E Pollution emerged as the key concern.
F Leading scientists lectured the participants.
G Both local and global problems were discussed.
H The summit ended with an agreement being reached.

⭐ Read the questions carefully before listening – they will give you clues as to what the audio is about and help you to understand what you hear.

⭐ Listen out for key details such as the ages of the participants and where they are from. Make notes of the key details you understand in English as you go through, as you may find this helpful when you answer the questions.

Mündlicher Test

A – Role play

1 lesen

Look at this role play card and prepare what you are going to say.

Topic: Bringing the world together

You are working on the information stand at a sports event in Germany during your holiday. A tourist has questions about the event. The teacher will play the role of the tourist and will speak first.

You must address the tourist as *Sie*.

You will talk to the teacher using the five prompts below.

- where you see – **?** – you must ask a question
- where you see – **!** – you must respond to something you have not prepared

Task

> You need to give a time here.

> Try to use a variety of phrases to express your opinion.

> Remember to use the correct register (form of address) when asking questions.

Sie arbeiten bei einem Sportevent am Informationskiosk. Ein(e) Tourist(in) fragt nach Auskünften.

1. Event zu Ende – wann
2. Große Sportevents – Meinung
3. **!**
4. **?** Pläne – nächstes Jahr
5. **?** Marathon – selbst laufen

> What might the unexpected question be? Look at the preceding prompt to try to anticipate possible questions, and remember that this question will be in the past tense.

> How could you ask for this information? You could say 'What plans do you have?' or 'What are you going to do?' in German.

2 sprechen

Practise what you have prepared. Take care with pronunciation and intonation.

> ⭐ Listen carefully to the register used throughout this speaking task. How do you know which register to use? What else would the register affect?

3 hören

Using your notes, listen and respond to the teacher.

4 hören

Now listen to Emma performing the role play task.

B – Picture-based task

Topic: Environmental issues

Schau dir das Foto an und sei bereit, über Folgendes zu sprechen:

- Beschreibung des Fotos
- Deine Meinung zum Recyceln
- Eine Umweltaktion, die deine Schule gemacht hat
- Wie junge Leute der Umwelt helfen könnten
- **!**

1 *hören* Look at the picture and read the task. Then listen to Andrew's answer to the first bullet point.

1 What does he focus on in his description of the picture?
2 How does he expand his answer?
3 What assumption does he make based on the photo?

2 *hören* Listen to and read how Andrew answers the second bullet point.

1 Fill in the gaps.
2 Look at the Answer Booster on page 178. Note down <u>eight</u> examples of what Andrew does to produce a well-developed answer.

> Meiner Meinung nach **1** ▢▢▢ Recyceln sehr wichtig. Wenn wir öfter Papier **2** ▢▢▢, werden wir weniger Bäume **3** ▢▢▢. Abholzung finde ich das wichtigste Umweltproblem, weil viele Tierarten **4** ▢▢▢. Plastikflaschen und Plastiktüten sind sehr gefährlich für Delfine und Schildkröten, wenn sie sich im Meer **5** ▢▢▢. Seit mehreren Jahren **6** ▢▢▢ diese wunderbaren Tiere wegen der Verschmutzung des Wassers. Deswegen **7** ▢▢▢ wir Plastiktüten auch recyceln. Ich versuche immer, Plastik und Papier zu recyceln. Ich **8** ▢▢▢ aber mehr Metall und Glas recyceln.

3 *hören* Listen to Andrew's answer to the third bullet point.

1 Make a note in English of <u>six</u> details that he gives.
2 Can you work out the meaning of *autofreie Tage* from the context?

4 *hören* Listen to how Andrew answers the fourth bullet point and look again at the Answer Booster. Note down examples of how he extends his sentences.

5 *sprechen* Prepare your own answers to the first four bullet points, and try to predict which unexpected question you might be asked. Then take part in the full picture-based discussion with the teacher.

> ⭐ Remember to give full answers and to listen to what the teacher is saying. What question has been asked? Can you re-use any key language from the question in your answer?

C – General conversation

1 *hören* Listen to Isabel introducing her chosen topic. Which of the following points does she mention?

a her favourite event
b where it takes place
c how often it takes place
d what she did last year
e why she went last year
f her hopes for this year

2 *hören* The teacher then asks Isabel: *Was sind die Vorteile von internationalen Festivals und Events?* Listen to how she develops her answer. What 'hidden questions' does she also answer?

> ⭐ A good way of developing your answer is to think about how you can build more than one tense into your answer. How could you do that here?

3 *hören* Listen to how Isabel answers the next question: *Was könnte man machen, um den Umwelteinfluss von Festivals und Events zu reduzieren?* Look at the Answer Booster on page 178. Write down <u>six</u> examples of what she does to produce an impressive answer.

4 *sprechen* Prepare your own answers to Chapter 8 questions 1–6 on page 199, then practise with your partner.

Answer Booster	Aiming for a solid level	Aiming higher	Aiming for the top
Verbs	**Different tenses**: past (perfect or imperfect), present, future or conditional	**Separable verbs**: *aussterben, stattfinden* **Reflexive verbs**: *sich leisten, sich befinden*	**Irregular verbs in the imperfect**: *Ich fand …* **Imperfect subjunctive of modal verbs**: *Man sollte / könnte …*
Opinions and reasons	**Use adverbs** *nicht, (sehr) gern*	**Use verbs** *Das ist / war …* *Ich finde …*	**Add more variety** *Der Vorteil ist …* *Ein Nachteil war …*
Conjunctions	*weil, wenn, dass*	*um … zu …* *obwohl*	**With two verbs**: *… weil wir diese Tiere nie mehr sehen werden.* *Wenn man … will, könnte man …*
Other features	**Negatives**: *nicht, nie* **Adjectives**: *wichtig, traurig*	**Comparative and superlative adjectives**: *das größte Problem* **Comparative adverbs**: *öfter, mehr, weniger*	**Adjectives as nouns**: *etwas Wichtiges* **Genitive**: *wegen der Verschmutzung des Wassers* **Demonstrative articles**: *diese, dieses*

A – Extended writing task

1 *lesen* **Look at the task. For each of the four bullet points, make notes on:**

- which tenses and other structures you need to use
- what extra details you could add to give a well-developed answer.

2 *lesen* **Read James's answer on page 179. What do the underlined phrases mean?**

3 *lesen* **Look at the Answer Booster. Note down eight examples of language James uses to write an impressive answer.**

4 *lesen* **Look at this essay plan and make a note of the points James makes for each part of the plan.**

5 *schreiben* **Now prepare your own answer to the question.**

1 Look at the Answer Booster and James's text and essay plan for ideas.
2 Write a detailed plan, based on the bullet points in the question. Organise your answer in paragraphs.
3 Write your answer and then check it carefully.

Umwelt

Eine deutsche Firma hat einen Schreibwettbewerb organisiert. Schreiben Sie einen Brief, um Ihre Umweltschutz-Ideen zu erklären.

Sie **müssen** diese Punkte einschließen:

- was für globale Umweltprobleme es gibt
- was Ihrer Meinung nach das größte Problem ist
- was man in Ihrer Schule gemacht hat, um die Umwelt zu schützen
- was die Regierung machen sollte, um die Umwelt zu schützen.

Rechtfertigen Sie Ihre Ideen und Meinungen.

Schreiben Sie ungefähr 130–150 Wörter **auf Deutsch**.

Introduction
- types of environmental problems **1** ——

Info about problems
- biggest problems **2** ——
- why I think this **3** ——

What my school has done
- actions taken **4** ——
- what we could do differently **5** ——

Government actions
- how the government should act **6** ——

James's answer

Meiner Meinung nach gibt es viele Umweltprobleme. Die Luftverschmutzung, die globale Erwärmung, die Abholzung, die Lärmbelastung und das Aussterben von Tierarten sind <u>wichtige Probleme in vielen Ländern</u>. <u>Wenn wir die Umwelt schützen wollen, sollten wir diese Probleme lösen</u>.

<u>Für mich ist das größte Problem</u> die globale Erwärmung, weil die Gletscher schmelzen und der Meeresspiegel steigt. Ein anderes sehr wichtiges Problem ist das Aussterben von Tierarten. <u>Ich finde, dass es sehr traurig ist</u>, weil wir in Zukunft diese schönen Tiere nie mehr sehen werden.

Ich gehe auf eine Gesamtschule und <u>wir haben viele Umweltaktionen gemacht.</u> Wir haben in jeder Klasse Umweltsprecher gewählt und wir haben eine sehr gute Umwelt-AG. Wir haben versucht, etwas Wichtiges zu machen. Wir haben den Müll öfter getrennt und mehr Energie gespart. Letztes Jahr haben wir eine Fahrradwoche organisiert. Das fand ich sehr erfolgreich. <u>Man könnte aber mehr Druckerpatronen und Kopierkartuschen recyceln.</u>

<u>Meiner Meinung nach sollte die Regierung</u> in erneuerbare Energien investieren und weniger Atomkraftwerke bauen. <u>Sie sollte die Natur besser schützen.</u> Um die Tiere zu schützen, sollte man weniger abholzen. Wenn man die globale Erwärmung reduzieren will, könnte man Windkraftanlagen, Solaranlagen oder Wasserkraftwerke bauen.

B – Translation

Read the English text and Owen's translation of it. Fill in the missing verbs.

I like watching the Rugby World Cup because sport is very important to me. In 2015, the advantage of the World Cup was that many tourists came to England. In 2019 in Japan, the biggest problem will be the time pressure. In order to reduce the consequences, the government should invest in construction works.

Ich **1** _____ gern die Rugby-Union-Weltmeisterschaft, weil mir Sport sehr wichtig **2** _____. 2015 war der Vorteil von der Weltmeisterschaft, **3** _____ viele Touristen **4** _____ England gekommen **5** _____. 2019 in Japan **6** _____ das **7** _____ Problem der Zeitdruck sein. Um die Konsequenzen **8** _____ reduzieren, sollte die Regierung in Bauwerke investieren.

Translate the following passage into German.

The Olympics are my favourite event because sport is the most important thing in my life. The advantage of the Olympics in London was that the tourists spent a lot of money. In Rio, the biggest problems will be air pollution and noise pollution. The government should invest in public transport in order to protect the environment.

⭐ Read the sentences carefully and make a note of which tense(s) you need to use. Three different tenses are used in this passage. Consider the use of conjunctions such as *dass* and *weil*, their position in the sentence and what happens to the verb.

Festivals und Events — Festivals and events

Letzten Sommer / Mai …	Last summer / May …
Letztes Jahr / Wochenende …	Last year / weekend …
habe ich das (Festival) gesehen	I saw the (festival)
bin ich zum (Event) gefahren	I went to the (event)
Ich habe dort …	I … there.
Fußball / Saxofon gespielt	played football / saxophone
nette Leute kennengelernt	met nice people
die Sehenswürdigkeiten besichtigt	visited the sights
die Spiele / die Bands gesehen	saw the games / bands

Das Konzert / Turnier hat in … stattgefunden.	The concert / tournament took place in …
Deutschland / England / Australien	Germany / England / Australia
Ich bin im Meer geschwommen.	I swam in the sea.
Das Festival war / fand ich …	The festival was / I found the festival …
etwas langweilig	a bit boring
sehr lustig	very funny
total spannend / super / toll	totally exciting / super / great
ziemlich laut	quite loud

Ein sportliches Event — A sporting event

der Streckenposten(–)	checkpoint
der Informationskiosk(e)	information stand
der Führungswagen(–)	lead car
die Ziellinie(n)	finish line

das Souvenirgeschäft(e)	souvenir shop
der Massageraum(–räume)	massage room
die Kleiderabgabe	cloakroom
die Kinderkrippe(n)	crèche

Die Olympischen Winterspiele — The Winter Olympics

(1976) fanden die Olympischen Spiele in (Innsbruck) statt.	(In 1976) the Olympic Games took place in (Innsbruck).
(1.200) Sportler aus (37) Ländern haben teilgenommen.	(1,200) sportspeople from (37) countries took part.
Es gab Wettbewerbe in (6) Sportarten.	There were competitions in (6) sports.
Ein Vorteil ist / war …	An advantage is / was …
Ein Nachteil ist / war …	A disadvantage is / was …

die Baustelle(n)	building site / construction site
die Gastgeberstadt(–städte)	host city
die Lärmbelastung	noise pollution
die Luftverschmutzung	air pollution
der Stau(s)	traffic jam
der Tourist(en)	tourist
der Zeitdruck	time pressure

Die Länder — Countries

Albanien	Albania
Armenien	Armenia
Australien	Australia
Belgien	Belgium
Deutschland	Germany
England	England
Estland	Estonia
Frankreich	France
Georgien	Georgia
Griechenland	Greece
Großbritannien	Great Britain
Israel	Israel
Italien	Italy
Kanada	Canada
Lettland	Latvia

Litauen	Lithuania
Montenegro	Montenegro
die Niederlande	the Netherlands
Norwegen	Norway
Österreich	Austria
Polen	Poland
Rumänien	Romania
Russland	Russia
Schweden	Sweden
die Schweiz	Switzerland
Serbien	Serbia
Slowenien	Slovenia
Spanien	Spain
Ungarn	Hungary
Zypern	Cyprus

Hohe Zahlen — Large numbers

einundzwanzig	twenty-one (21)
zweiunddreißig	thirty-two (32)
dreiundvierzig	forty-three (43)
vierundfünfzig	fifty-four (54)
fünfundsechzig	sixty-five (65)
sechsundsiebzig	seventy-six (76)

siebenundachtzig	eighty-seven (87)
achtundneunzig	ninety-eight (98)
hundertvierundzwanzig	one hundred and twenty-four (124)
tausenddreihundert	one thousand three hundred (1,300)
zweitausendsechzehn	two thousand and sixteen (2016)
vierzigtausend	forty thousand (40,000)

Eine Debatte — A debate

Meiner Meinung nach …	In my opinion …
Sie sind mir wichtig, weil …	They are important to me because …
Sie sind mir nicht wichtig, weil …	They aren't important to me because …

Du hast gesagt …, aber ich denke …	You said …, but I think …
Auf der einen Seite …, aber auf der anderen Seite …	On the one hand …, but on the other hand …

Wo liegt das? — Where is that?

Das liegt …	It is situated …
im Norden von Asien	in the north of Asia
im Osten von Australien	in the east of Australia
im Süden von Europa	in the south of Europe
im Westen von Afrika / Amerika	in the west of Africa / America

In … spricht man …	In … they speak …
Deutsch	German
Englisch	English
Französisch	French
Italienisch	Italian
Spanisch	Spanish

Umwelt macht Schule

Man könnte / sollte / würde …
den Müll trennen
Biomüll kompostieren
eine Solaranlage installieren
Bienenvölker im Schulgarten
halten
Druckerpatronen /
Kopierkartuschen recyceln
Nistkästen für Vögel bauen
eine Fahrradwoche organisieren

Setting environmental standards at school

We could / should / would …
sort the rubbish
compost organic waste
install solar panels
keep bee-hives in the school
garden
recycle printer / copier cartridges

build bird boxes
organise a bike week

Energie sparen — save energy
das Licht ausschalten — turn the light off
die Natur schützen — protect nature
(Naturschutz) ist wichtiger als — (Protecting nature) is more important
(Müll zu trennen). — than (sorting rubbish).
Der Müll ist das wichtigste Problem. — Rubbish is the most important problem.

Man sollte weniger Auto fahren. — We should drive less.
Man könnte öfter den Müll trennen. — We could sort the rubbish more often.

Wie werden wir „grüner"?

das Aussterben von Tierarten
die Abholzung
die globale Erwärmung
die Lärmbelastung
die Luftverschmutzung
die Überbevölkerung
die Überschwemmungen
die Wüstenbildung
… ist sehr alarmierend /
gefährlich / traurig, weil …
… ist das wichtigste / größte
Problem, weil …
man krank werden kann
so viele Menschen an
Hungersnot leiden
sie das Leben / die Infrastruktur
bedrohen
das Ozonloch größer wird

der Planet nicht unendlich viele
Menschen ernähren kann
wir in Zukunft diese Tiere nie
mehr sehen werden
die Wälder weniger Kohlendioxid
aus der Luft absorbieren
der saure Regen die Meere
vergiftet

How do we become 'greener'?

the extinction of animal species
deforestation
global warming
noise pollution
air pollution
over-population
flooding
desertification
… is very alarming / dangerous /
sad because …
… is the most important / biggest
problem because …
people can become ill
so many people suffer from
starvation
they threaten life / the
infrastructure
the hole in the ozone layer
gets bigger
the planet cannot feed unlimited
numbers of people
we won't see these animals any
more in the future
the forests absorb less carbon
dioxide from the air
acid rain poisons the oceans

die Gletscher schmelzen — the glaciers melt
der Meeresspiegel steigt — the sea level rises
Wenn man … — If we …
die Luftverschmutzung
reduzieren will — want to reduce air pollution
weniger Öl / Kohle / Gas nutzen will — want to use less oil / coal / gas
das Kohlendioxid in der Luft
reduzieren will — want to reduce carbon dioxide in
the air
keine Atomkraftwerke bauen will — don't want to build nuclear power
stations
die Meere nicht vergiften will — don't want to poison the oceans
Tierarten nicht verlieren will — don't want to lose animal species
… sollte / könnte man … — … we should / could …
in erneuerbare Energien /
Windenergie / Sonnenenergie
investieren — invest in renewable energies /
wind energy / solar energy
öfter mit dem Rad / öffentlichen
Verkehrsmitteln fahren — travel more often by bike /
public transport
weniger Ölkatastrophen
verursachen — cause fewer oil spills
die Natur schützen — protect nature
Windkraftanlagen /
Solarkraftwerke /
Wasserkraftwerke bauen — build wind power stations /
solar power stations /
hydroelectric power stations
effektiver Energie und Geld sparen — save energy and money more
effectively
die Wälder nicht zerstören — not destroy the forests

Kampagnen und gute Zwecke

Bali
Costa Rica
die Malediven
Namibia
Nepal
arm
blind
erfolgreich

Campaigns and good causes

Bali
Costa Rica
the Maldives
Namibia
Nepal
poor
blind
successful

Du könntest … arbeiten. — You could work …
ehrenamtlich / freiwillig — voluntarily
bei einer Tierschutzorganisation — for an animal protection organisation
bei einer
Umweltschutzorganisation — for an environmental organisation
bei einer Hilfsorganisation — for an aid organisation
mit armen / blinden Kindern — with poor / blind children
mit Straßenkindern — with street children
mit wilden Tieren — with wild animals

1 *sprechen*

Refresh your memory! **Pairwork. How many school subjects can you name without pausing? If you need help, see *Wörter* on page 28.**

● *Deutsch …*
■ *Englisch …*

2 *lesen*

Refresh your memory! **Match up the sentence halves. Then translate the sentences into English.**

1	Peter	**a**	habt Religion am Dienstag um elf Uhr.
2	Wir	**b**	findet seinen Mathelehrer nervig.
3	Ihr	**c**	werde auf Klassenfahrt fahren.
4	Silke	**d**	dürfen keine Jeans tragen.
5	Ich	**e**	bleibst dieses Jahr sitzen.
6	Du	**f**	hat ihre Hausaufgaben nicht gemacht.

3 *hören*

Refresh your memory! **Listen to what the pupils say was good about primary school. Make notes in English. (1–6)**

Beispiel: **1** no homework

4 *schreiben*

Complete the extended writing task.

Die Klassenfahrt

Sie sind Journalist(in) für die Schulwebseite.

Schreiben Sie einen Artikel über Klassenfahrten.

Sie **müssen** diese Punkte einschließen:

• Details von einer Klassenfahrt, die Sie gemacht haben (wann, wo, was)
• warum Jugendliche Klassenfahrten interessant finden oder nicht
• wie man Klassenfahrten verbessern könnte
• was Ihre Klasse nächstes Jahr auf Klassenfahrt machen wird.

Rechtfertigen Sie Ihre Ideen und Meinungen.

Schreiben Sie ungefähr 130–150 Wörter **auf Deutsch**.

⭐ What tense do you need to use for each of the bullet points? And which pronouns are you going to use? For example, try to use 'they' and 'we', rather than always referring to 'I'.

5 *schreiben*

Translate the following text into German.

Last year I took part in the school exchange to Austria. I got on very well with my exchange partner, Tom, because we share the same interests. The pupils in Austria learn lots of languages in order to communicate better with other people. Next month Tom will stay with me; he would like to visit the sights.

⭐ Get your verb forms right in a translation – look for key words such as 'last year' (past), 'next month' (future) and 'would' (conditional) to help you.

6 **lesen**

Read the whole blog through once to get the gist of it, then concentrate on the questions.

Lies Rellas Blog aus ihrem neuen Wohnort.

Am Freitag hatte ich meinen ersten Schultag in meiner neuen Schule, und ich war überraschend locker! Meine Eltern waren nervöser als ich, und ich war froh, als ich endlich aus dem Wohnblock gekommen bin! Es ist eine Schule ohne strenge Schulordnung, das habe ich sofort herausgefunden, und wir dürfen die Lehrerinnen und Lehrer z. B. 'Irene' oder 'Helmut' nennen.

An der Schule gibt es auch nicht viel Druck, weil weder das Zeugnis noch die Noten im Mittelpunkt stehen. In der ersten Stunde hatte ich amerikanische Geschichte mit Birgit (Lehrerin), die uns erstaunliche Bilder von vor langer Zeit, und zwar von der Eiszeit in Amerika, gezeigt hat.

In der zweiten Stunde hatte ich Biologie – unser Lehrer ist verrückt! Ich hatte gehört, dass er in seiner Freizeit für jede Klasse Lieder über die Organe schreibt, aber ich habe das nicht geglaubt! Nach der Mittagspause bin ich mit einer Freundin zum Musikraum gegangen, um an der Chor-AG teilzunehmen. Am Ende des Schuljahrs wird diese Gruppe ein Konzert für die Mütter und Väter aufführen. Ich möchte unbedingt mitmachen!

Wähl die richtige Antwort (A, B, C oder D) aus.

Use cognates and context to understand an extract. It is the biology teacher who writes songs about *Organe,* so what do you think they are?

Beispiel: **1** B

1 Rella schreibt über …
   A Schulgebäude.
   B Schulerlebnisse.
   C ihre alte Schule.
   D ihren Wohnort.

2 Rella fühlte sich …

   A wohl.
   B sehr ängstlich.
   C wie ihre Eltern.
   D gelangweilt.

3 An Rellas Schule ist alles …
   A langweilig.
   B locker.
   C ziemlich streng.
   D wie in jeder Schule.

4 Rella fand die Geschichtsstunde …
   A stressig.
   B schwierig.
   C interessant.
   D lang.

5 Rella findet den Biologielehrer …
   A langweilig.
   B streng.
   C normal.
   D komisch.

6 Rella würde gern an … teilnehmen.
   A einer musikalischen Aufführung
   B dem Elternsprechabend
   C einem sportlichen Nachmittag
   D einer neuen Stunde

 7 **lesen**

Translate the last paragraph of the blog into English.

8 **hören**

You hear this interview on the school website about a school exchange. Listen to the interview and answer the following questions in English.

Part a
1 What criticism does Herr Krause make of the exchange?
2 What solution did the group find?
3 Give <u>one</u> reason why you think the group might want to go back.
4 Who was involved in planning the exchange? Give <u>one</u> detail.
5 What happened when the group first arrived? Give <u>one</u> detail.

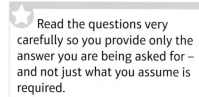 Read the questions very carefully so you provide only the answer you are being asked for – and not just what you assume is required.

Part b
1 Give <u>one</u> reason why Herr Krause mentions Moscow in particular.
2 Why did the pupils want Herr Krause to take their photo in front of the Kremlin?
3 Why has Herr Krause not uploaded the photos?
4 How do you know that Herr Krause was happy with the exchange?
5 What would Herr Krause change next time?

1 schreiben

Refresh your memory! **Copy and complete the sentences. If you need help, see** *Wörter* **on page 48.**

Example: **1** Ich höre jeden Tag Musik.

1 Ich höre ⬚⬚⬚⬚⬚ Musik. (every day)

2 Meine Schwester hat ⬚⬚⬚⬚⬚ Taschenbücher gelesen. (rarely)

3 Als Kind habe ich ⬚⬚⬚⬚⬚ Comics gekauft. (never)

4 Meine Geschwister gehen ⬚⬚⬚⬚⬚ ins Konzert. (twice a year)

5 Im Kindergarten haben wir ⬚⬚⬚⬚⬚ klassische Musik gehört. (now and again)

6 Ich muss ⬚⬚⬚⬚⬚ Flöte spielen. (three times a week)

7 Ich möchte ⬚⬚⬚⬚⬚ Livemusik hören. (once a month)

8 Ich werde ⬚⬚⬚⬚⬚ im Sommer ins Hallenbad gehen. (quite often)

2 hören

Refresh your memory! **What did these people do online yesterday and what did they think of it? Listen, identify the matching picture and make notes in English. (1–6)**

Example: **1** c – OK, but too many songs from last year

⭐ Listen for cognates and key words here – you don't need to understand every word, but get the gist to identify the correct picture for each one. Then on a second listening, concentrate on opinions to note down.

3 lesen

Refresh your memory! **Match up the sentence halves.**

1 Ich habe Rodeln noch nie ausprobiert,

2 Wir werden zu Weihnachten eislaufen fahren,

3 Sie würde nie in den Alpen klettern gehen,

4 Ich möchte unbedingt einen Marathon laufen,

a bevor ich das dreißigste Lebensjahr erreiche.

b weil sie das gefährlich findet.

c denn man wird eine Eishalle in der Stadt bauen.

d weil ich Angst davor habe.

4 sprechen

Complete the picture-based task.

Topic: Cultural life

Schau dir das Foto an und sei bereit, über Folgendes zu sprechen:

- Beschreibung des Fotos
- Deine Meinung zu Weihnachtsmärkten
- Die beste Feier in den letzten Jahren
- Wie der ideale Markt/das ideale Fest in deiner Stadt aussehen würde
- !

⭐ Make notes of key words before you go into the exam. Don't narrow your words to just one topic. Here, for example, you can talk more generally about celebrations, so it might be a birthday, a New Year party or an awards evening.

5 lesen **Read this extract from** *Am Anfang war der Lärm* **by Philipp Oehmke about the German band,** *Die Toten Hosen*.

[…] Ihr Aussehen war zum Davonlaufen. Ihr Benehmen inakzeptabel, ihre Musik dröhnte. Vier von fünf konnten kein Instrument spielen. Wie wurde aus diesen Typen die erfolgreichste Rockband Deutschlands?

Frühjahr 2014: *Die Toten Hosen* haben das erfolgreichste Jahr ihrer Geschichte hinter sich, sie haben mehr Platten verkauft als jemals zuvor, und auf ihrer Tournee erschienen sie vor mehr Menschen als je eine andere Band in diesem Land.

Als Punks spielten sie in der Anfangszeit für nur eine kleine Gruppe Musikfans, heute ist ihre Musik überall zu hören und man betrachtet sie als normal wie jede andere Band in der modernen Musikszene. Doch das wollten sie eigentlich nie. Die Band hat sich in den letzten dreißig Jahren verändert. Alle Mitglieder sind inzwischen über fünfzig Jahre alt – aber Deutschland hat sich auch gewandelt.

Answer the following questions in English. You do not need to write in full sentences.

a What was the general impression of *Die Toten Hosen* in their early years?
b What did the band achieve in 2014? (<u>one</u> detail)
c What was remarkable about the band's 2014 tour?
d How has the band changed since it began?
e What comparison is drawn between the band and Germany?

6 lesen **Translate the second paragraph (***Frühjahr 2014 …***) of the extract into English.**

> ⭐ Watch for tenses when translating – this paragraph has three different tense forms. Can you identify them correctly?

7 hören **You hear this radio review of the film** *Victoria*. **What does the reviewer mention about the film? Listen to the recording and choose the other <u>three</u> correct statements.**

Example: A, …

A Laia Costa plays the main role.
B The characters take part in exciting action.
C The film takes place during the day.
D The film takes place in the capital city.
E The opening of the film shows Victoria at a concert.
F The characters appear as being very distant.
G The filming technique helps to make a great atmosphere.
H There are many films similar to *Victoria*.

> ⭐ On your first listening, eliminate any statements which you know are incorrect. On your second listening you can then concentrate on the remaining statements.

8 schreiben **Translate the following text into German.**

Last week we went to the cinema by bus. I wanted to watch an adventure film that was excellent. Films are entertaining but I would prefer to go to the theatre because that is the most exciting. When I leave school I would like to study drama, although it is not easy to be successful on the stage.

1 *hören*

Refresh your memory! **Listen to the descriptions of Mila's friends. Who does she describe each time? What does she say about them? Make notes in English. (1–6)**

Example: **1** c – Vanessa. Doesn't go to the same school, …

2 *schreiben*

Refresh your memory! **Write the sentences in the correct order. Then translate them into English. If you need help, see *Wörter* on page 69.**

1 werde meinen Sonntag besuchen Großvater Am ich .
2 gehen du Wirst in Stadt die ?
3 im Fußball Park werden spielen Wir .
4 teilnehmen Theater-Wettbewerb einem werde Ich an .
5 Ihr in werdet Sonntag gehen die am Kirche .
6 Schule der seine wird morgen Er Hausaufgaben in machen .

> ⭐ You can start with a time phrase (*Am Sonntag*) or the subject (*ich*), but make sure you always place the main verb (a form of *werden*) in second place, unless you are asking a question.

3 *sprechen*

Refresh your memory! **Pairwork. Partner A makes a statement about something they do now. Partner B relates the statement to when they were younger.**

● *Jetzt esse ich nur ab und zu Kekse.*
■ *Früher habe ich jeden Tag Kekse gegessen.*

> fahren   trinken   spielen   lesen   streiten   essen

4 *schreiben*

Complete the short writing task.

Mein Wochenende

Die Schulwebseite möchte alles zum Thema „Mein Wochenende" wissen. Schreib einen Artikel für die Webseite.

Du **musst** diese Punkte einschließen:

- was du gern am Wochenende machst
- was du letztes Wochenende gemacht hast
- warum dir das Wochenende wichtig ist
- Pläne für das nächste Wochenende.

Schreib ungefähr 80–90 Wörter **auf Deutsch**.

> ⭐ You have to include three tenses in this piece of writing – make sure you go into the exam confident about writing sentences in the present, past and future.

5 *schreiben*

Translate the following text into German.

> Mark is my best friend, but yesterday we argued. We have known each other since primary school, where we played in the playground together. I really get on well with Mark's family and I hope that I can visit them still. Tomorrow I will talk to Mark at school, in order to improve our friendship.

> ⭐ Remember the two words for friend in German: *der Freund* for a male friend and *die Freundin* for a female friend. Also, it may seem obvious, but don't forget your capital letters for nouns!

6 **You hear the results of a survey about friendships on the school radio. Listen to the recording and answer the following questions in English.**

a What do 56% of students think is important in a friendship?
b What characteristic does not go down well with friends?
c Why is it not surprising that fewer people mentioned patience?
d What is the least important aspect of a friendship?
e What is the cause of friendships not lasting, according to the survey?

> When you hear German numbers, remember that the second number is given first: with 56%, for example, you hear '6 and 50', so make sure you get the digits in the correct order.

7 **Lies den Artikel über die Organisation der modernen Familie.**

Die Familien-Organisation ist ein Ganztagsjob!

Jeden Sonntagabend gibt es bei der Familie Richter dieselbe Szene in der Küche: Herr und Frau Richter haben beide ihre Kalender auf ihrem Smartphone und sie holen auch den großen Familienplaner von der Wand zum Tisch. „Morgen hat Bettina Elternsprechabend in der Grundschule, aber ich muss um sieben Uhr im Büro einen Videoanruf machen", sagt Frau Richter. „Und am Samstag muss ich Tante Birgit im Krankenhaus besuchen. Oh nein, diese Woche wird besonders stressig sein, denke ich."

„Mach dir keine Sorgen. So schlimm ist das nicht", sagt Herr Richter, indem er einen Blick aufs Smartphone wirft. „Ich muss am Mittwoch für drei Tage nach London fahren, aber du kannst die Babysitterin dafür organisieren, nicht? Vergiss nicht, du bist am Freitagabend beim Sportverein."

Als Hilfe stehen manchmal Verwandte zur Verfügung. Die Eltern organisieren genau, wann die Oma kommt, um das Mittagessen vorzubereiten oder bei den Hausaufgaben aufzupassen, und welcher Onkel oder welche Tante die Kinder nachmittags zur Sport- oder Musikgruppe mitnimmt.

So eine Szene spielt sich jede Woche nicht nur bei der Familie Richter ab, sondern bei vielen modernen Familien. Und am nächsten Morgen sagen die Eltern den Kindern, wie die Woche für sie laufen wird, und dass die Eltern leider nicht zum Schulkonzert kommen werden. Trotzdem bleibt immer die Hoffnung, dass das nächstes Mal anders sein wird …

Wer macht das? Trag entweder Frau R., Herr R., Verwandte oder Kind ein.

Beispiel: Frau R. _____ plant die Woche in der Küche.

a _____ helfen beim Lernen.
b _____ fährt auf Dienstreise.
c Das _____ bekommt am Montag Informationen.
d _____ muss am Montagabend zur Arbeit.
e _____ sind für Sport verantwortlich.

> Look out for linked words, such as *Büro* and *Arbeit*, to give you clues. Can you find a term which links with *Lernen*?

8 **Translate the last paragraph of the article into English.**

> Read German clauses right to the end, as there may well be a separable prefix (*spielt … ab*) or an infinitive verb (*wird … sein*) lurking there, which can help you with your translation.

1 *lesen* *Refresh your memory!* **Copy and complete the poem with the words in the box.**

> Ein Zuhause, was **1** _____ das bloß?
> Mal ist es **2** _____, mal ist es groß
> Eine **3** _____ am Rande der **4** _____
> Eine Villa die endlose **5** _____ hat
> Ein **6** _____ Häuschen mitten **7** _____ Wald
> Ein **8** _____ in bescheidner Gestalt
> Ein Schloss **9** _____ einen Fürsten **10** _____
> **11** _____ Hütte, die jeder gerne **12** _____

anschaut	Appartement	Eine
für	gebaut	im	ist	klein
kleines	Räume	Stadt	Wohnung

mal = at times, sometimes
das Häuschen = little house
in bescheidner Gestalt = of modest appearance
der Fürst = prince

2 *sprechen* *Refresh your memory!* **Pairwork. Describe your house to your partner. Can your partner draw your house plan accurately? If you need help, see *Wörter* on page 92.**

- ● *Auf der linken Seite gibt es ein Badezimmer.*
- ■ *Gibt es ein Wohnzimmer bei dir?*
- ● *Nein, aber neben dem Badezimmer gibt es …*

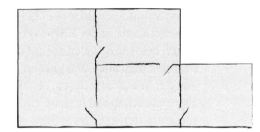

3 *schreiben* *Refresh your memory!* **Which is the odd one out? Why?**

1 Dusche / Lehrerzimmer / Küche / Schlafzimmer / Arbeitszimmer
2 Gebäck / Torte / Berliner / Lachs / Kuchen
3 Kartoffeln / Erbsen / Zwiebeln / Kirschen / Blumenkohl
4 auf / hinter / mal / zwischen / neben
5 auswählen / vorbereiten / unterstützen / einkaufen / anklicken

4 *sprechen* **Complete the role play task.**

Topic: Daily life

You are staying with your Swiss exchange partner and are speaking with your exchange partner's parent. The teacher will play the role of the parent and will speak first.

You must address the parent as *Sie*.

You will talk to the teacher using the five prompts below.

- where you see – ? – you must ask a question
- where you see – ! – you must respond to something you have not prepared

Task

> **Du bist bei deinem schweizerischen Austauschpartner zu Besuch. Du sprichst mit der Mutter / dem Vater der Familie.**
>
> 1. Gern essen – was
> 2. Fisch – Meinung
> 3. !
> 4. ? Frühstück – wo
> 5. ? Etwas zu trinken

⭐ Alarm bells should be ringing as you read the role play set-up. It is your exchange partner's parent you are speaking to. Which register must you use?

5 lesen **Read this article about smart technology.**

Das intelligente Haus: „Smart Home" liegt im Trend

Können Sie die Kaffeemaschine auf dem Weg nach Hause vom Handy aus anschalten? Oder das Wohnzimmer von der Stadtmitte aus aufwärmen?

Das vernetzte Zuhause ist eine positive Entwicklung: In den kommenden Jahren soll sich diese Industrie bis 2020 von zwei auf sieben Milliarden Dollar erhöhen.

Bis dahin werden wir 26 Milliarden Geräte mit dem Netz verbinden – von der Waschmaschine bis zur Ampel.

Im Wohnbereich sieht man schon seit Jahren Smart-TVs. Aber jetzt werden auch die Lampen klüger: Man kann sie per Timer oder mithilfe einer App aktivieren. Bei der Heizung geht es auch so: Wenn es kalt wird, aktiviert man von der Arbeit aus die Heizung. Dann wird die Wohnung schön warm sein, wenn man später dort ankommt.

Diese Vernetzung im Haus ist aber nicht billig – das intelligente Haus ist immer noch eine Frage des Geldes.

Answer the following questions in English. You do not need to write in full sentences.

a What does smart technology allow a user to do?
b Why is smart technology likely to affect you?
c Name one location where the internet will control appliances.
d Who may particularly benefit from smart technology?
e Why might smart technology fail?

> ⭐ Know your bigger numbers: *hundert* (hundred), *tausend* (thousand), *Million* (million) and *Milliarde* (billion)!

6 lesen **Translate the first two paragraphs of the extract into English.**

> ⭐ Don't underestimate the importance of prepositions: they are short but vital words! Make sure you are confident of what they all mean, to help you speed up your translating work.

7 hören **You hear a radio interview with a journalist, Frau Edem. What does she say?**

a   Choose the two correct answers.

Example: Frau Edem has researched eating habits.

A Germans have eaten three billion meals at home in the last decade.
B The majority of Germans cook their own food.
C The report showed some unexpected reasons for eating habits.
D Germans have no history of take-away food.
E Saving time is the main aim of the food industry.

b   Choose the two correct answers.

A The number of adults eating breakfast at home has not changed.
B The number of people of various ages eating breakfast at home has decreased.
C Most children eat lunch at home.
D Food in the workplace is of a very high standard.
E People often do not cook at home any more.

8 schreiben **Translate the following text into German.**

> My family lives in a large high-rise block. It annoys me that we are not allowed to play football in the garden. When I was younger, I lived in a house with a terrace, where we often ate in summer. I would like most of all to live in the countryside, although that has disadvantages as well.

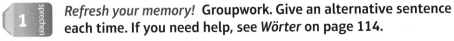

1 *sprechen* — *Refresh your memory!* **Groupwork. Give an alternative sentence each time. If you need help, see *Wörter* on page 114.**

● *Der Bus ist schneller als das Rad.*

■ *Ja, du hast recht, aber das Rad ist billiger als das Auto.*

▲ *Ja, das stimmt auch, aber das Auto ist bequemer als das Rad.*

2 *hören* — *Refresh your memory!* **Listen to people buying travel tickets. Complete the table in English. (1–6)**

	transport	to	departure	arrival	problem
1	train				

3 *schreiben* — *Refresh your memory!* **Write directions, using the register given each time.**

Example: **1** Biegen Sie …

1 Sie ⬅ **2** ihr ⬆ **3** du ⤴ **4** ihr ⬏ **5** du ⊞ **6** Sie ⬑

4 *schreiben* — **Complete the extended writing task.**

Die Traumreise

Sie nehmen an einem Reisewettbewerb teil, und der Preis ist eine Traumreise.

Schreiben Sie einen Artikel über Reisen.

Sie **müssen** diese Punkte einschließen:

• Details von einer Reise, die Sie gemacht haben
• was für Probleme man beim Reisen haben kann
• wie man sich am besten auf eine Reise vorbereitet
• wie Ihre Traumreise aussehen würde.

Rechtfertigen Sie Ihre Ideen und Meinungen.

Schreiben Sie ungefähr 130–150 Wörter **auf Deutsch**.

⭐ You need to write around 140 words here, and you have four bullet points to address. You must write something about every bullet point, so don't get carried away and focus on just one in particular and ignore the others!

5 *schreiben* — **Translate the following text into German.**

We ate at the French restaurant in town last night. My family celebrated, because my grandfather had his eightieth birthday. The waiters were friendly; when we arrived they immediately gave us a table by the window. It was my first visit to this restaurant, but I will probably go there again.

6 hören

You hear a Viennese restaurant being advertised on the radio.
Listen to the advert and answer the following questions **in English**.

a At what time does the restaurant open?
b What tourist site can diners see?
c What sort of meat is used in the *Wiener Schnitzel*?
d What is special about the chips?
e What offer does the restaurant have?

> ⭐ Make sure you know what the prepositions mean: *von* (from) and *bis* (until) are important for times.

7 lesen

Lies den Artikel über Reiseplanung.

> ⭐ Use word families to help you understand a text: *die Sauberkeit* is the noun associated with *sauber* (clean), so what do you think it means? *Im Voraus* comes from the preposition *vor* (in front of, before), so what do you think this means?

Eine Städtereise richtig planen

Wenn du bald einen Kurztrip machen wirst, musst du dich richtig darauf vorbereiten: Zeitpunkt, Unterkunft, Verkehrsmittel … und was wirst du dir ansehen?

Das solltest du vorher machen:

- Einen Reiseführer finden: Wirst du ihn unterwegs lieber in traditioneller Buchform oder online lesen, zum Beispiel auf dem Smartphone?
- Hast du schon an die Unterkunft gedacht? Wirst du sie im Voraus reservieren? Muss sie zentral liegen? Oder fährst du lieber mit den öffentlichen Verkehrsmitteln zum ruhigeren Stadtrand? Vielleicht suchst du ein Hotel oder eine Jugendherberge mitten im Clubviertel?

- Wie wirst du reisen: per Flugzeug, Bus, Bahn oder Auto? Vergiss nicht, es muss nicht immer mit dem Flugzeug sein. Und der Bus kann eine billigere Alternative zur Bahn sein und ist nicht so stressig wie eine Fahrt mit dem Auto.
- Wie lang wird die Städtereise dauern? Für einen Besuch von einer europäischen Stadt reichen wahrscheinlich vier oder fünf Tage. Drei Tage sind zu knapp, um die Stadt gut kennenzulernen. Das ist einfach zu kurz.
- Geld nicht vergessen! Städtereisen können ganz schön teuer werden, also wird es nötig sein, die Bankkarte oder Geld mitzunehmen, besonders, wenn du schöne Andenken mit nach Hause bringen möchtest!

Wähl die richtige Antwort (A, B, C oder D) aus.

Beispiel: **1** B

1 Dieser Artikel gibt Rat über …

  A die besten Städte.
  B Vorbereitungen für eine Städtereise.
  C Pläne für nächstes Jahr.
  D Wohnungen in Wien.

2 Man muss …

  A Fahrkarten kaufen.
  B alle Sehenswürdigkeiten besichtigen.
  C alles im Voraus planen.
  D zur Stadtmitte fahren.

3 Wichtig an der Unterkunft ist …
  A die Gegend.
  B der Preis.
  C die Sauberkeit.
  D die Aussicht.

4 Der Artikel empfiehlt für die Anreise …
  A den Zug.
  B das Flugzeug.
  C das Auto.
  D den Bus.

5 Drei Tage für einen europäischen Städtebesuch sind …
  A großzügig.
  B nicht genug Zeit.
  C ideal.
  D ausreichend.

6 Auf einer Städtereise ist es gut, …
  A einkaufen zu gehen.
  B eine Bahnkarte zu haben.
  C Geld zu sparen.
  D Geld nach Hause zu bringen.

8 lesen

Translate the first paragraph of the article into English.

> ⭐ Conjunctions such as *wenn*, *weil* and *dass* send the verb to the end of the clause, so make sure you find the verbs and position the English translations correctly.

1 lesen *Refresh your memory!* **Match the holiday reports to the holiday types.**

1 Ilka hat ihre Großeltern in London besucht. Das war ein toller Urlaub, weil sie die Stadt richtig gut kennengelernt hat.

2 Asim ist mit der Klasse in die Alpen gefahren, um Snowboarden zu lernen. Leider war er nicht sehr erfolgreich, und er ist mit einem gebrochenen Arm nach Hause gekommen!

3 Emily hat die drei Wochen in Asien echt gut gefunden, weil sie jeden Tag im Meer geschwommen ist und es jeden Tag irrsinnig heiß war. Ihre Freunde zu Hause waren sehr eifersüchtig!

4 Mario ist nicht ins Ausland gefahren – er ist einfach zu Hause geblieben, weil seine Eltern sich keinen Urlaub leisten konnten.

5 Franziskas Urlaub war total anstrengend. Sie hat viele neue Sportarten ausprobiert. An einem Tag hat sie eine lange Wanderung in den Bergen gemacht und musste dann noch draußen im Zelt übernachten!

a Urlaub auf Balkonien

b Aktivurlaub   **c** Winterurlaub

d Erlebnisurlaub   **e** Strandurlaub

f Sightseeingurlaub

2 schreiben *Refresh your memory!* **Imagine you have been on the extra holiday in exercise 1. Write a short paragraph about it, using the texts in exercise 1 as a guide.**

Example: Ich habe eine Woche in der Schweiz verbracht ...

3 hören *Refresh your memory!* **Listen. What would these people like in their ideal town? (1–6)**

a **b** **c** **d** **e** **f**

4 sprechen **Complete the role play task.**

Topic: Travel and tourist transactions

You are at a travel agency, enquiring about a holiday while on your year abroad in Germany. The teacher will play the role of the travel agent and will speak first.

You must address the travel agent as *Sie*.

You will talk to the teacher using the five prompts below.

- where you see – **?** – you must ask a question
- where you see – **!** – you must respond to something you have not prepared

Task

Sie sind im Reisebüro in Deutschland und erkundigen sich nach einem Urlaub. Sie sprechen mit dem Assistent/der Assistentin.

1. Urlaub – wo
2. Urlaub – wann
3. !
4. ? Visum
5. ? Wetter im Sommer

⭐ Aim to sound enthusiastic and polite in the speaking exam – and speak clearly and slowly, rather than rushing your lines.

5 lesen **Read the extract from *Sylt, Nordseeinsel* by Hans-Jürgen Fründt.**

Wind. Überall Wind! Der neu Angekommene spürt nichts deutlicher. Man wird von einer frischen Brise empfangen – oder von einem kühlen Lüftchen – oder von einem steifen Nordwest, je nachdem.

Der Wind bläst Abgase und schlechte Laune und den Alltagsstress weg. Auf die Frage, warum man gerade Sylt als Urlaubsziel wählt, kommt immer als Antwort: „Die Luft, das Klima".

Sylt, das ist das Zusammenspiel von Wellen und

Strand, Natur und Klima. Sylt, das bedeutet endlose Strandspaziergänge und Herumliegen im Strandkorb. Sylt heißt aber auch Scampi und Fischbrötchen, Radtouren und das Wetter genießen.

Doch Sylt begeistert nicht nur im Sommer. Gerade im Herbst oder auch zur Jahreswende kommen viele Fans hoch nach Sylt. Neben den Naturschönheiten bietet Sylt schrille Lokale, ruhige Ferienhäuser und stille Dörfer, wo jeder seinen Traumplatz finden kann.

Write down the letter of the correct answer (A, B, C or D).

⭐ Watch out for 'false friends'. *Das Lokal* means 'pub', not 'local'!

Example: **1** C

1 New arrivals on Sylt first notice …
   A the beach seats.
   B the north-west corner.
   C the wind.
   D the clear air.

2 The wind …
   A is always strong.
   B varies from light to fierce.
   C never blows very hard.
   D is never light.

3 The wind …
   A increases pollution levels.
   B is stressful.
   C makes visitors irritable.
   D gets rid of bad moods.

4 Sylt is a popular holiday destination because of its …
   A weather.
   B locals.
   C accessibility.
   D lifestyle.

5 In summer you can …
   A walk on the beach.
   B play games.
   C eat a variety of meat dishes.
   D go fishing.

6 At other times of the year, Sylt offers …
   A conversations with locals.
   B music festivals.
   C end of year celebrations.
   D a place to rest.

6 lesen **Translate the second paragraph of the extract into English.**

⭐ When translating *man*, you have several options, including 'one', 'you' and 'people'. Make sure you choose the one which suits the passage best each time.

7 hören **You hear this advert for the town of Bannewitz on the radio. What does the advert mention about the town? Listen to the recording and write down the letter of the other <u>three</u> correct statements.**

Example: A, …

A Bannewitz is worth visiting.
B Bannewitz is often featured in travel guides.
C The town holds a variety of events.
D The town is only suitable for older people.

E The area offers diverse walking opportunities.
F Bannewitz does not have any towns nearby.
G There is a youth hostel in the town.
H It is worth visiting an attraction nearby.

8 schreiben **Translate the following text into German.**

We are already making plans for next summer; I want to go on a beach holiday because I love swimming. When we went away for two weeks, it was a great success. My father would like to go to Italy, because it will be hot there. Mum would rather go to Scotland to visit her sister.

1 schreiben *Refresh your memory!* **Find ten jobs in the word snake. Then write a sentence for each one to describe the job.**

Example: Die Bäckerin arbeitet in einer Bäckerei.

BäckerinKellnerKlempnerÄrztinPolizistinVerkäuferBeamtinInformatikerSchauspielerinKöchin

2 lesen *Refresh your memory!* **Match the CV headings (1–4) to the relevant extracts (a–d).**

a
Letzten Sommer habe ich beim Sommersportclub in meiner Stadt gearbeitet. Ich war Assistentin und ich habe die Arbeit sehr interessant gefunden.

c
Ich bin fleißig in der Schule und ich nehme oft an den Sprachwettbewerben teil, weil Englisch mein Lieblingsfach ist. Letztes Jahr habe ich den Wettbewerb an der Schule gewonnen und ich werde nächsten Monat in der zweiten Runde mitmachen.

b
Ich bin großer Sportfan und ich gehe dreimal pro Woche in den Sportverein, um mit der Handballmannschaft zu trainieren. Letztes Jahr hatten wir großen Erfolg, weil wir das Turnier gewonnen haben.

d
Ich besuche ein gemischtes Gymnasium in Köln und ich bin in der neunten Klasse. Ich hoffe, in die Oberstufe zu gehen, weil ich später an der Uni Fremdsprachen studieren möchte.

1 die Schulbildung   **2 die Schulleistung**   **3 die Berufserfahrung**   **4 die Freizeitaktivitäten**

3 sprechen *Refresh your memory!* **Carry out a class survey to find out about what jobs people wanted to do when they were younger and what jobs they want to do now. What are the top jobs?**

● *Was wolltest du als Kind werden?*
■ *Ich wollte Lehrer werden, weil ich die Schule so wunderbar gefunden habe.*
● *Und was möchtest du jetzt werden?*
■ *Jetzt möchte ich Physiker werden, weil Physik mein Lieblingsfach ist.*

4 hören **Du hörst im Internet einen Bericht über Neles Berufswünsche. Füll die Lücke in jedem Satz mit einem Wort oder Wörtern aus dem Kasten. Es gibt mehr Wörter als Lücken.**

⭐ Read the sentences first to see if you can eliminate any of the answer options. Then listen carefully to identify the correct word for each gap.

alten	Kellnerin	aufpassen	Kollegen	Geschwistern	jungen
~~Kindern~~	positiv	Gärtner	Köchin	anstrengend	verstehen

Beispiel: Nele will mit <u>Kindern</u> arbeiten.

a Nele ist eine gute _____.

b Ein Au-pair-Mädchen muss sich gut mit anderen _____.

c Nele hat mit sehr _____ Leuten gearbeitet.

d Die _____ haben Nele ein Geschenk gegeben.

e Nele hat die Arbeitserfahrung _____ gefunden.

5 lesen **Read this text from a web page offering advice for school leavers.**

Nach dem Abitur – was dann? *Studium, Ausbildung oder ins Ausland?*

Sara „Was mache ich nach meinem Abitur?" Diese Frage ist eine typische Frage vieler junger Menschen in der Zeit zwischen Schule und Beruf: Auch ich befinde mich jetzt in dieser Phase. Diesen Sommer habe ich die letzte Abiturprüfung überstanden, und jetzt habe ich schon viele Ideen für die Zukunft gesammelt.

Liam Ich habe mir lange überlegt, ob ich lieber ein Studium, eine Ausbildung, einen direkten Berufseinstieg oder doch lieber zuerst ein Praktikum machen möchte. Am Ende habe ich beschlossen, zuerst Zeit im Ausland zu verbringen, denn das machen wohl viele.

Tuana Ich habe mir schon oft diese Frage gestellt – und jetzt suche ich die richtigen und wichtigen Antworten! Soll ich Geld verdienen, ehrenamtlich arbeiten oder ein Auslandsjahr in Australien verbringen? Ich habe keine Ahnung!

Dario Meine Freunde gehen alle studieren, aber ich möchte lieber direkt in den Beruf einsteigen. Meiner Meinung nach ist das kein Problem, denn es gibt viele spannende Ausbildungsberufe, die ich machen könnte.

> Recognising the genitive case will help: *eine typische Frage vieler junger Menschen*, indicates it is an important question 'belonging to' (of) young people.

What information is in the forum? Enter Sara, Liam, Tuana or Dario in the gaps.

Example: Sara between studies.

a _____ has no idea what to do.
b _____ will do something different from most young people.

c _____ has already passed an exam.
d _____ doesn't want to stay in the home country.

Answer the following questions in English. You do not need to write in full sentences.

e What does Liam mention about his choice?

f What has Tuana's attitude to the future been?

6 lesen **Translate Sara's paragraph in the extract into English.**

7 schreiben **Complete the short writing task.**

Der Lebenslauf

Du bereitest deinen Lebenslauf vor. Du hast das Formular mit deinen Personaldetails ausgefüllt und jetzt musst du einen Absatz über dich schreiben.

Du **musst** diese Punkte einschließen:
- was deine Charaktereigenschaften sind
- was für ein Arbeitspraktikum du schon gemacht hast
- deine Pläne für nach dem Schulabschluss
- was dir an einem Job wichtig ist.

Schreib ungefähr 80–90 Wörter **auf Deutsch**.

> Aim to include:
> - subordinating conjunctions, such as *obwohl* (although) and *während* (during): remember to put the verb at the end of the clause
> - adverbs and conjunctions (plus verb next), such as *deshalb* (therefore) and *trotzdem* (despite that).

8 schreiben **Translate the following text into German.**

I have been learning French and Spanish for ten years. It is important to learn languages, because they are so useful. After my sister had volunteered in Ireland, she stayed in this lovely country. I visit her sometimes, but I would never like to live abroad myself.

> Get your adjective endings correct: 'lovely country' needs a dative ending after *in diesem*: *in diesem schönen / wunderbaren Land.*

1 *Refresh your memory!* **Listen and complete the missing numbers. (1–5)**

1 age of the oldest Olympian: _____ years
2 age of the youngest Olympian: _____ years
_____ days
3 Olympic Games first broadcast in: _____
4 a year the games were cancelled: _____
5 first Paralympic Games: _____

2 *Refresh your memory!* **Listen again and note down an extra piece of information for each extract.**

3 *Refresh your memory!* **Write out the environmental issues correctly.**
Then write a sentence, giving your opinion of each issue.

Example: **1** die globale Erwärmung – Ich finde, die globale Erwärmung ist ein riesiges Problem, wiel sie das Leben auf unserem Planeten bedroht.

1 die globale **wärrenmug**
2 die **ughblazon**
3 die **zestfultvchurnmug**
4 die **bümmwrechunges**
5 das **abruteness** von Tierarten
6 die **gleämasblurtn**
7 die **bluröverkeenbüg**
8 die **büstwidugnnel**

4 **Read the introduction to the book *Ökofimmel* by Alexander Neubacher.**

Ich bin für Umweltschutz, die Natur liegt mir am Herzen. Ich mag die Tiere und die Pflanzen, den blauen Himmel und das Meer. Ich möchte, dass meine Kinder in einer intakten Umgebung aufwachsen, und ich gehe mit gutem Beispiel voran. Ich habe niemals ein Papiertaschentuch auf den Boden geworfen. Zum Brötchenholen fahre ich mit dem Rad; auf Arbeitsreisen im vorigen Jahr habe ich jedes Mal den Zug genommen. Ich kaufe lieber Milchprodukte, die ein Biosiegel tragen, auch wenn sie ein paar Cent teurer sind. Eier von Batteriehennen sind mir nie ins Haus gekommen, und wenn ich Wurst oder Fleisch esse, plagt mich […] ein schlechtes Gewissen.

Ich habe meinen Müll immer getrennt. Auf unserer Einfahrt stehen, symmetrisch geordnet, vier Tonnen: rechts blau für Papier und gelb für Plastik, links braun für Gartenabfälle und grau für den Rest. Das sieht nicht schön aus. Es riecht auch etwas streng, zumal an Sommertagen, wenn ich gern draußen wäre.

1 **What is the text about? Write down the letters of the other <u>three</u> correct statements.**

Example: A, …

A Alexander Neubacher cares about the environment.
B He is certain his children will grow up in a good world.
C He shows others how to behave in a positive fashion.
D He feels bad that he once threw a tissue on the floor.
E He sometimes has to travel on environmentally unfriendly transport.
F Money does not affect his behaviour.
G He is concerned for animal welfare.
H He never feels bad about his actions.

Answer the following questions in English. You do not need to write in full sentences.

2 Why do you think Alexander's recycling arrangements might not look attractive?
3 Why can't he be in his garden all year round?

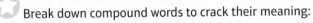

Break down compound words to crack their meaning:

Papier + Taschentuch → paper handkerchief
Arbeits + Reisen → work trips

Cognates are also very useful when working with unfamiliar texts. What do you think a *Batteriehenne(n)* is when talking about environmental issues?

5 lesen **Translate the last paragraph of the text in exercise 4 into English.**

Einfahrt literally means 'in go', but what is this called in English, when it is the place where recycling bins might be kept?

 6 hören **You hear this advert for volunteering opportunities. What possibilities does the advert mention? Listen to the recording and write down the letter (A, B, C or D) of the correct answer for each question.**

Example: **1** C

1 The company offers …

    A paid work.
    B money to charities.
    C memorable experiences.
    D free holidays.

2 The company aims to save their clients …
    A effort.
    B time.
    C money.
    D anxiety.

3 Manuela found her voluntary role …
    A OK.
    B tiring.
    C amazing.
    D sad.

4 Ilkay found the situation in Thailand …
    A uncomfortable.
    B revealing.
    C as he expected.
    D well organised.

5 Antonia found her placement …
    A inspirational.
    B taxing.
    C hectic.
    D unusual.

6 Emre …

    A enjoyed playing football in Rio.
    B worked with children.
    C won't choose jobs with cooking.
    D will work with street children.

Make sure you are in the habit of learning vocabulary as you come across new topics. Often words from one topic crop up in a completely different topic, so *je* more vocabulary you pick up, *desto* better!

 7 sprechen **Complete the picture-based task.**

Topic: Bringing the world together

Schau dir das Foto an und sei bereit, über Folgendes zu sprechen:
- Beschreibung des Fotos
- Deine Meinung zu internationalen Sportevents
- Ein Sportevent, das du im Fernsehen oder live gesehen hast
- Welches Sportevent du in deiner Stadt organisieren möchtest
- !

Have a good supply of useful words and expressions to drop into your speaking exam: *zweifellos* (doubtless), *vielleicht* (perhaps), *ich stelle mir vor* (I imagine).

 8 schreiben **Translate the following text into German.**

I have never been to the Olympic Games but I would like to go next time. Last year my brother went to the stadium and he really enjoyed it. In my opinion, there are too many disadvantages with these events. I had tried to buy a ticket for a concert instead, but I didn't succeed.

General conversation questions

The Edexcel German course is made up of several topics (e.g. *holidays*, *cultural life*), which are grouped into five **themes**:

- Theme 1 – Identity and Culture
- Theme 2 – Local area, holiday and travel
- Theme 3 – School
- Theme 4 – Future aspirations, study and work
- Theme 5 – International and global dimension

For the General Conversation, you can choose a **topic** (e.g. *school activities*) from **one** of the themes for your discussion. You will be allowed to speak about this for up to one minute at the start. After that you will be required to continue with the discussion on your chosen topic (or the wider theme). Your teacher will then ask you questions on a second theme. Here are some questions to show the kind of thing you might be asked.

Chapter 1

Theme: School (What school is like; School activities)

1 Wie findest du jetzt die Sekundarschule?

2 Welche Pläne hast du für nach den Prüfungen?

3 Was muss man machen, um nicht sitzen zu bleiben?

4 Stehst du an deiner Schule unter großem Druck? Warum (nicht)?

5 Hast du je etwas gegen die Schulordnung gemacht? Was ist passiert?

6 Was wirst du heute nach der Schule machen?

7 Was hat dir an der Grundschule gefallen?

8 Kannst du mir dein Schulgebäude beschreiben?

9 Was ist auf deiner letzten Klassenfahrt passiert?

10 Wie feiert man Erfolge an deiner Schule?

Chapter 2

Theme: Identity and culture (Cultural life)

1 Liest du gern?

2 Siehst du Filme lieber zu Hause oder im Kino?

3 Bist du sportlich?

4 Was wirst du am Wochenende machen?

5 Welches Fest hast du in letzter Zeit gefeiert?

6 Welchen Film-, Fernseh- oder Sportstar magst du?

7 Was hast du in letzter Zeit gelesen? Kannst du das beschreiben?

8 Hast du je ein Instrument gespielt? Welches?

9 Warum muss man Sport machen, meinst du?

10 Welche Pläne hast du für deinen nächsten Geburtstag?

Chapter 3

Theme: Identity and culture (Who am I?)

1 Was machst du gern mit deinem Freund/deiner Freundin?

2 Kommst du immer gut mit deinem Freund/deiner Freundin aus?

3 Glaubst du, ihr werdet immer miteinander befreundet sein?

4 Wie verstehst du dich mit deiner Familie?

5 Ist eure Beziehung manchmal kompliziert?

6 Was habt ihr letzten Sommer zusammen gemacht?

7 Wie würdest du dich beschreiben?

8 Wie möchtest du sein?

9 Wann hast du dich das letzte Mal mit deiner Familie gestritten? Warum?

10 Mit wem verbringst du gern deine Freizeit?

Chapter 4

Theme: Identity and culture (Daily life)

1 Wie ist dein Zimmer?

2 Was wirst du heute Abend zu Hause essen?

3 Hast du in der letzten Zeit ein köstliches Essen gegessen?

4 Was findest du positiv oder negativ an Technologie zu Hause?

5 Was darfst du zu Hause (nicht) machen?

6 Wie würde dein ideales Haus sein?

7 Was ist deine Lieblingsmahlzeit? Warum?

8 Würdest du lieber in einer Wohnung oder in einem Haus wohnen? Warum?

9 Was hast du gestern vom Aufstehen bis zum Mittag gemacht?

10 Wie wirst du in Zukunft soziale Netzwerke benutzen?

Chapter 5

**Theme: Local area, holiday and travel
(Travel and tourist transactions)**

1 Wie war die Ankunft (bei einem Urlaub)?

2 Würdest du (wieder) ohne Stadtplan in eine fremde Stadt fahren?

3 Wo möchtest du hinfahren?

4 Würdest du lieber in eine Stadt oder ans Meer fahren? Und warum?

5 Mit welchen Verkehrsmitteln fährst du am liebsten in den Urlaub?

6 Kann ein Urlaub zu Hause auch Spaß machen?

7 Wirst du in Zukunft selber ein Auto haben? Warum (nicht)?

8 Übernachtest du lieber bei dir oder in einem Hotel? Warum?

9 Wie war die Unterkunft beim letzten Urlaub?

10 Wie war dein letzter Restaurantbesuch?

Chapter 6

**Theme: Local area, holiday and travel
(Holidays; Town, region and country)**

1 Was für einen Urlaub findest du besonders toll?

2 Hast du schon einmal Urlaub ohne deine Eltern gemacht?

3 Machst du lieber einen Sommer- oder Winterurlaub?

4 Was für Probleme hast du schon im Urlaub erlebt?

5 Wie findest du es, wenn du Urlaub auf Balkonien machst?

6 Was würde dein Traumurlaub sein?

7 Was ist deine Lieblingsjahreszeit? Warum?

8 Warum fahren viele Leute gern in Urlaub?

9 Wohin bist du mit deiner Klasse gefahren?

10 Wo wirst du wohnen, wenn du erwachsen bist?

Chapter 7

**Theme: Future aspirations, study and work
(Using languages beyond the classroom; Ambitions; Work)**

1 Was wirst du machen?

2 Wie wird die Berufswelt sein, deiner Meinung nach?

3 Was für Berufe findest du am interessantesten?

4 Was für Arbeitserfahrung hast du schon gehabt?

5 Was möchtest du in Zukunft machen, wenn du älter bist?

6 Was würdest du machen, wenn du keinen Job hättest?

7 Wie haben sich deine Ideen in Bezug auf Berufe in den letzten Jahren verändert?

8 Welchen Job würdest du nicht gern machen? Warum?

9 Sollen Sprachen an der Schule Pflicht sein? Warum (nicht)?

10 Wie wirst du in Zukunft deine Deutschkenntnisse benutzen?

Chapter 8

**Theme: International and global dimension
(Bringing the world together; Environmental issues)**

1 Was sind die Vorteile von internationalen Festivals und Events?

2 Was könnte man machen, um den Umwelteinfluss von Festivals und Events zu reduzieren?

3 Bist du schon mal auf ein Festival oder Event gegangen?

4 Welches Festival oder Event möchtest du in Zukunft besuchen? Warum?

5 Würdest du an einem Festival oder Event teilnehmen oder dabei helfen?

6 Was für ein Festival oder Event möchtest du organisieren?

7 Würdest du an einem Marathon teilnehmen? Warum (nicht)?

8 Welche Umweltaktionen sollte man in der Schule machen?

9 Welche Umweltprobleme sind dir wichtig? Warum?

10 Wie wirst du in Zukunft Anderen helfen?

1 lesen **Read Kristian's text and find the German for the sentences below.**

Ich freue mich auf das neue Schuljahr, denn ich werde alle meine Freunde wiedersehen.

Dieses Jahr sind wir in der neunten Klasse und wir müssen viele Klassenarbeiten schreiben. Das werde ich stressig finden. Englisch ist mein Lieblingsfach, weil ich immer gute Noten bekomme. Ich mag Naturwissenschaften aber nicht, weil ich sie sehr schwierig finde.

Unsere Schule ist eine gemischte Realschule und es gibt über 1.000 Schülerinnen und Schüler und etwa 55 Lehrerinnen und Lehrer. Die Schule ist sehr gut ausgestattet und wir haben tolle Computer- und Kunsträume, aber wir haben leider keine Bibliothek.

Die Schulordnung finde ich oft ärgerlich: Man darf zum Beispiel keine Jacken im Klassenzimmer tragen und das finde ich ungerecht.

Letztes Jahr habe ich am Schüleraustausch teilgenommen. Das war ein tolles Erlebnis. Wir haben einen Tagesausflug nach London gemacht und wir haben die Sehenswürdigkeiten besichtigt.

Nächste Woche werden wir auf Klassenfahrt zur Zirkusschule fahren. Ich freue mich irrsinnig darauf, denn ich werde das echt sehr interessant finden. Hoffentlich werde ich den Wettbewerb im Jonglieren gewinnen!

Kristian, der Jongleur

1 I will see all my friends again.
2 We have to do lots of class tests.
3 I will find that stressful.
4 because I always get good grades
5 because I find it difficult
6 Our school is a mixed secondary school.
7 The school is very well equipped.
8 I find that unfair.
9 That was a great experience.
10 We visited the sights.

11 Next week we will go on a class trip.
12 I am really looking forward to it.
13 Hopefully I will win the juggling competition!

> ⭐ Use a dictionary (print or online) or the *Wörter* section on pages 28–29 to help you when working through a text on your own. Remember, you don't need to understand every word to do the activity, so don't spend ages translating the text word for word.

2 lesen **Read the text again and answer the questions in German.**

1 Worauf freut sich Kristian im Moment?
2 In welcher Klasse ist Kristian?
3 Welche Fächer mag Kristian nicht?
4 Wie viele Lehrer(innen) gibt es an der Schule?
5 Was gibt es an der Schule nicht?

6 Wie findet Kristian die Schulordnung?
7 Woran hat Kristian letztes Jahr teilgenommen?
8 Wie viel Zeit hat er in London verbracht?
9 Wie wird Kristian die Klassenfahrt finden?

3 schreiben **Write about your ideal school, making sure you include answers to these questions.**

• Worauf freust du dich dieses Jahr (nicht)?
• Was machst du in der Pause / nach der Schule?
• Wie viele Schüler(innen) und Lehrer(innen) gibt es an der Schule?
• Wie ist die Schulordnung?
• Was hast du letztes Jahr in der Schule gemacht?
• Wohin wirst du auf Klassenfahrt fahren?

> ⭐ Use the questions to help form your answers.
>
> *Worauf freust du dich dieses Jahr (nicht)? → Dieses Jahr freue ich mich (nicht) sehr auf …*
>
> Look back through Chapter 1 for ideas and support.

1 schreiben — Copy the text and fill in the missing words.

In meiner Freizeit

Ich lese jeden **1** .... eine Stunde in einem Buch oder auf einem **2** .... Gerät. **3** .... ist auch sehr wichtig für mich. Ich höre oft Reggae und Jazz, **4** .... sie so lebhaft sind. Ich spiele **5** .... zwei Jahren Gitarre und ich **6** .... gern in einer Band spielen.

Ich bin nicht sehr **7** .... , aber im **8** .... fahre ich **9** .... meinen Freunden Ski, denn wir wohnen in den **10** .... Ich habe Klettern **11** .... , aber ich finde es zu gefährlich.

Ich sehe nie **12** .... , weil die Sendungen mich nicht interessieren, aber ich gehe einmal im Monat ins **13** .... – meine **14** .... sind Komödien, weil sie immer sehr **15** .... sind.

2 lesen — Translate the text (exercise 1) into English.

3 lesen — Read the poem and answer the questions in English.

> **wäre** = würde sein;
> **was** = etwas (*something*)

Wünsche zum neuen Jahr

Ein bisschen mehr Friede und weniger Streit.
Ein bisschen mehr Güte und weniger Neid.
Ein bisschen mehr Liebe und weniger Hass.
Ein bisschen mehr Wahrheit – das wäre was .

Statt so viel Unrast ein bisschen mehr Ruh.
Statt immer nur Ich ein bisschen mehr Du.
Statt Angst und Hemmung ein bisschen mehr Mut.
Und Kraft zum Handeln – das wäre gut.

In Trübsal und Dunkel ein bisschen mehr Licht.
Kein quälendes Verlangen, ein bisschen Verzicht.
Und viel mehr Blumen, solange es geht.
Nicht erst an Gräbern – da blühen sie zu spät.

Ziel sei der Friede des Herzens.
Besseres weiß ich nicht.

PETER ROSEGGER

> *sei* – part of the verb *sein*.
> Here it means 'should be'.

1. What time of year is the poem referring to?
2. Which statement about the message of the poem is **not** true?
   a. We should try to lead a more peaceful life.
   b. We should let others fight our battles.
   c. We should give more flowers to people if we can.
3. Which four of these nouns are positive, in the poet's opinion?
   Güte, Hass, Wahrheit, Angst, Mut, Kraft
4. Which line suggests people should be less selfish?
5. Find the German words for 'gloom' and 'darkness'.
6. The poet knows of nothing better than …
   a. strength in your legs   b. peace in your heart
   c. thoughts in your head.

> *statt* = instead of
> *die Hemmung* = inhibition
> *quälendes Verlangen* = nagging demands

> ⭐ You don't need to understand every word to do the task, but if you are really struggling with unknown vocabulary, look it up in a dictionary or online. Consider the translations carefully in order to choose the correct one.

4 schreiben — Complete the text.

Zum neuen Jahr wünsche ich (mir) …

1 lesen **Read the extracts and match them to the English summaries (1–5).**

a Guten Tag. Ich bin Britta und ich möchte meine gute Freundin, Rosa Sesemann, vorstellen. Sie ist fünfzehn Jahre alt und geht auf die Realschule in Tübingen in Baden-Württemberg.

b Rosas Eltern sind seit vielen Jahren geschieden. Als Rosa erst drei Jahre alt war, haben sie sich getrennt und ihr Vater ist nach Australien ausgewandert.

c Sieht Rosa ihrer Mama oder ihrem Papa ähnlicher?

d Viele Menschen sind der Meinung, daß Rosa ein Vaterkind ist. Ihre Haare sind fast so dunkel wie seine. Sie hat auch so schöne, blaue Augen wie er.

e Rosas Papa hat eine neue Familie in Australien. Er hat zwei Söhne, die Noah und Mason heißen. Ihr Papa hat ein Foto von ihnen geschickt und ich finde, dass der Jüngere, Mason, Rosa ähnlich sieht. Er hat auch braunes Haar und große, blaue Augen.

1 Her parents separated and her father emigrated.
2 I'd like to introduce … She is … years old.
3 She takes after her father.
4 The younger son looks like her.
5 Which parent does she most look like?

> ⭐ When you read German texts you are bound to come across unfamiliar language. Focus on words and phrases you know or recognise to understand the gist.

 2 lesen **Read the quotations (a–e) in exercise 1 again. Answer the questions in English.**

1 Who is talking?
2 How old was Rosa when her parents separated?
3 Where does her father live?
4 In what way does she look like her father?
5 What did Rosa receive from him?
6 What colour hair and eyes does Mason have?

 3 lesen **Look at the poster and read Sasha's nomination entry. Answer the questions in German.**

Wir suchen die besten Freunde dieses Jahres!

Schick uns deine Nominierung und erzähl uns, warum dein(e) beste(r) Freund(in) einfach der/die Beste ist. Die besten Freunde werden unseren Starpreis gewinnen: ein tolles, kostenloses Wochenende in New York!

Ich möchte meinen Freund Ludo nominieren, denn er ist einfach der beste Freund in der Welt. Seit vier Jahren sind wir beste Freunde und wir haben uns nie gestritten. Ich verstehe mich immer sehr gut mit ihm, weil er so geduldig und ehrlich ist.

Letztes Jahr hatte ich viele Probleme zu Hause. Meine Mutter war krank, und da meine Eltern geschieden sind, musste ich meine Mutter und meine Geschwister unterstützen. Ich habe viel zu Hause geholfen und konnte mich nicht so gut auf die Schule konzentrieren. Ich habe die Prüfungen nicht bestanden und jetzt bin ich sitzen geblieben. Das finde ich schwierig.

Ludo hat immer Zeit für mich und ich kann mit ihm über alles reden. Ich habe nicht viel Freizeit, weil meine Familie mich braucht, aber er ist nie eifersüchtig. Wenn ich bei Ludo bin, kann ich meine Probleme vergessen. Er hilft mir sehr bei der Schularbeit und meine Noten werden langsam besser – ich werde hoffentlich ein gutes Zeugnis bekommen.

Ich würde sehr gern den Preis für Ludo gewinnen. Ein Wochenende in New York ist ein perfektes Danke an Ludo für alles, das er für mich gemacht hat.

1 Seit wann sind Sasha und Ludo beste Freunde?
2 Was haben sie nie gemacht?
3 Warum musste Sasha letztes Jahr viel zu Hause helfen? (zwei Details)
4 Was war der Effekt auf ihre Schularbeit?
5 Warum sind Sasha und Ludo nicht viel zusammen?
6 Was passiert, wenn Sasha bei Ludo ist?
7 Warum hat Sasha jetzt bessere Noten?
8 Warum möchte Sasha die Reise gewinnen?

 4 schreiben **Nominate your best friend as 'best friend of the year'. Write your competition entry, using exercise 3 for support.**

1 lesen **Read the poem by Johannes Trojan. True or false?**

Die Wohnung der Maus

Ich frag die Maus:
Wo ist dein Haus?
Die Maus darauf erwidert mir:
Sag's nicht der Katz, so sag ich's dir.
Treppauf, treppab,
erst rechts, dann links,
dann wieder rechts,

und dann gradaus –
da ist mein Haus,
du wirst es schon erblicken!
Die Tür ist klein,
und trittst du ein,
vergiß nicht, dich zu bücken.

⭐ Look at the tense used with the verb *erblicken* (to see). What does this imply?

1 A mouse lives in the flat.
2 The cat knows where the mouse lives.
3 You have to go upstairs and downstairs to get to the flat.
4 You go left first and then right.

5 The writer has seen the flat before.
6 There is a small door to go in.
7 The mouse asks the writer not to forget the directions.

2 lesen **Read Viktor's diary and choose the correct answer.**

Ein schrecklicher Mittwoch

Es ist halb acht und ich bin noch in meinem Bett im Schlafzimmer. Wir wohnen in einer kleinen Wohnung in der Stadtmitte und meine Eltern sind schon zur Arbeit gefahren. Warum habe ich gestern Abend bis so spät Videos auf meinem Tablet gesehen? OK. Ich stehe auf und gehe ins Badezimmer. Ich verbringe fünf Minuten unter der Dusche. Dann muss ich etwas essen. In der Küche gibt es noch die Gulaschsuppe und das Brot von gestern. Ich esse schnell die kalte Suppe und gehe dann unten in den Keller. Ich werde jetzt mein Fahrrad holen und dann in die Schule fahren. Ich simse meinem besten Freund, dass ich sehr spät zur Schule komme. Dann muss ich schnell das Spiel auf meinem Handy spielen, weil es Probleme in der virtuellen Stadt gibt. Das wird nicht lange dauern ... ach nein, es ist jetzt halb neun. Ich werde ein großes Problem haben, wenn ich endlich zur Schule komme! Hilfe!!

1 Um halb acht ist Viktor in der Schule / im Bus / zu Hause.
2 Viktor wohnt in einer Wohnung / in einem Hochhaus / auf dem Land.
3 Gestern ist er früh / spät / pünktlich ins Bett gegangen.
4 Er steht auf und zuerst frühstückt er / sieht er sein Tablet an / wäscht er sich.
5 In der Küche isst er kalte Speisereste / frisches Brot / nichts.

6 Sein Fahrrad ist in der Schule / in der Küche / im Keller.
7 Er simst, dass er unpünktlich / krank / nicht zur Schule kommt.
8 Das Spiel am PC / auf dem Handy / vor dem Wohnblock ist ihm wichtig.
9 Er ist nervös, dass er das Fahrrad nicht finden wird / ein Problem in der Schule haben wird / das Spiel verlieren wird.

3 schreiben **Write a diary entry about a terrible day (real or imaginary) you had when you were late for school. Use Viktor's diary in exercise 2 as a guide as to what to include.**

past present future

weil wenn dass

1 lesen **Read the poem about Vienna and answer the questions in English.**

> This is the gerund of *reisen* (travelling).

> Der internationale Flughafen in Wien.

> Austrian dialect form of *möchte* to rhyme with *Schwechat*.

> Spot the cognate here?

> Some place names are spelt differently in German. Which city is this?

> Ein Gebiet am nordwestlichen Stadtrand von Wien.

Reisendes Känguru

Ein Känguru landet in Schwechat,
Da es Wien liebend gern sehen mechat.
Doch es kommt nicht dazu,
Weil das Buschkänguru
In Grinzing den ganzen Tag tschechat.

INGO BAUMGARTNER

> This is a dialect verb to rhyme with *Schwechat*. What ideas do you have for it? What could it mean?

1 What kind of kangaroo is the poem about? (**two** details)
2 How did the kangaroo come to Schwechat?
3 Why did the kangaroo come to Vienna?
4 Why did his plan change on arrival?

2 schreiben **Read Kai's blog and correct the mistakes in the sentences. (1–8)**

Kais Blog
Sonntag, 11:15 Uhr

Letztes Jahr bin ich mit vier Freunden nach Wien gefahren. Wir sind mit dem Bus gefahren, weil das am billigsten war, aber die Reise war schrecklich lang. Unterwegs hatte ich Rückenschmerzen, weil es im Bus so unbequem war. Bei der Ankunft am Busbahnhof sind wir zuerst zum Informationsbüro gegangen, um Hotelzimmer zu reservieren. Wir sind dann mit der Straßenbahn zum Hotel gefahren. Das Hotel war leider sehr schmutzig und laut, aber Wien war die wunderschönste Stadt und das Essen war echt lecker. Wenn ich mehr Geld hätte, würde ich nächstes Jahr gern wieder dahin fahren. Ich würde aber in einem besseren Hotel übernachten!

1 Kai hat eine Reise mit seiner Familie gemacht.
2 Sie sind mit dem Flugzeug geflogen.
3 Die Busreise war teurer als eine Zugreise.
4 Kai hatte im Bus Kopfweh.
5 Kai ist zum Informationsbüro gegangen, um einen Diebstahl zu melden.
6 Sie sind zu Fuß zum Hotel gegangen.
7 Das Wiener Essen hat Kai nicht geschmeckt.
8 Kai möchte nie wieder nach Wien fahren.

> ⭐ Don't miss the adjectives used in the comparative or superlative form.
>
> Notice how Kai uses time expressions such as *zuerst* and *dann* to sequence his blog. Make sure you translate them!

3 lesen **Translate Kai's blog into English.**

1 schreiben

Write as many sentences as you can about your holiday plans.

Beispiel: Wir werden in den Schulferien mit dem Flugzeug nach Kroatien fliegen.

1	2	3	4
Wir werden … Ich plane, … Wir hoffen, … Ich habe vor, … Wir haben Lust, …	nächsten Winter in den Schulferien im Frühling diesen Sommer im Oktober		nach Kroatien in die USA nach Bayern an die Ostsee in die Berge

 Remember German word order: time – manner – place.

2 lesen

Read the extract from the novel *Die Heimkehr* by Bernhard Schlink and answer the questions in English.

> In this extract, the author is recalling memories of his childhood holidays.

> Die Ferien meiner Kindheit verbrachte ich bei den Großeltern in der Schweiz. Meine Mutter brachte mich zum Bahnhof, setzte mich in den Zug, und wenn ich Glück hatte, konnte ich sitzen bleiben und kam nach sechsstündiger Fahrt an dem Bahnsteig an, an dem der Großvater mich erwartete. […]
>
> Ich genoß die Bahnfahrten […]. Ich hatte Fahrkarte und Paß, Proviant und Lektüre, brauchte niemanden und mußte mir von niemandem etwas sagen lassen.

1 Where did the author spend his holidays as a child?
2 How did he travel there?
3 How long did the journey last?
4 Who used to wait for him at his destination?
5 Name <u>three</u> things he took with him for the journey.

 The verbs in this extract are mainly in the imperfect tense as the author is describing something he <u>used</u> to do. Look for words you recognise and think about what would make sense in this context.

3 lesen

Translate the following text into English.

> Unser Plan war, während des Urlaubs viel draußen zu sein. Ich hatte einen Platz auf einem Campingplatz an der Küste gebucht und wir hatten ein neues Zelt gekauft. Aber dann kam der Sturm: große, dunkelgraue Wolken, ein extrem starker Wind und unglaublich viel Regen! Wegen des furchtbaren Wetters mussten wir in einer Pension im Dorf übernachten. Dort gab es fast nichts zu tun und wir sind früh nach Hause gefahren. ☹ Wir haben Lust, nächstes Jahr mit unserem Zelt nach Spanien zu fahren. Wir hoffen auf besseres Wetter!

 This passage contains lots of new language and structures that you met in Chapter 6. Look back through the units to remind yourself of them and make your translation as accurate as you can.

1 lesen Read the song *Das Lied von der Arbeit* by Detlef Cordes. Which four sentences match the meaning of the song?

Das Lied von der Arbeit

Wer Geld verdienen will, muss zur Arbeit gehen
und meistens dafür morgens früh aufstehen.
Oft dauert die Arbeit bis abends spät,
so ist das, wenn man zur Arbeit geht.

Refrain:
Ich geh zur Arbeit, ich geh zur Arbeit,
ich geh zur Arbeit, um Geld zu verdienen.
Ich geh zur Arbeit, ich geh zur Arbeit,
ich geh zur Arbeit und verdiene Geld.

Geld verdienen ist gar nicht so leicht,
man hat viel zu tun, bis man es erreicht,
dass man sich all die Dinge kaufen kann,
die man braucht oder haben möchte dann und wann.

Refrain …

Wer Geld verdienen will, ist meistens nicht zu Haus,
weil man dann zur Arbeit geht, tagein, tagaus.
Manchmal ist die Arbeit schwer,
zu spielen hat man dann keine Zeit mehr.

Refrain …

DETLEF CORDES

1 Alle Arbeiter(innen) müssen früh aus dem Haus kommen.
2 Wenn man Geld verdient, bleibt man meistens nicht zu Hause.
3 Man geht zur Arbeit, um Freunde zu treffen.
4 Ein Arbeitstag ist sehr einfach.
5 Man kann allerlei Sachen kaufen, wenn man Geld verdient.
6 Man geht nicht jeden Tag zur Arbeit.
7 Arbeiter(innen) haben keine Zeit zum Spielen.
8 Die Arbeitsstunden sind oft lang.

2 lesen Choose a verse and translate it, along with the chorus, into English.

3 lesen Read the texts and answer the questions.

Luise
Als Bäuerin hat Luise eine strenge Arbeitsroutine, weil das Wetter und die Tiere ihren Tag bestimmen! Anstrengend ist die Arbeit, obwohl es heute viele Maschinen zur Hilfe gibt. Luise liebt es, jeden Tag draußen zu sein und sie würde nie in einem Büro mit Kollegen arbeiten! Das Beste am Bauernhof, findet sie, ist die frische Luft!

Alexander
„Das war eine tolle Arbeit oben!", so sagt der Astronaut, der jetzt wieder zur Erde gekommen ist. Er hat sechs Monate an Bord der ISS verbracht, wo es sehr eng und unbequem war: er musste sogar im Stehen schlafen! Die Aussicht vom Fenster war aber etwas Wunderschönes!

Who …
1 would not like to work indoors all day?
2 slept in an unusual position?
3 has lots of machines at work?
4 enjoys the view from work?

4 lesen Read the texts again and for each person identify:

a their profession **b** why they like and dislike it **c** what the highlight is.

5 schreiben Write similar paragraphs for two members of your family or friends.

⭐ Think about the subject pronoun and form of the verb you need to use when reporting on somebody else: *er/sie* + third person verb form.

Extra: Kapitel 8

1 lesen · **Read the poem. Find the German for the English words. (1–10)**

Der Tropenwald

Es war einmal ein Tropenwald
mit Bäumen grün, sehr hoch und alt.
Ganz warm und feucht, er wunderbar
für groß und klein die Heimat **war**.

Fernab in einem reichen Land
der Appetit auf Steak **entstand**.
Man **brauchte** Platz. Wozu ein Wald?
Man **schlug** das Holz. Ganz kahl war's bald.

Die Sonne scheint, der Affe **stirbt**.
Der Boden blank jetzt erodiert.
Ein Vogel **legt** ein letztes Ei.
Das Rind es rülpst, Methan wird frei.

Nun **sitzt** er da am Teakholztisch,
Der reiche Mensch, das Hemd nicht frisch.
Der Schweiß, der **läuft**, das Asthma **plagt**.
War das OK?, er sich nun **fragt**.

BEATE MASSMANN

fernab = far away
kahl = bare, barren
bald = soon
rülpsen = to belch
der Schweiß = sweat

1	tropical forest
2	trees
3	home
4	country
5	space
6	wood
7	monkey
8	ground
9	bird
10	cow

2 lesen · **Read the poem again and translate the verbs in bold into English.**

⭐ As well as working out what each of the verbs mean, you will need to decide what tense it is in. Use your understanding of grammar and the clues in the text such as *es war einmal* to help you work out which tenses are being used. Can you spot where in the poem the tense changes from the imperfect tense to the present tense?

3 lesen · **Read the poem a final time and answer the questions in English.**

1 How are the trees in the forest described?
2 Why was the forest a good home for large and small animals?
3 Why was the decision made to cut down the forest?
4 What happened to the monkey as a consequence?
5 What did the bird do?
6 What releases methane?
7 Where is the rich person sitting in the last verse?
8 What are the consquences for him of what has happened to the forest?
9 What question does he now ask himself?

4 schreiben · **Write a poem or a short story about an environmental problem and the consequences of this problem.**

Früher / Es war einmal ...	Jetzt ...
Das war ...	Es ist ...
Es gab ...	Es gibt ...
Man brauchte ...	Man braucht ...

⭐ Before you start writing a poem or a short story, think about the verbs you could use and make a grid like this one. You could start your poem or story in the imperfect tense (i.e. what the place or the world was like <u>before</u> the environmental issue) and you could then finish your poem or story in the present tense (i.e. what it is like <u>now</u>).

zweihundertsieben **207**

Grammatik The present tense (1)

What is it and when do I use it?
Use the present tense to talk about actions you are doing now and actions you do regularly.

Why is it important?
Verbs are the building blocks of language. Once you have mastered the present tense, the other tenses will make more sense.

Things to watch out for
German makes no distinction between 'I play', 'I **am** play**ing**' and 'I **do** play' – all three versions are *ich spiele*.

How does it work?
The ending of the verb changes according to the subject of the verb. Once you know these endings, they are the same for all regular verbs and almost all irregular verbs.

Regular verbs

	spielen (to play)	***arbeiten*** (to work)
ich (I)	spiel*e*	arbeit*e*
du (you)	spiel**st**	arbeit**est**
er/sie/es/man (he/she/it/one)	spiel**t**	arbeit**et**
wir (we)	spiel**en**	arbeit**en**
ihr (you)	spiel**t**	arbeit**et**
Sie (you)	spiel**en**	arbeit**en**
sie (they)	spiel**en**	arbeit**en**

> Verbs with a stem ending in *–d* (*fin**d**en*) or *–t* (*arbei**t**en*) add *–e* before *–st* and *–t*.

- *du* is singular; use it for a friend or family member.
  ihr is the plural of *du*.
  Sie can be singular or plural; use it in formal situations.

- *er* also means 'it' when referring to a masculine noun.
  sie also means 'it' when referring to a feminine noun.
- *man* can mean 'one', 'we', 'you', 'they', 'people';
  man uses the same verb endings as *er/sie/es*.

Irregular verbs
Irregular verbs change their vowels in the *du* and *er/sie/es/man* forms – but the endings are regular. There are three ways the vowels might change.

	fahren (to go)	***sehen*** (to see)	***nehmen*** (to take)
du	f*ä*hrst	s*ie*hst	n*i*mmst
er/sie/es/man	f*ä*hrt	s*ie*ht	n*i*mmt

The verb *haben* (to have) is slightly irregular, and *sein* (to be) is very irregular, as it is in English.

	haben (to have)	***sein*** (to be)
ich	habe	**bin**
du	**hast**	**bist**
er/sie/es/man	**hat**	**ist**
wir	haben	**sind**
ihr	habt	**seid**
Sie	haben	**sind**
sie	haben	**sind**

You can check on other irregular verbs included in the verb tables (pages 238–240).

1 Match up the sentence halves.

1 Mein Lieblingsfach	**a** ihr nach der Schule?
2 In der Schule trage	**b** spielt Fußball für die Schule.
3 Meine Freundin	**c** Sie mein Heft?
4 Welches Fach hast	**d** ist Mathe.
5 Was macht	**e** sind langweilig.
6 Normalerweise essen	**f** ich eine schwarze Hose.
7 Meine Hausaufgaben	**g** wir nicht in der Schule.
8 Frau Müller, haben	**h** du in der zweiten Stunde?

Fertig!

2 Complete the sentences with the correct form of the verb in brackets.

1 Ich _____ Esma und meine Familie _____ aus der Türkei. (*heißen, kommen*)

2 Wir _____ jetzt in Hamburg und wir _____ eine schöne Wohnung. (*wohnen, haben*)

3 Ich _____ zu Fuß zur Schule, denn sie _____ nur 20 Minuten von der Wohnung entfernt. (*gehen, liegen*)

4 Meine beste Freundin _____ den Bus und viele Schüler _____ mit der S-Bahn. (*nehmen, fahren*)

5 Herr Schmidt und Frau Esser _____ meistens sehr nett, aber meine Klassenlehrerin _____ zu streng. (*sein, sein*)

6 Wie _____ du die Schule? Und was _____ ihr normalerweise? (*finden, tragen*)

7 In Deutschland _____ es keine Schuluniform; das _____ Vor- und Nachteile. Was _____ Sie dazu? (*geben, haben, meinen*)

8 Jedes Jahr _____ man eine Klassenfahrt. Dieses Jahr _____ die Klasse eine Woche in Rom. (*machen, verbringen*)

Los!

3 Translate these sentences into German.

1 What do you (*du*) normally eat after school?

2 The class teacher speaks very quickly; we find that is a disadvantage.

3 He always sleeps in the bus. Why does he not read?

4 You (*ihr*) are taking the train and she is going by bus.

5 Where do you (*du*) see a problem?

6 My friend helps with my homework.

The present tense (2)

Things to watch out for

Word order is important for reflexive, separable and modal verbs, but in each case for different reasons.

Reflexive verbs

These need a reflexive pronoun that matches the subject:

sich treffen (to meet)	
ich treffe **mich**	wir treffen **uns**
du triffst **dich**	ihr trefft **euch**
er/sie/es/man trifft **sich**	Sie treffen **sich**
	sie treffen **sich**

The reflexive pronoun usually goes immediately after the verb: *Wir treffen **uns** um 20 Uhr.*

If the subject and verb are inverted (e.g. in a question), the reflexive pronoun goes after both: *Wo treffen wir **uns**?*

Separable verbs

These are made up of a prefix and a verb. The prefix separates from its verb and goes to the **end** of the clause:

fernsehen (to watch TV)   *Ich **sehe** heute Abend **fern**.*

vorbereiten (to prepare)   *Er **bereitet** das Abendessen **vor**.*

But watch out! When a conjunction like *weil* (because) sends the verb to the end of the clause, the two parts join up again: *Ich gehe nicht in die Stadt, **weil** ich heute Abend fern**sehe**.*

Modal verbs

Modal verbs are irregular. They work with another verb in its infinitive form at the <u>end</u> of the clause:

	müssen (to have to, 'must')	**können** (to be able to, 'can')	**dürfen** (to be allowed to)
ich	muss	kann	darf
du	musst	kannst	darfst
er/sie/es/man	muss	kann	darf
wir	müssen	können	dürfen
ihr	müsst	könnt	dürft
Sie	müssen	können	dürfen
sie	müssen	können	dürfen

   Ich **muss** Handball **spielen**.   *Man **kann** in der Schule Sportschuhe **tragen**.*   **Darfst** du im Klassenzimmer **essen**?

Use *ich darf nicht …* to say 'I must not … / I'm not allowed to …'. (*Ich **muss** nicht …* means 'I don't **have** to …'.) There are three more modal verbs: *wollen* (to want to), *sollen* (to be supposed to, 'should') and *mögen* (to like to). Check them in the verb tables (pages 238–240).

One more thing to watch out for

German uses the <u>present</u> tense with *seit* (for, since), but English uses the <u>past</u>, so be careful when translating:

   *Ich **wohne** seit fünf Jahren in Berlin.* I **have lived** in Berlin for five years.

   *Wir **warten** seit 18 Uhr im Regen.* We **have waited** since 6 pm in the rain.

Auf die Plätze!

1 Complete the present tense verbs and choose the correct reflexive pronoun.

1 Karl langweil_____ mich / dich / sich nie in der Schule. Glauben Sie das?!
2 Wir treff_____ uns / euch / sich mit Sophie um 10 Uhr.
3 Wie entspann_____ du mich / dich / sich am Nachmittag?
4 Ich hoffe, ihr freu_____ mich / sich / euch auf die Klassenfahrt.
5 Ich setz_____ mich / dich / euch abends an den Computer.
6 Sandra versteh_____ mich / dich / sich sehr gut mit ihren Eltern.
7 Man drück_____ mich / dich / sich per E-Mail besser aus, finde ich.
8 Sie schreib_____ uns / dich / mich oft Briefe.

Fertig!

2 Identify the two parts of these separable verbs, then write down the infinitive and its meaning.

1 Ich nehme dieses Jahr an einem Spendenlauf teil.
2 Normalerweise komme ich um 14 Uhr zurück.
3 Siehst du heute Abend fern?
4 Mein Bruder bereitet das Abendessen vor.
5 Im Restaurant wähle ich die Pizza aus.
6 Wir stehen jeden Morgen um sechs Uhr auf.
7 Kauft ihr das Gemüse auf dem Markt ein?
8 Pfirsiche klicke ich im Online-Supermarkt nicht an, weil sie zu teuer sind.
9 Wann kommst du an?
10 Wir gehen nicht in die Aula, weil dort ein Konzert stattfindet.

Los!

3 Complete the sentences with the correct German form of the English verb in brackets.

1 Im Labor _____ man tolle Experimente machen. (can)
2 Du _____ eine Klassenarbeit schreiben. Ich freue mich seit gestern darauf! (must)
3 Was _____ ihr in der Pause essen? (be allowed)
4 Die Schülerinnen und Schüler _____ einen Ausweis mitbringen. (have to)
5 Ich _____ meine Hausaufgaben _____ ! (cannot find) _____ Sie das glauben? (can)
6 Meine Freundin _____ rote Schuhe zur Schule _____ . (be allowed to wear)
7 Im Klassenzimmer _____ _____ _____ essen. (we must not)
8 _____ _____ in der Pause _____ auf dem Schulhof spielen, aber das macht Spaß. (I don't have to)

> ⭐ Remember the 'verb second' rule. In these sentences, that means the modal verb is the second idea.

The perfect tense

What is it and when do I use it?
Use the perfect tense to talk about actions you <u>have done</u> or <u>did</u> in the past.

Why is it important?
A lot of what you hear and read is about things that happened in the past. You will frequently be expected to talk about the past.

Things to watch out for
In German, the perfect tense is often used to convey, e.g. 'I bought', 'I have bought' and 'I did buy'. You always have to include the German for 'have'.

How does it work?
The perfect tense is made up of two parts: the auxiliary and the past participle (at the end of the clause).
- Most verbs form the perfect with a part of the auxiliary *haben* (to have).
- Regular verbs form the past participle with **ge...t** around the stem.
- Irregular verbs often have **ge...en**, and the stem sometimes changes. (See pages 238–240 for a list of some common irregular verbs.)

infinitive			auxiliary		past participle
kaufen	ich	habe	einen Kuli		ge**kauf**t
lernen	du	hast	Mathe		ge**lern**t
spielen	er/sie/es/man	hat	Fußball		ge**spiel**t
machen	wir	haben	Hausaufgaben		ge**mach**t
tragen	ihr	habt	eine Jeans		ge**trag**en
essen	Sie/sie	haben	Brot		ge**gess**en

- Verbs ending in *–ieren* and those beginning with *be–*, *ge–*, *emp–*, *ent–* or *ver–* do not add *ge–* to the past participle:
  telefonieren → ich habe **telefoniert**; *beginnen → es hat* **begonnen**; *verpassen → sie haben* **verpasst**
- Some verbs form the perfect with a part of *sein* ('to be' – but you still translate the auxiliary as 'have'). These are mostly verbs showing movement:

infinitive			auxiliary		past participle
gehen	ich	bin	in die Stadt		gegangen
fahren	du	bist	mit dem Bus		gefahren
fallen	er/sie/es/man	ist	beim Fußballspielen		gefallen
fliegen	wir	sind	nach Spanien		geflogen
kommen	ihr	seid	nach Hause		gekommen
laufen	Sie/sie	sind	zur Schule		gelaufen

- **Separable verbs** form the past participle with *–ge–* between the two parts:
  teil|nehmen   *Ich habe am Spiel teil**ge**nommen.*   zurück|kommen   *Ich bin um 17 Uhr zurück**ge**kommen.*
  fern|sehen   *Sie hat gestern Abend fern**ge**sehen.*   auf|stehen   *Wir sind früh auf**ge**standen.*
- **Reflexive verbs** place the reflexive pronoun after the part of *haben*:
  sich treffen   *Ich habe* **mich** *gestern mit Freunden getroffen.*
  sich setzen   *Sie hat* **sich** *an den PC gesetzt.*

Auf die Plätze!

1 **Which six of these sentences are in the perfect tense? Write down the numbers, then translate them into English.**

   1 Du hast eine neue Tasche für die Schule gekauft.
   2 Ich habe jeden Tag zu Hause Filme gesehen.
   3 Ich mache meine Hausaufgaben nicht.
   4 Er liest ein Buch.
   5 Wir sind zur Bibliothek gegangen.
   6 Ich fahre mit dem Bus zur Schule.
   7 Meine Schwester ist um 20 Uhr zurückgekommen.
   8 Wir sind sehr früh aufgestanden.
   9 Ich sehe jeden Abend fern.
  10 Ich habe ein gutes Zeugnis bekommen.

Fertig!

2 **Four sentences in exercise 1 are not in the perfect tense. Change the verbs so they are in the perfect tense.**

3 **Complete the sentences with the correct form of *haben* or *sein* and the past participle of the verb in brackets.**

   1 Du _____ viele neue Sachen für die Schule _____. (*kaufen*)
   2 Die Lehrerin _____ früh nach Hause _____. (*gehen*)
   3 Ich _____ den Film schon zweimal _____. (*sehen*)
   4 Meine Eltern _____ jeden Tag mit mir _____. (*telefonieren*)
   5 Er _____ die Arbeit anstrengend _____. (*finden*)
   6 Man _____ auf der Klassenfahrt sehr gut _____. (*essen*)
   7 Wir _____ gestern beim Wettbewerb _____. (*schwimmen*)
   8 Ich _____ mich danach mit Freunden _____. (*treffen*)
   9 Ihr _____ nicht am Spiel _____. (*teilnehmen*)
  10 Wann _____ Sie den Bus _____? (*nehmen*)

Los!

4 **Rewrite these sentences in the perfect tense.**

   1 Sie spielen Fußball, dann sehen sie einen Film.
   2 Ich lese ein Buch.
   3 Wir kommen um 11 Uhr zurück.
   4 Ich beginne mit meinen Hausaufgaben, aber ich finde sie sehr langweilig.
   5 Sie setzt sich an den Computer und ihre Freundin fährt mit dem Bus nach Hause.

The imperfect tense (1)

What is it and when do I use it?
Use the imperfect tense to <u>describe</u> things in the past.

Why is it important?
A few common verbs are frequently used in the imperfect tense, especially in written German, so you need to recognise them and use the main ones.

Things to watch out for
You mainly need *haben* and *sein* and the modal verbs, so there are not too many to learn.
(See page 233 for more.)

How does it work?
These are the main verbs to learn:

infinitive	haben	sein	müssen	dürfen	können	wollen
ich	hatte	war	musste	durfte	konnte	wollte
du	hattest	warst	musstest	durftest	konntest	wolltest
er/sie/es/man	hatte	war	musste	durfte	konnte	wollte
wir	hatten	waren	mussten	durften	konnten	wollten
ihr	hattet	wart	musstet	durftet	konntet	wolltet
Sie/sie	hatten	waren	mussten	durften	konnten	wollten
English	had	was/were	had to	was/were allowed to	was/were able to	wanted to

The imperfect tense of *es gibt* (there is, there are) is *es gab* (there was, there were).

Remember that *musste nicht* means 'didn't have to'; you need *durfte nicht* for 'wasn't allowed to'.

Auf die Plätze!

1 Which tense: present (P) or imperfect (I)? Then translate the sentences.

1 Ich muss zur Schule gehen.
2 Ich hatte viele Freunde.
3 Wir durften nicht zur Party gehen.
4 Es gibt ein richtiges Problem.
5 Ich kann diese Person nicht leiden.
6 Das war so schwierig.
7 Mona ist meine beste Freundin.
8 Ich habe lange, dunkle Haare.
9 Sie wollte nicht schwimmen.
10 Ich durfte mein Handy benutzen.

Fertig!

2 Rewrite the present tense sentences from exercise 1 in the imperfect.

Los!

3 Translate these sentences into German.

1 I had to go to the party.
2 We didn't want to go to school.
3 My best friends were Dario and Lena.
4 There were lots of friends.
5 I couldn't stand my sister.
6 The problem was difficult.

The future tense and the conditional

What are they and when do I use them?
Use the future tense to talk about what you <u>will</u> do.

Use the conditional to say what you <u>would</u> (or <u>would not</u>) do.

Why are they important?
You will be expected to talk about future plans (e.g. next year, in five years' time). This can also include what you would or would not do.

Things to watch out for
Both the future tense and the conditional use a form of *werden* with an infinitive at the end of the clause.

How do they work?
Future tense: use the present tense of *werden* with an infinitive.

Conditional: use *würde* (+ endings) with an infinitive.

	future	(conditional)		infinitive
ich	*werde*	*(würde)*	*die Stadt*	*besichtigen*
du	*wirst*	*(würdest)*	*ins Hallenbad*	*gehen*
er/sie/es/man	*wird*	*(würde)*	*heute Abend*	*fernsehen*
wir	*werden*	*(würden)*	*uns um 10 Uhr*	*treffen*
ihr	*werdet*	*(würdet)*	*ziemlich spät*	*zurückkommen*
Sie	*werden*	*(würden)*	*eine Radtour*	*machen*
sie	*werden*	*(würden)*	*sich gut*	*amüsieren*

> ⭐ Separable verbs stay joined up in the infinitive.
>
> Reflexive pronouns go after the part of *werden*.

- To say what you <u>would (not) like</u> to do, use *würde gern* or *möchte*:
  *Ich **würde** (nicht) **gern** Pizza essen. Ich **möchte** (nicht) nach Italien fahren.*

Auf die Plätze!

1 Future (F) or conditional (C)?

1 Ich würde bestimmt nicht rauchen.
2 Wir werden einen Austausch machen.
3 Wie viel wird das kosten?
4 Was würdest du gern besichtigen?

5 Was wirst du nächstes Jahr machen?
6 Ich würde nie in einem Büro arbeiten.
7 Ihr werdet eine Radtour machen.
8 Wir würden uns gut amüsieren.

Fertig!

2 Write the sentences in the correct order, then translate them.

1 gehen / Felix / ins Hallenbad / wird .
2 wird / Man / verbringen / in Wien / den Tag .
3 du / fernsehen / Wirst / am Wochenende ?

4 amüsieren / Ihr / euch / bestimmt / werdet .
5 werde / Ich / an den PC / setzen / mich .
6 Sie / zurückkommen / später / werden .

Los!

3 Rewrite sentences 1–3 in the future tense and sentences 4–6 in the conditional.

1 Sara macht nie einen Austausch.
2 Wann geht ihr in die Stadt?
3 Herr Schmidt, Sie amüsieren sich bestimmt.

4 Das kostet bestimmt viel.
5 Ich komme gern um 23 Uhr zurück.
6 Machst du gern eine Radtour?

The imperative

Gut können!

What is it and when do I use it?
Use the imperative to give commands and instructions.

Why is it important?
Knowing how to use the imperative will allow you to understand instructions better.

Things to watch out for
You need to know the difference between the words for 'you' – *du*, *ihr* and *Sie*.

How does it work?
The imperative has a different form, depending on who is receiving the command. Remember how to use present tense verbs with the three forms of 'you' because the imperative is based on them.

person receiving the command	present tense	imperative	meaning
du (one friend or family member)	*du* **geh**st	**geh**!	go!
	du **steh**st auf	**steh** auf!	get up!
	du **setz**t dich	**setz** dich!	sit down!
ihr (two or more friends or family members)	*ihr* **geht**	**geht**!	go!
	ihr **steht** auf	**steht** auf!	get up!
	ihr **setzt** euch	**setzt** euch!	sit down!
Sie (formal – one or more adults)	**Sie gehen**	**gehen Sie**!	go!
	Sie stehen auf	**stehen Sie** auf!	get up!
	Sie setzen sich	**setzen Sie** sich!	sit down!

To be more polite, you can start or end with *bitte*: *Bitte setzen Sie sich!* or *Setzen Sie sich, bitte!*

Auf die Plätze!

1 Choose the correct German word for 'you' (*du*, *ihr* or *Sie*) when addressing these people.

1 your German teacher
2 one girl in your class
3 an adult shop assistant
4 your mother and father
5 two teachers
6 a group of boys in your class
7 a young child
8 your dog

Fertig!

2 Change these statements into instructions using the correct imperative form.

1 Du gehst hier rechts.
2 Sie biegen dann links ab.
3 Ihr überquert den Platz.
4 Sie fahren an der Ampel geradeaus.
5 Du nimmst die zweite Straße rechts.
6 Du freust dich darauf.

Los!

3 Write all three forms of the imperative in German for each of these instructions.

1 Open the window! (*öffnen*)
2 Close the door! (*zumachen* – sep.)
3 Choose a pizza! (*auswählen* – sep.)
4 Get washed! (*sich waschen*)
5 Take a seat! (*Platz nehmen*)
6 Eat vegetables! (*Gemüse essen*)

216   zweihundertsechzehn

Negatives

What are they and when do I use them?
Use negatives when you want to say 'not (a)', 'nothing', 'never', 'nobody', etc.

Why are they important?
If you use a range of different negatives, you can make your speech or text more varied and appealing.

Things to watch out for
You can't say *nicht ein* before a noun; you have to use *kein* (with the correct endings).

How do they work?
* To make a sentence negative, add *nicht* (not).
  * Place *nicht* after the verb if there is no object: *Ich gehe **nicht** ins Kino.*
  * If there is an object (including a reflexive pronoun), *nicht* comes directly after it:
    *Ich mag den Film **nicht**.*
    *Ich freue mich **nicht** darauf.*
* Other negatives are *nie* (never), *nichts* (nothing) and *niemand* (nobody).
  *Er hat den Film **nie** gesehen.*
  *Wir haben **nichts** gemacht.*
  ***Niemand** kommt mit in die Stadt.*
* To say 'not a / not any / no', use *kein/keine*; it follows the same pattern as *ein* (see page 218).
  *Das ist **keine** Komödie. Ich habe **kein** Geld. Wir haben **keinen** Fußball gekauft.*

Auf die Plätze!

1 Which of these sentences are negative?

  1 Das würde ich nie machen.
  2 Er hat mir nichts gegeben.
  3 Mein Vater arbeitet nachts.
  4 Ich habe einen kleinen Hund.
  5 Sie wird nicht an die Uni gehen.
  6 Wir haben keine Zeit dafür.

Fertig!

2 Make these sentences negative using the word in brackets.

  1 Ich würde gern Golf spielen. (*nicht*)
  2 Wir haben das Spiel gewonnen. (*nicht*)
  3 Man darf in der Aula essen. (*nicht*)
  4 Ich lese im Zug. (*nie*)
  5 Ich setze mich an den PC. (*nicht*)
  6 Ich habe eine Katze. (*kein–*)

Los!

3 Translate into German.

  1 My father doesn't work.
  2 We wouldn't do that.
  3 He never reads in bed.
  4 She has never seen the film.
  5 I don't have a dog.
  6 Nobody came to the game.

Nouns and articles

What are they and when do I use them?
Nouns are used to name things, people and ideas. You use them all the time.

Articles are words such as 'the' (the definite article) and 'a' (the indefinite article).

Why are they important?
They form the basis of a language, so you cannot speak German without them.

Things to watch out for
All nouns have a <u>gender</u> (masculine, feminine, neuter) and a <u>number</u> (singular, plural). These affect the form of the <u>article</u> (der, ein, etc.).

The function of a noun in a sentence (its <u>case</u>), often indicated by its position, also affects the article: for example, the subject is in the nominative case, the direct object is in the accusative case (but only the masculine form changes).

How do they work?

Definite article (the)
Nominative: *Der* Roman / *Die* Komödie / *Das* Buch ist gut. *Die* Comics sind gut.

Accusative: Ich lese **den** Roman / **die** Komödie / **das** Buch / **die** Comics.

Indefinite article (a, an)
Nominative: *Ein* Mann / *Eine* Frau / *Ein* Kind geht ins Kino.

Accusative: Ich sehe **einen** Mann / **eine** Frau / **ein** Kind.

Here is a summary of the changes in the articles:

	masc.	fem.	neut.	pl.
definite article: the				
nom	der	die	das	die
acc	den	die	das	die
indefinite article: a, an				
nom	ein	eine	ein	–
acc	einen	eine	ein	–

The negative article (*kein* – no, not a) and possessive adjectives (*mein, dein, sein, ihr* – my, your, his, her) follow the same pattern as *ein*.

Nominative: *Kein Mann / Keine Frau / Kein Kind* geht ins Kino. *Mein Roman / Meine Komödie / Mein Buch* ist gut.

Accusative: *Ich sehe keinen Mann / keine Frau / kein Kind. Ich lese meinen Roman / meine Komödie / mein Buch.*

- The **gender** of people is usually easy to work out – but watch out for **das** Mädchen. You need to learn the gender of other nouns, but there are patterns to help you:
  - *–er* endings are usually masculine.
  - *–e* endings are usually feminine; *–ung, –heit, –keit, –ik* <u>always</u> are.
  - nouns from verbs (*das Ess***en**), and nouns ending in *–chen* are neuter.

Plural nouns
There are lots of ways to form plurals, but there are patterns you can follow:

(–e) / (¨e)	(–n) / (–en)	(–) / (¨)	(–er) / (¨er)	(–s)
Film**e** Würst**e**	Komödi**en** Sendung**en**	Spiel**er** Mütter	Bild**er** Wört**er**	Kino**s** Show**s**
	(mostly feminine)			(mostly foreign)

Auf die Plätze!

1 Are the words masculine (M), feminine (F) or neuter (N)?

1 Freund	**9** Vergangenheit
2 Freundin	**10** Sitzenbleiben
3 Fete	**11** Sehenswürdigkeit
4 Lehrer	**12** Serie
5 Geschenk	**13** Zeugnis
6 Direktorin	**14** Snowboarden
7 Zeitung	**15** Musik
8 Mädchen	

> ⭐ If you're not sure of the gender of a noun, check in a dictionary. After the noun it will usually give the gender (*m, f, n*) or the definite article (*der, die, das*).

Fertig!

2 These nouns are all plural. Write the singular and the correct form of the article or possessive adjective.

Example: **1** die Filme – der Film

1 die Filme
2 die Schulen
3 die Bücher
4 die Zuschauer
5 meine Klassen
6 seine Schwestern
7 die Bäume
8 ihre Autos
9 keine Wörter
10 meine Fahrräder

3 Choose the correct article.

1 Der / Den / Die / Das Film war furchtbar!
2 Hast du der / den / die / das Spiel gesehen?
3 Ich sehe jeden Tag ein / einen / eine Dokumentation.
4 Es gibt morgen ein / einen / eine tollen Festzug.
5 Ich habe kein / keinen / keine Zeit zum Lesen gehabt.
6 Ich lese kein / keinen / keine Zeitschriften.
7 Mein / Meinen / Meine Lieblingssportart ist Hockey.
8 Wo hast du dein / deinen / deine Geburtstag gefeiert?

Los!

4 Complete the sentences.

1 Meine Lieblingssendungen sind ▒▒▒▒ (*series*).
2 Ich sehe jeden Tag ▒▒▒▒ (*a film*).
3 Ihr Kind hat ▒▒▒▒ (*the bike*) gesehen.
4 Das Mädchen hat ▒▒▒▒ (*no books*) gelesen.

Cases and pronouns

> Gut können!

Cases

What are they and when do I use them?

Nouns and pronouns have a different case, depending on their function in a sentence. There are four cases. You use the **nominative** and **accusative** most of the time, the **dative** less often and the **genitive** least of all.

Why are they important?

They give structure to a sentence and make the meaning clear. Using the wrong case can completely change the meaning.

Things to watch out for

Articles, possessive adjectives and adjectives change to match the case of the noun. Prepositions also change the case (see page 222).

How do they work?

- **Nominative:** used for the subject of a sentence, the person or thing doing the action of the verb:
  Der Film beginnt um 19 Uhr. *Eine Frau* trinkt ein Glas Wasser.
- **Accusative:** used for the direct object, the person or thing to which the verb is 'done':
  Mein Bruder isst **einen Hamburger**. *Ich habe* **das Spiel** *gesehen.*
  Eine Frau trinkt **ein Glas Wasser**.
- **Dative:** used for the indirect object: 'to' or 'for' somebody or something:
  Ich gebe **dem Lehrer** *ein Buch. Er stellt* **der Schülerin** *eine Frage.*
- **Genitive:** used to show possession ('of'); masculine and neuter nouns often add –s or –es:
  Das Rad **meines Bruders** *ist alt. Das ist die Firma* **meiner Mutter**. *Am Ende* **des Jahres** *feiern wir Silvester.*

> The verbs *helfen* (to help) and *danken* (to thank) use the dative for the object: *Sie hilft* **dem Mann**. *Er dankt* **der Frau**.

Pronouns

What are they and when do I use them?

Pronouns replace nouns so you don't repeat things too much.

Things to watch out for

They change case just like nouns.

How do they work?

subject (nom.)	*ich* (I)	*du*	*er*	*sie*	*es*	*wir*	*ihr*	*Sie*	*sie*
direct object (acc.)	*mich* (me)	*dich*	*ihn*	*sie*	*es*	*uns*	*euch*	*Sie*	*sie*
indirect object (dat.)	*mir* (to me)	*dir*	*ihm*	*ihr*	*ihm*	*uns*	*euch*	*Ihnen*	*ihnen*

Er ist mein Vorbild.   Ich finde **ihn** ein gutes Vorbild.   Gute Vorbilder sind **ihm** wichtig.

Relative pronouns: *der/die/das* (who, which), *den/die/das* (who(m), which)
Use these to refer back to someone or something. They send the verb to the end of the clause:

masc.	*Ein Mann, **der** … ist*	A man **who** is …
fem.	*Eine Frau, **die** … war*	A woman **who** was …
neut.	*Ein Event, **das** … hilft*	An event **which** helps …
pl.	*Leute, **die** … inspirieren*	People **who** inspire …

For masculine nouns, change **der** to **den** (accusative) when it is the direct object of that clause:
*Ein Mann, **den** ich bewundere.* A man **whom** I admire.

Auf die Plätze!

1 Are the underlined words the subject (N – nominative) or direct object (A – accusative) of the sentence?

1 <u>Meine Freizeit</u> ist mir sehr wichtig.
2 Mein Freund kauft <u>eine Eintrittskarte</u> für das Konzert.
3 Ich höre sehr gern <u>Musik</u>.
4 Wir haben <u>den Wettkampf</u> toll gefunden.
5 <u>Die Schwestern</u> spielen gern Fußball.
6 Leo hat gestern <u>seinen Geburtstag</u> gefeiert.
7 Am 6. Dezember bekommen <u>die guten Kinder</u> kleine Geschenke.
8 Meine Freundin würde <u>das Buch</u> nie lesen.
9 Samstag wird <u>die Familie</u> das Spiel sehen.
10 <u>Den Film</u> habe ich schon gesehen.

> ⭐ Think carefully about the part played by the underlined nouns and the case of other nouns in the sentences. They do not always follow English word order. Adjectives can also help you recognise the correct gender and case (see page 224).

Fertig!

2 Replace the underlined nouns in exercise 1 with the correct pronoun. Think carefully about which word for 'it' you need to use.

3 Choose the correct article.

1 Ein / Einen / Einem guter Lehrer muss freundlich sein.
2 Abends sieht dem / der / die Familie immer fern.
3 Wir essen eines / einer / einen Hamburger.
4 Ich brauche keine / keiner / keinem beste Freundin.
5 Maja und ich lieben der / die / das gleichen Fächer.
6 Meinen / Meinem / Meines Geburtstag habe ich gut gefeiert.
7 Am Ende dem / des / das Tages lese ich gern einem / eine / einer Zeitschrift.
8 Er hilft seine / seinem / seiner Freundin bei der Arbeit.

Los!

4 Rewrite the sentences using pronouns instead of the underlined words.

1 Wie sieht <u>das Wochenende</u> aus?
2 Sonntags mache ich <u>eine Radtour</u>.
3 <u>Mein Bruder und ich</u> haben <u>den Wettkampf</u> im Fernsehen gesehen.
4 <u>Die Schülerinnen und Schüler</u> stellen <u>den Lehrern</u> viele Fragen.
5 <u>Leila</u> hat <u>ihrer Freundin</u> ein Geschenk gegeben.
6 <u>Meinen Freund</u> habe ich in der Stadt gesehen.

5 Rewrite each pair of sentences as one sentence, using the correct relative pronoun to replace the underlined word. Then translate the completed sentences.

Example: **1** *Ich habe eine Katze, die sehr süß ist. I have a cat that is very sweet.*

1 Ich habe eine Katze. <u>Sie</u> ist sehr süß.
2 Ich habe mehrere Vorbilder. <u>Sie</u> sind echt beeindruckend.
3 Ghandi ist ein Politiker. <u>Er</u> hat viel für sein Land gemacht.
4 Ich habe Respekt vor der Schauspielerin. <u>Sie</u> spielt die Hauptrolle im Film.
5 Wir haben ein Spiel gesehen. <u>Es</u> war wirklich spannend.
6 Das ist der Fußballer. Ich bewundere <u>ihn</u> für seinen positiven Einfluss.
7 Kennst du die Sportlerin? Wir haben <u>sie</u> gestern im Fernsehen gesehen.

Prepositions

What are they and when do I use them?
Prepositions tell you more about the relative position of a noun or pronoun ('on', 'with', 'by', 'in', etc.). You use them frequently.

Why are they important?
You need to understand them to make the meaning of a sentence clear.

Things to watch out for
They affect the case of the noun or pronoun. Some have a different meaning when used with a different case.

How do they work?
There are three main groups of prepositions:

always with accusative		always with dative		dual case: accusative or dative	
bis	until	*aus*	out of	*an*	to (acc), at (dat)
durch	through	*außer*	except for	*auf*	onto (acc), on (dat)
für	for	*bei*	at (the house of)	*hinter*	behind
gegen	against	*mit*	with	*in*	into (acc), in (dat)
ohne	without	*nach*	after, to	*neben*	next to, near
um	around	*seit*	since	*über*	over, above
wider	against (contrary to)	*von*	from, by	*unter*	under, below
entlang	along	*zu*	to	*vor*	in front of
		gegenüber	opposite	*zwischen*	between

A few prepositions use the genitive case: *außerhalb* (outside), *innerhalb* (inside), *statt* (instead of), *trotz* (in spite of), *während* (during), *wegen* (because of):

während des Tages; **wegen des** Wetters

More things to watch out for
- There are short forms of some prepositions and articles:
  bei dem → **beim** (at the); *von dem* → **vom** (from the); *zu dem* → **zum** (to the); *zu der* → **zur** (to the)
  an das → **ans** (to the); *an dem* → **am** (at the); *in das* → **ins** (into the); *in dem* → **im** (in the)

- For the dual case prepositions:
  ○ use the accusative when there is <u>movement</u> towards a place:
    *Ich gehe **ins Sportzentrum**.* I go **to the sports centre**.
    *Er stellt das Buch **auf den Tisch**.* He puts the book **onto the table**.
  ○ use the dative when there is <u>no movement</u> towards a place:
    *Ich trainiere **im Sportzentrum**.* I train **at the sports centre**.
    *Das Buch ist **auf dem Tisch**.* The book is **on the table**.

- *entlang* and *gegenüber* usually follow the noun or pronoun:
  *die Straße **entlang** –* **along** the road
  *der Bank **gegenüber** –* **opposite** the bank

- When prepositions are used after certain verbs they don't always have their usual meaning:
  *sich freuen **auf** –* to look forward **to**: *Ich freue mich auf den Urlaub.*
  *Angst haben **vor** –* to be afraid **of**: *Ich habe Angst vor ihm.*

Auf die Plätze!

1 Choose the correct preposition. Look carefully at the case of the nouns and pronouns.

1 Ich gehe durch / aus dem Haus und laufe die Straße entlang / gegenüber.
2 Seit / Für einer Stunde warte ich um / auf dem Marktplatz.
3 Ohne / In der Stadt kaufe ich ein Geschenk von / für meine Mutter.
4 Bis / Nach der Fete fahren wir mit / gegen dem Taxi ins / zum Bahnhof.
5 Ich habe Angst für / vor ihnen.
6 Ich fahre gern mit / gegen dem Rad von / durch den Wald.
7 Trotz / Zwischen des Wetters haben wir schöne Ferien bei / für meiner Oma verbracht.
8 Wir fahren ohne / seit einer halben Stunde um / nach die Stadt.

Fertig!

2 Choose the correct article in the accusative or dative case.

1 Wir wohnen in ein / einem kleinen Dorf neben eine / einer Kirche.
2 In mein / meinem Zimmer habe ich einen Tisch vor das / dem Fenster.
3 An die / der Wand hängt ein großes Poster.
4 Die Post liegt zwischen die / der Bank und einen / einem Supermarkt.
5 Er wäscht das Auto vor die / der Garage.
6 Wir mussten meine Schwester ins / im Krankenhaus bringen.
7 Ich lade viel Musik auf mein / meinem neues Handy herunter.
8 Er hat sich zuerst auf den / dem Stuhl gesetzt. Jetzt sitzt er auf das / dem Sofa.

Los!

3 Complete the sentences as prompted in brackets.

1 Ich habe zehn Tage ▒▒▒▒ ▒▒▒▒ deutschen Freund verbracht.
   (*at (the house of) my*)
2 ▒▒▒▒ ▒▒▒▒ Reise war ich sehr müde.
   (*after the*)
3 Ich habe ein Geschenk ▒▒▒▒ ▒▒▒▒ Eltern gebracht.
   (*for his*)
4 Wir sind ▒▒▒▒ ▒▒▒▒ Schwester ▒▒▒▒ Schule gegangen.
   (*with his / to the*)
5 ▒▒▒▒ Wochenende sind wir ▒▒▒▒ ▒▒▒▒ Stadt gefahren.
   (*at the / out of the*)
6 Wir sind ▒▒▒▒ ▒▒▒▒ Bruder ▒▒▒▒ ▒▒▒▒ Wald gefahren.
   (*with his / through the*)
7 Sara ist ▒▒▒▒ ▒▒▒▒ Regens zu Hause geblieben.
   (*because of the*)
8 Ich freue mich ▒▒▒▒ ▒▒▒▒ nächsten Besuch.
   (*to the*)

> ⭐ Check the gender of the nouns so you choose the correct form of the articles and possessive adjectives. For extra support refer to Chapter 3 Units 2 and 3.

Adjectives

What are they and when do I use them?
Use adjectives to say more about a person, thing or idea, to describe its colour, size, characteristics, etc.

Why are they important?
They add variety to your work and make it more personal.

Things to watch out for
In German, adjectives have to 'agree' with the noun when placed before it. They have different endings for masculine, feminine, neuter, plural and for different cases.

How do they work?
- Do not add endings to adjectives used by themselves, usually with the verb 'to be':
  *Meine Schwester ist **sportlich**, aber ich bin **faul**.*
- **Adjectives used with the definite article** (*der/die/das*) or these articles: *dieser/diese/dieses* (this), *jener/jene/jenes* (that), *jeder/jede/jedes* (every) and *welcher/welche/welches* (which) follow this pattern:

	nominative	accusative	dative
masc.	*der gut**e** Freund*	*den gut**en** Freund*	*dem gut**en** Freund*
fem.	*die gut**e** Freundin*	*die gut**e** Freundin*	*der gut**en** Freundin*
neut.	*das gut**e** Kind*	*das gut**e** Kind*	*dem gut**en** Kind*
plural	*die gut**en** Kinder*	*die gut**en** Kinder*	*den gut**en** Kindern*

Just five of these end in –*e*, and the rest end in –*en*: not too difficult after all!

- **Adjectives used with the indefinite article** (*ein/eine/ein*), the negative *kein* and possessive adjectives *mein* (my), *dein* (your), *sein* (his), *ihr* (her), *unser* (our), *euer* (your), *Ihr* (your), *ihr* (their) follow this pattern:

	nominative	accusative	dative
masc.	*ein / kein / mein gut**er** Freund*	*einen / keinen / meinen gut**en** Freund*	*einem / keinem / meinem gut**en** Freund*
fem.	*eine / keine / meine gut**e** Freundin*	*eine gut**e** Freundin*	*einer gut**en** Freundin*
neut.	*ein / kein / mein gut**es** Kind*	*ein / kein / mein gut**es** Kind*	*einem / keinem / meinem gut**en** Kind*
plural	*keine gut**en** / meine gut**en** Kinder*	*keine gut**en** / meine gut**en** Kinder*	*keinen / meinen gut**en** Kindern*

Again, there are just five to learn, as the rest end in –*en*.

- **Adjectives used with no article** follow this pattern:

	nominative	accusative	dative
masc.	*heiß**er** Kaffee*	*heiß**en** Kaffee*	*heiß**em** Kaffee*
fem.	*kalt**e** Milch*	*kalt**e** Milch*	*kalt**er** Milch*
neut.	*gut**es** Wetter*	*gut**es** Wetter*	*gut**em** Wetter*
plural	*klein**e** Kinder*	*klein**e** Kinder*	*klein**en** Kindern*

Auf die Plätze!

1 Choose the correct adjective. They follow the definite article pattern and are all in the nominative or accusative case.

1 Der neue / neuer Parkplatz war zu klein.
2 Ich habe das alte / altes Restaurant toll gefunden.
3 Ich habe die letztes / letzten Bücher in der Serie nicht gelesen.
4 Sie trägt heute diesen schwarzer / schwarzen Rock, weil der rote / roter Rock nicht passt.
5 Ich mag diese blaues / blauen T-Shirts nicht. Die andere / anderen Farben sind besser.

2 Choose the correct adjective. They follow the indefinite article pattern and are all in the nominative or accusative case.

1 Wie findest du meine neue / neuen Schuluniform?
2 Die Jungen tragen eine graue / grauen Hose, ein weiße / weißes Polohemd und einen blauer / blauen Pullover.
3 Am Montag gibt es keine langweiligen / langweiliges Fächer.
4 Ich habe tolle / tollen Lehrerinnen und Lehrer.
5 Nach der Schule trinke ich gern einen kalter / kalten Milchshake, aber heiße / heißem Schokolade schmeckt mir nicht.

3 Choose the correct form of the adjective in the dative case.

1 Ich komme mit meiner kleiner / kleinen Schwester gut aus.
2 Von der erste / ersten Minute an war das Spiel toll. Welche neue / neuen Spieler gibt es?
3 Wir waren mit der ganze / ganzen Klasse im neues / neuen Schwimmbad.
4 Ich möchte gern mit kleine / kleinen Kindern arbeiten.
5 Bei schlechtes / schlechtem Wetter können wir nicht snowboarden.

Fertig!

4 Complete the description using the correct adjectives from the box. Think about the meaning and the endings on the adjectives.

Ein **1** _____ Freund oder eine **2** _____ Freundin spielt eine **3** _____
Rolle im Leben. Er oder sie muss die **4** _____ Interessen haben, finde
ich. Ein **5** _____ Kind mit **6** _____ Haaren und ein **7** _____ Hund
wohnen in einer **8** _____ Wohnung – beide brauchen keine **9** _____
Geschenke; sie brauchen nur **10** _____ Freunde.

alter	kleinen
guter	gute
liebe	lockigen
wichtige	kleines
gleichen	teuren

Los!

5 Complete the sentences with the correct adjective.

1 Ich habe dieses (*white*) T-Shirt und einen (*new*) Pullover gekauft.
2 Es gibt keine (*other*) Farben.
3 Ich gehe zum (*new*) Kino mit meinen (*good*) Freunden.
4 (*Cold*) Kaffee schmeckt mir nicht.
5 Das ist aber eine (*easy*) Aufgabe.

Comparative and superlative

What are they and when do I use them?
They are forms of adjectives ('smaller', 'more interesting', 'the best', 'the most useful') and adverbs that you use when comparing things.
- Use **comparative** adjectives to compare two things and say one is bigger, better, etc. than the other.
- Use **superlative** adjectives to compare more than two things and say one is the biggest, best, etc.

Why are they important?
Comparing things adds more value to your work than just describing them.

Things to watch out for
Comparative and superlative adjectives need endings when used before a noun.

How do they work?
- The **comparative**: just add –er to the adjective:
  interessanter: Meine Geschichte ist interessanter; *kleiner: Mein Hund ist kleiner.*
  Some shorter adjectives also add an umlaut to the vowel.
  alt → älter; kalt → kälter; groß → größer; kurz → kürzer; jung → jünger
  Learn this irregular form: *gut → besser.*
- When used before a noun, add the correct ending to the adjective:
  interessanter: eine interessantere Geschichte; kleiner: Ich habe einen kleineren Hund.
- To say 'bigger than', etc., use *als*: *Berlin ist größer als Köln. Bücher sind besser als Filme.*
- The **superlative**: use *am* before the adjective and add –sten at the end (or –esten if the adjective ends in a vowel or –t):
  Das Fach ist am langweiligsten.
- When used before a noun, don't add *am* but add –st (or –est) plus the correct ending:
  das langweiligste Fach; die sportlichsten Kinder; der neueste Film
- If the comparative adjective adds an umlaut to the vowel, then the superlative does so, too.
  alt → (am) ältest(en); groß → (am) größt(en)
  Note: *gut* becomes **bester/beste/bestes**.

Adverbs
- In German, these often look the same as adjectives, but they tell you more about the <u>verb</u>:
  Ich laufe schnell. I run quickly.
  Sie arbeiten gut. You/They work well.
- **Comparative adverbs** add –er, just like the adjectives:
  Ich laufe schneller als du. I run faster than you.
  Sie arbeiten besser als ich. You/They work better than I do.
- **Superlative adverbs** have *am* before them and they add –sten (or –esten):
  Ich laufe am schnellsten. I run fastest.
  Sie arbeiten am besten. You/They work best.
- Two useful adverbs are *mehr* (more) and *am meisten* (the most), *weniger* (less) and *am wenigsten* (the least).
- Use the adverbs *gern, lieber, am liebsten* to say you like, prefer, and like most of all doing something:
  Ich esse gern Äpfel, ich esse lieber Bananen, aber am liebsten esse ich Kuchen.
  I like eating apples, I prefer eating bananas, but I like eating cake the most.

Auf die Plätze!

1 Use the adverbs *gern* ✓, *lieber* ✓✓, *am liebsten* ✓✓✓ to write sentences.

Example: **1** Ich lese gern Bücher, aber ich sehe lieber Filme. Am liebsten höre ich Musik.

1 ✓ Bücher – ✓✓ Filme – ✓✓✓ Musik
2 ✓ Wurst – ✓✓ Hamburger – ✓✓✓ Karotten
3 ✓ Tennis spielen – ✓✓ schwimmen – ✓✓✓ Ski fahren
4 ✓ in die Stadt gehen – ✓✓ Rad fahren – ✓✓✓ fernsehen

2 Complete the sentences using the comparative of the adjective in brackets. Then translate your sentences into English.

1 Mathe ist ▨▨▨ als Deutsch. (*schwierig*)
2 Ein Fahrrad ist ▨▨▨ als ein Auto. (*umweltfreundlich*)
3 Mit dem Zug ist es ▨▨▨ als mit dem Bus. (*bequem*)
4 Mein bester Freund ist ▨▨▨ als ich. (*alt*)
5 Filme sind ▨▨▨ als Bücher. (*gut*)

Fertig!

3 Complete the sentences following the prompts. Check the adjective and adverb endings.

1 Berlin ist eine ▨▨▨ Stadt als München.
(*bigger*)
2 Meiner Meinung nach ist das Leben in der Stadt ▨▨▨ ▨▨▨ das Leben auf dem Land.
(*more interesting than*)
3 Ich finde, das Auto ist das ▨▨▨ Verkehrsmittel.
(*most practical*)
4 Ich glaube, Hunde sind die ▨▨▨ Tiere.
(*friendliest*)
5 Ich bin das ▨▨▨ Mitglied der Familie und ich arbeite ▨▨▨ ▨▨▨.
(*youngest, the hardest*)
6 Mit dem Zug kommt man ▨▨▨ ▨▨▨ von Hamburg nach Köln.
(*the fastest*)

Los!

4 Translate the sentences into German. Remember to use the correct adjective endings where the comparative or superlative is used in front of a noun.

1 Bikes are better than cars but they are slower.
2 The train is a more comfortable means of transport than the bus.
3 Is Germany the most environmentally friendly country?
4 I think rubbish is the biggest problem in the town.

> **Zur Hilfe:**
> das Land
> der Müll
> das Problem
> das Verkehrsmittel

What are they and when do I use them?
Questions are used all the time as a way of finding out information.

Why are they important?
You can't get far in any language without being able to understand and ask questions.

Things to watch out for
The subject and verb are usually swapped round in questions.

How do they work?

- To ask a question, just put the verb first, then the subject (inversion):
  Gehst du *heute in die Stadt?* Will you go into town today?
  Hast du *meine Tasche gesehen?* Have you seen my bag?

- It is often useful to adapt your intonation when asking questions. Typically, questions should be asked with rising intonation in German, especially if it is a yes/no-question.

  Gehst du heute in die Stadt?

- Some questions need a question word in front of the verb:

wer?	who?
was?	what?
wo?	where?
wohin?	where (to)?
woher?	where from?
wann?	when?
warum?	why?
wie?	how?
was für?	what sort of?
wie viel?	how much?
wie viele?	how many?
um wie viel Uhr?	at what time?
wie oft?	how often?

  Warum *gehst du in die Stadt?*
  Wo hast *du meine Tasche gesehen?*

- The interrogative adjective *welcher* (which) changes in the same way as *der* (the), depending on the gender, number and case of the noun:
  Welcher Lehrer *unterrichtet Sport?* (masculine, nominative)
  Welchen Rock *trägst du heute Abend?* (masculine, accusative)
  Mit welchem Zug *fahren wir?* (masculine, dative)

- Be careful with *wer* – this sometimes changes to *wen* (accusative) and *wem* (dative):
  Wer *möchte ein Eis?* (subject) **Who** would like an ice cream?
  Wen *hat er gesehen?* (direct object – whom) **Whom** did he see?
  Mit wem *wirst du Tennis spielen?* (indirect object / dative after *mit* – with whom) **With whom** will you play tennis?

Auf die Plätze!

1 Make these statements into questions by changing the word order.

1 Du hast in der ersten Stunde Deutsch.
2 Mathe ist dein Lieblingsfach.
3 Der Lehrer kommt später.
4 Wir lernen heute kein Französisch.
5 Die Pause beginnt um elf Uhr.

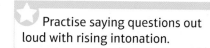 Practise saying questions out loud with rising intonation.

Fertig!

2 Match up the questions and answers.

1 Für wann möchten Sie das Zimmer reservieren?
2 Wie viel kostet das?
3 Woher kommst du?
4 Um wie viel Uhr ist das Frühstück?
5 Wie fahren wir am besten nach München?
6 Warum willst du nach Österreich fahren?
7 Welches Zimmer ist das?

a Ich komme aus der Schweiz.
b Das ist Zimmer 103.
c Ich möchte es vom 4. April für drei Nächte reservieren.
d Sie fahren am besten mit dem Zug.
e Das kostet 100 Euro.
f Um sieben Uhr.
g Weil es dort sehr schön ist.

3 Complete the questions with an appropriate question word.

1 _____ trägst du morgen zur Schule?
2 _____ fährst du nach Berlin?
3 _____ kostet die Fahrkarte?
4 _____ geht es dir heute?
5 _____ Filme siehst du gern?
6 _____ verbringst du gern deine Ferien?

Los!

4 Here are some answers – write suitable questions. There are several possibilities, but concentrate on correct grammar.

1 Angela Merkel ist mein Vorbild.
2 Der Zug kommt um 10 Uhr an.
3 Ich habe einen Fußballstar gesehen.
4 Weil das interessant ist.
5 Ich werde ein gelbes Kleid tragen.
6 Wir gehen nach Hause.

Conjunctions

What are they and when do I use them?
Use conjunctions (also known as connectives) to link shorter sentences together.

Why are they important?
Using conjunctions allows you to make extended sentences, which sound more natural.

Things to watch out for
Word order – some conjunctions send the verb to the end of the clause.

How do they work?
- **Coordinating conjunctions: *und* (and), *aber* (but), *denn* (because), *oder* (or)**
  Just add these between sentences. They do not affect word order at all. Remember to put a comma before *aber* and *denn*:
  *Ich gehe gern ins Kino, **aber** ich finde es sehr teuer.*
  *Ich freue mich auf die Klassenfahrt, **denn** wir fahren in die Alpen.*

- **Subordinating conjunctions: *weil* 'because', *dass* 'that', *wenn* 'if, whenever', *als* 'when' (past), *ob* 'whether, if', *obwohl* 'although'**
  These send the verb to the end of their clause. Always put a comma before them:
  *Wir fahren in den Ferien nach Italien, **weil** es dort heiß **ist**.*
  *Ein Problem ist, **dass** kleine Kinder zu oft am Bildschirm **sind**.*

- You can use most question words in the same way: *wo, wann, was, wer*:
  *Ich weiß nicht, **was** ich zum Geburtstag bekomme.*
  *Ich wohne in einer Stadt, **wo** es kein Kino gibt.*

- If you start a sentence with a subordinating conjunction, this clause becomes the first 'idea' in the sentence, so the second idea must be a verb ('verb second' rule). This gives the pattern **verb – comma – verb** in the middle of the sentence:
  *Wenn ich in die Stadt **fahre**, **nehme** ich immer den Bus.*
  *Als ich klein **war**, **hatte** ich ein tolles Fahrrad.*

Word order
Remember the main rules about word order.
- **Verb second in a main clause** – the verb is the second 'idea'; the first part can be more than one word.
  ***Ein sehr großes Problem** ist der Müll.*

- **Verb at the end of a subordinate clause** (see above).

- **Infinitives go to the end of a clause**. They sometimes have *zu* before them.
  *Ich hoffe, in Urlaub **zu fahren**.*

- When you use two or more adverbs together, they follow the order **Time – Manner – Place** (ask yourself: when? how? where?).
  Ich fahre morgen mit dem Fahrrad zur Schule.
        time   manner   place

Auf die Plätze!

1 Match up the sentence halves. Then write out the full sentences and underline all the verbs.

1 Meine Lehrerin ist nett		**a** dass Frauen erfolgreich sind.
2 Ein guter Freund hilft mir		**b** ich gehe auf ein Konzert.
3 Ich freue mich auf Samstag, denn		**c** und ich finde sie sympathisch.
4 Ich freue mich auf die Ferien, weil		**d** ob das Spiel morgen stattfindet.
5 Der Direktor ist sehr streng,		**e** wenn das Wetter gut ist.
6 Ich finde es sehr wichtig,		**f** aber er ist auch fair.
7 Ich spiele gern Tennis,		**g** oder unterstützt mich.
8 Wir wissen noch nicht,		**h** wir keine Schule haben.

Fertig!

2 Rearrange the sentences so the word order after the conjunction is correct.

1 Es regnet stark, aber … gehen / zum Fußballspiel / wir / .
2 Ich gehe oft ins Kino, weil … mag / Filme / ich / .
3 Gib deine Meinung, ob … wichtig / Vorbilder / sind / .
4 Ein großer Nachteil ist, dass … bleibt / das Leben / nie privat / .
5 Wir sind in den Europa-Park gegangen, denn … habe / gefeiert / meinen Geburtstag / ich / .
6 Ich werde im Restaurant essen, obwohl … ich / habe / Geld / wenig / .
7 Ich würde um die Welt reisen, wenn … Geld / hätte / ich / mehr / .
8 Ich war der Älteste in der Klasse, als … ich / war / Grundschule / in der / .

Los!

3 Rewrite each pair of sentences as one sentence starting with the conjunction in brackets.

1 (when / if) Das Wetter ist gut. Ich mache eine Radtour auf dem Lande.
2 (when) Ich war klein. Meine Oma war mein Vorbild.
3 (although) Ich werde auf ein Konzert gehen. Ich werde nicht spät zurückkommen.
4 (when / if) Man steht im Winter früh auf. Es ist oft dunkel.
5 (whether) Man kann genug für die Umwelt machen. Ich weiß nicht.

> ⭐ Be careful with separable verbs. What happens to the prefix and the verb when the word order changes?

Grammatik Infinitive constructions

What are they and when do I use them?
Use infinitive constructions with another verb to complete its meaning or to add more detail.

Why are they important?
You can make your sentences more interesting by using infinitive constructions.

Things to watch out for
The infinitive goes to the end of the clause, as usual, but you need *zu* before it.

How do they work?

- Use **zu** with an infinitive after these verbs:

  hoffen (to hope)   *Ich hoffe, eine Woche in Berlin **zu verbringen**.*
  planen (to plan)   *Wir planen, Reise-Apps **mit<u>zu</u>nehmen**.*
  vorhaben (to intend)   *Ich habe vor, an die Nordsee **zu fahren**.*
  Lust haben (to be keen)   *Er hat (keine) Lust, nach Spanien **zu fliegen**.*

  > ★ Watch out! Separable verbs add *zu* between the prefix and the verb.

- Make more complex sentences using *um ... zu* (in order to) or *ohne ... zu* (without (do)ing) and the infinitive:
  *Ich arbeite als Babysitterin, **um** Geld **zu** verdienen.   Ich lerne Deutsch, **um** das Land besser kennen**zu**lernen.*
  *Wir fahren hin, **ohne** ein Hotel **zu** buchen.*

Auf die Plätze!

1 Change the sentences using the verb in brackets.

Example: Ich gehe in die Stadt. (*vorhaben*) Ich habe vor, in die Stadt zu gehen.

1 Ich mache ein paar Ausflüge in der Gegend. (*vorhaben*)
2 Ich verbringe viel Zeit in der Stadtmitte. (*planen*)
3 Ich stehe jeden Morgen sehr früh auf. (*hoffen*)
4 Wir kommen um 10 Uhr zurück. (*planen*)
5 Sie isst jeden Tag Eier und Speck zum Frühstück. (*vorhaben*)
6 Wir machen eine Radtour. (*Lust haben*)

Fertig!

2 Change these sentences to use the infinitive with *um ... zu* (1–3) and *ohne ... zu* (4–6).

Example: Ich arbeite als Babysitterin, weil ich Geld verdienen will. Ich arbeite als Babysitterin, **um** Geld **zu verdienen**.
Ich arbeite als Babysitterin. Ich verdiene kein Geld. Ich arbeite als Babysitterin, **ohne** Geld **zu verdienen**.

1 Ich lerne Deutsch, weil ich später in Berlin arbeiten will.
2 Ich werde auf die Uni gehen, weil ich Deutsch studieren will.
3 Er fliegt nach Spanien, weil er sich an den Strand legen will.
4 Du bekommst gute Noten. Du arbeitest nicht sehr fleißig.
5 Er ist in die Stadt gefahren. Er hat nicht auf mich gewartet.
6 Ich mache einen tollen Ausflug. Ich gebe kein Geld aus.

Los!

3 Translate these sentences into German.

1 I intend to spend three weeks in Germany.
2 We hope to book a hotel in the town centre.
3 My friend is working in the holidays to earn money.
4 Are you (*du*) planning to watch TV at the weekend?
5 I hope to go into town without spending much money.

Why is it important?

Some texts, especially stories, use the imperfect tense of more verbs than modals, *hatte(n)*, *war(en)* and *es gab* (see page 214), so you need to be able to recognise and use them.

How does it work?

	regular verbs	irregular verbs (see pages 238–240 for a full list)		
	't' in the endings	stem usually changes, no 't'		stem changes, but regular 't' endings
infinitive	**wohnen** (to live)	**sehen** (to see)	**fahren** (to go)	**wissen** (to know)
ich	*wohnte* (lived / used to live)	*sah* (saw / used to see)	*fuhr* (went / used to go)	*wusste* (knew / used to know)
du	*wohntest*	*sahst*	*fuhrst*	*wusstest*
er/sie/es/man	*wohnte*	*sah*	*fuhr*	*wusste*
wir	*wohnten*	*sahen*	*fuhren*	*wussten*
ihr	*wohntet*	*saht*	*fuhrt*	*wusstet*
Sie	*wohnten*	*sahen*	*fuhren*	*wussten*
sie	*wohnten*	*sahen*	*fuhren*	*wussten*

When *seit* (for, since) is used with the imperfect it is translated as 'had been … for', etc.
   Er **wohnte seit** 15 Jahren in Hamburg.   He **had been living** in Hamburg **for** 15 years.

Auf die Plätze!

1 Match up the German and the English sentences.

1 Er kaufte nur Bioprodukte.
2 Als Kind spielte sie gut Blockflöte.
3 Zu Ostern machten sie einen Austausch.
4 Der Junge nahm den ersten Bus.
5 Zu Mittag aßen sie Brot und Käse.
6 Die Dame brachte eine alte Tasche mit.

a The boy took the first bus.
b The lady brought an old bag with her.
c He only bought organic products.
d For lunch they ate bread and cheese.
e They did an exchange at Easter.
f As a child she played the recorder well.

Fertig!

2 Translate these sentences into English.

1 Max feierte seinen Geburtstag in Hamburg.
2 Um Mitternacht hörten sie lautes Feuerwerk.
3 Lena aß zu viele Chips und trank zu viel Cola.
4 Ich fand das Konzert toll.

5 Thomas blieb zu Hause, weil er krank war.
6 Am nächsten Tag gingen sie alle spazieren.
7 Am Wochenende sprachen wir Italienisch.
8 Sie arbeiteten seit vier Stunden, als die Fete begann.

Los!

3 Rewrite these sentences in the imperfect tense.

1 Meine Eltern wohnen in der Stadtmitte.
2 Jeden Abend sieht die Familie eine Stunde fern.
3 Sie finden Dokumentationen interessant.

4 Der Deutschlehrer spricht mit der Direktorin.
5 Am Samstagmorgen gehen seine Freunde in die Stadt.
6 Mein Opa wohnt seit vier Jahren bei uns.

The pluperfect tense

What is it and when do I use it?
Use the pluperfect tense to say what <u>had</u> happened before something else in the past.

Why is it important?
Using the pluperfect tense enables you to talk about events further back in the past.

How does it work?
It is formed in exactly the same way as the perfect tense, except that the auxiliary verb is the imperfect tense of *haben* or *sein* (instead of the present tense):

		verbs with *haben* as auxiliary		verbs with *sein* as auxiliary
ich	hatte	gemacht (had done)	war	gegangen (had gone)
du	hattest	genommen (had taken)	warst	geblieben (had stayed)
er/sie/es/man	hatte	sich gewaschen (had washed)	war	gekommen (had come)
wir	hatten	telefoniert (had phoned)	waren	gefahren (had driven / gone)
ihr	hattet	ferngesehen (had watched TV)	wart	geschwommen (had swum)
Sie	hatten	vorbereitet (had prepared)	waren	geworden (had become)
sie	hatten	gesprochen (had spoken)	waren	gestorben (had died)

Be careful! To say somebody <u>had been doing</u> something <u>for</u> or <u>since</u> a certain time, use *seit* with the <u>imperfect</u> tense (see page 233).

Auf die Plätze!

1 Match up the German and the English sentences.

1 Sie hatte einen tollen Ort gewählt.
2 Er hatte sein Handy nicht mitgenommen.
3 Du hattest deinen Pass verloren.
4 Wir waren mit dem Taxi gefahren.
5 Hatten Sie uns angerufen?
6 Ihr wart spät angekommen.

a We had gone by taxi.
b You had lost your passport.
c You had arrived late.
d She had chosen a great place.
e He hadn't taken his mobile with him.
f Had you phoned us?

Fertig!

2 Complete the pluperfect tense sentences with the correct form of *haben* or *sein*.

1 Es ▓▓▓▓ jeden Tag geschneit.
2 Die Fluglinie ▓▓▓▓ mein Gepäck verloren.
3 Du ▓▓▓▓ alleine in die Stadt gefahren.

4 Wir ▓▓▓▓ in einem billigen Hotel übernachtet.
5 Die Reise ▓▓▓▓ sehr lange gedauert.
6 Was ▓▓▓▓ am Abend vorher passiert?

Los!

3 Write complete sentences in the pluperfect tense.

Example: Ich – planen – einen tollen Urlaub. *Ich hatte einen tollen Urlaub geplant.*

1 Meine Mutter – wählen – das Hotel
2 Ich – lassen – meine Brieftasche – zu Hause
3 Wie? – ihr – kommen – zum Flughafen

4 Meine Eltern – bleiben – in Deutschland
5 In Spanien – ich – schwimmen – im Meer
6 Frau Arndt – verbringen – Sie – die Ferien – Wo?

The subjunctive

What is it and when do I use it?
The subjunctive is used to convey hypothesis (e.g. If I were / had …, I would / could / should …).

Why is it important?
Used correctly, it shows an excellent grasp of grammar and makes your work more interesting.

Things to watch out for
Word order: sentences starting with *wenn* (if) need the 'verb–comma–verb' pattern in the middle.

How does it work?
The subjunctive looks very similar to the imperfect tense, but usually has an umlaut added to the vowel. It is often used in a sentence along with *würde* (would) + infinitive. The *ich* and *er/sie/es/man* forms are exactly the same. Here are four common verbs:

haben: *Wenn ich Zeit* **hätte***, würde ich mehr Bücher lesen.* If I **had** time I would read more books.

sein: *Wenn ich reich* **wäre***, würde ich ein großes Haus kaufen.* If I **were** rich I would buy a big house.

sollen: *Wenn man gute Noten haben will,* **sollte** *man fleißig arbeiten.* If you want to have good grades you **should** work hard.

können: *Wenn man im Hotel arbeiten will,* **könnte** *man in den Ferien ein Praktikum machen.* If you want to work in a hotel you **could** do work experience in the holidays.

Auf die Plätze!

1 Match up the sentence halves.

1 Wenn man eine saubere Stadt haben will,
2 Wenn ich mehr Zeit hätte,
3 Wenn sie genug Geld hätten,
4 Wenn ich meinen Führerschein hätte,
5 Wenn das Wetter besser wäre,
6 Wenn wir umweltfreundlicher wären,

a könnte ich eine Weltreise machen.
b würde ich ein Auto kaufen.
c würde es mehr Tierarten geben.
d würde man mehr Sport treiben.
e sollte man Autos in der Stadtmitte verbieten.
f wären sie zufrieden.

Fertig!

2 Complete the sentences with a word from the box.

1 Wenn ich älter _____, würde ich im Ausland wohnen.
2 Wenn sie kein Geld _____, würde sie einen Job finden.
3 Wenn man Sportler sein will, _____ man viel trainieren.
4 Wenn ihr mehr Geld _____, _____ ihr im Restaurant essen.
5 Wenn du reich _____, _____ du mir ein tolles Rad kaufen.
6 Wenn wir keinen Job _____, _____ wir nicht glücklich.

hätte	hätten	hättet
könntet	sollte	wäre
wären	wärst	würdest

Los!

3 Complete the sentences with your own phrases.

1 Wenn ich kein Geld hätte, würde ich …
2 Ich würde ein sehr großes Haus kaufen, wenn …
3 Wenn ich mehr Zeit hätte, …
4 Wenn man … will, sollte man …
5 Man könnte viel für die Umwelt machen, wenn …
6 Wenn wir keine Politiker hätten, …

The passive

What is it and when do I use it?
Use the passive to say that something is or was done (by somebody or something).

Why is it important?
It can add a different perspective to your work and provide more variety.

Things to watch out for
You need to know past participles (see the perfect tense, page 212).

How does it work?
Use part of the verb *werden* with a past participle:

- **present tense:** *wird/werden* + past participle:
  *Der Müll **wird** in einer Fabrik **getrennt**.* The rubbish **is sorted** in a factory.
  *Die Hausaufgaben **werden gemacht**.* The homework **is (being) done**.
- **imperfect tense:** *wurde/wurden* + past participle:
  *Die Fische **wurden vergiftet**.* The fish **were poisoned**.
  *Das Kind **wurde** zur Schule gefahren.* The child **was driven** to school.
- **perfect tense:** *ist/sind* + past participle + *worden**:
  *Ein Kraftwerk **ist** an der Küste **gebaut worden**.* A power station **has been built** on the coast.

The passive can be avoided by using *man* with the appropriate verb:

Man trennt den Müll. They sort the rubbish. / The rubbish is sorted.

Man vergiftete die Fische. They poisoned the fish. / The fish were poisoned.

Man hat ein Kraftwerk gebaut. They built a power station. / A power station was built.

*Note that in the passive, the past participle of **werden** (**geworden**) loses the **ge-**.

Auf die Plätze!

1 Which tense are these passive sentences in: present (PR), imperfect (I) or perfect (P)?

1 Viel Energie wurde gespart.
2 In unserer Schule wird der Müll nicht getrennt.
3 Solaranlagen sind überall installiert worden.
4 Eine autofreie Woche ist organisiert worden.
5 Druckerpatronen werden regelmäßig recycelt.
6 Den Schülern wurde herzlich gratuliert.

Fertig!

2 Translate the sentences from exercise 1 into English.

Los!

3 Rewrite the sentences from exercise 1, avoiding the passive by using *man*.

Example: 1 Man hat viel Energie gespart.

> Notice that in the passive the subject (nominative) becomes the object of the sentence (accusative).
> Check the gender of each noun and whether it is plural; watch out for the tense of the verbs!

Adjectival nouns and 'weak' nouns

What are they and when do I use them?
- Adjectival nouns are, not surprisingly, nouns made from adjectives! Use them as an alternative to an adjective + a noun: e.g. 'a small boy' is *ein Kleiner* (rather than *ein kleiner Junge*).
- Weak nouns are a group of masculine nouns that change slightly depending on the case.

Things to watch out for
Adjective endings are just as important for these nouns as they are for the adjectives.

How do they work?
- **Adjectival nouns:** imagine there is a noun after the adjective, but don't use the noun. Put a capital letter on the adjective and make sure the ending is correct (see page 224), depending on the article which precedes it:
  der deutsche Mann → *der Deutsche* (the German man)
  ein deutscher Mann → *ein Deutscher* (a German man)
  mit einem deutschen Mann → *mit einem Deutschen* (with a German man)
- Use adjectival nouns after *etwas* (something), *nichts* (nothing), *viel* (lots), *wenig* (little); you usually add *–es* to the adjective: *etwas Neues, nichts Gutes, viel Teures, wenig Nutzbares*
- **Weak nouns:** there are not many of these, but some are quite common. They are always masculine and add *–n* or *–en* in every case <u>except the nominative</u>:
  people: *der Junge, der Herr, der Tourist, der Student, der Polizist*
  animals: *der Affe, der Bär, der Löwe*
  *Der Tourist hat **den** Student**en** und **den** Polizist**en** mit **einem** Affe**n** gesehen.*
  The tourist saw the student and the police officer with a monkey.

Auf die Plätze!

1 Add *–n* or *–en* to these weak masculine nouns where necessary.

1 Der Affe___ hat einen Löwe___ gesehen und ist weggelaufen.
2 Viele Tourist___ fragen einen Polizist___, wenn sie den Weg nicht finden.
3 Ein alter Herr___ spricht mit diesem Student___, aber der Student___ versteht den Herr___ nicht.
4 Im Zoo haben wir viele Affe___ und einen Eisbär___ gesehen, aber der Löwe___ ist drinnen geblieben.

Fertig!

2 Match up the German and the English phrases.

1 für einen Alten	**a** the interesting thing
2 von dieser Deutschen	**b** with the best ones
3 mit den Besten	**c** for an old man
4 mit diesem Deutschen	**d** something interesting
5 das Interessante	**e** from this German (woman)
6 nichts Neues	**f** nothing new
7 etwas Interessantes	**g** with this German (man)

Los!

3 Complete the sentences with the German for the English phrases in brackets.

1 Er hat (*lots of good things*) gemacht.
2 Ich habe mit (*a German woman*) gesprochen.
3 (*The best thing*) ist, dass wir (*nothing interesting*) verpasst haben.
4 Ich kaufe (*something expensive*) für (*the little ones*).
5 Ich sehe (*a policeman*), der mit (*a tourist*) spricht.

Verbtabellen

Note: The present tense stem change shown is for the *er/sie/es* forms. This also applies to the *du* form, but it usually ends in –*st* instead of –*t*.

infinitive	stem changes in present tense er/sie/es/(man)	imperfect	perfect	English
befehlen	befiehlt	befahl	hat befohlen	*to command*
beginnen	–	begann	hat begonnen	*to begin*
biegen	–	bog	hat gebogen	*to bend*
bieten	–	bot	hat geboten	*to offer*
bitten	–	bat	hat gebeten	*to ask, request*
bleiben	–	blieb	**ist** geblieben	*to stay*
brechen	bricht	brach	**ist** gebrochen	*to break*
bringen	–	brachte	hat gebracht	*to bring*
denken	–	dachte	hat gedacht	*to think*
dürfen	darf	durfte	hat gedurft	*to be allowed*
empfehlen	empfiehlt	empfahl	hat empfohlen	*to recommend*
essen	isst	aß	hat gegessen	*to eat*
fahren	fährt	fuhr	**ist** gefahren	*to go, drive*
fallen	fällt	fiel	**ist** gefallen	*to fall*
fangen	fängt	fing	hat gefangen	*to catch*
finden	–	fand	hat gefunden	*to find*
fliegen	–	flog	**ist** geflogen	*to fly*
fliehen	–	floh	**ist** geflohen	*to flee*
gebären	gebärt/gebiert	gebar	hat geboren	*to give birth*
geben	gibt	gab	hat gegeben	*to give*
gehen	–	ging	**ist** gegangen	*to go, walk*
gelten	gilt	galt	hat gegolten	*to count, be worth*
genießen	–	genoss	hat genossen	*to enjoy*
geschehen	geschieht	geschah	**ist** geschehen	*to happen, occur*
gewinnen	–	gewann	hat gewonnen	*to win*
haben	hat	hatte	hat gehabt	*to have*
halten	hält	hielt	hat gehalten	*to hold*
heißen	–	hieß	hat geheißen	*to be called*
helfen	hilft	half	hat geholfen	*to help*
kennen	–	kannte	hat gekannt	*to know*
kommen	–	kam	**ist** gekommen	*to come*
können	kann	konnte	hat gekonnt	*to be able, can*
laden	lädt	lud	hat geladen	*to load*
lassen	lässt	ließ	hat gelassen	*to let, leave*
laufen	läuft	lief	**ist** gelaufen	*to run, walk*
leiden	leidet	litt	hat gelitten	*to suffer*
lesen	liest	las	hat gelesen	*to read*

infinitive	Stem changes in present tense er/sie/es/(man)	imperfect	perfect	English
liegen	–	lag	hat gelegen	to lie
lügen	–	log	hat gelogen	to (tell a) lie
mögen	mag	mochte	hat gemocht	to like
müssen	muss	musste	hat gemusst	to have to, must
nehmen	nimmt	nahm	hat genommen	to take
raten	rät	riet	hat geraten	to advise
rennen	–	rannte	**ist** gerannt	to run
rufen	–	rief	hat gerufen	to call
schlafen	schläft	schlief	hat geschlafen	to sleep
schlagen	schlägt	schlug	hat geschlagen	to hit, beat
schließen	–	schloss	hat geschlossen	to close, shut
schreiben	–	schrieb	hat geschrieben	to write
schwimmen	–	schwamm	**ist** geschwommen	to swim
sehen	sieht	sah	hat gesehen	to see
sein	ist	war	**ist** gewesen	to be
singen	–	sang	hat gesungen	to sing
sitzen	–	saß	hat gesessen	to sit, be sitting
sollen	–	sollte	hat gesollt	to be supposed to, should
sprechen	spricht	sprach	hat gesprochen	to speak
springen	–	sprang	**ist** gesprungen	to jump
stehen	–	stand	hat gestanden	to stand
steigen	–	stieg	**ist** gestiegen	to climb
sterben	stirbt	starb	**ist** gestorben	to die
streiten	–	stritt	hat gestritten	to quarrel, argue
tragen	trägt	trug	hat getragen	to wear
treffen	trifft	traf	hat getroffen	to meet
treiben	–	trieb	hat getrieben	to do (sport)
trinken	–	trank	hat getrunken	to drink
tun	–	tat	hat getan	to do
vergessen	vergisst	vergaß	hat vergessen	to forget
verlieren	–	verlor	hat verloren	to lose
waschen	wäscht	wusch	hat gewaschen	to wash
werden	wird	wurde	**ist** geworden	to become
wissen	weiß	wusste	hat gewusst	to know
wollen	will	wollte	hat gewollt	to want
ziehen	–	zog	hat gezogen	to pull

Verbüberblick

infinitive	present tense	imperfect tense	perfect tense	future tense
Regular verbs (see page 208)				
wohn**en** to live	ich wohn**e** du wohn**st** er/sie/es wohn**t** wir wohn**en** ihr wohn**t** Sie/sie wohn**en**	ich wohn**te** du wohn**test** er/sie/es wohn**te** wir wohn**ten** ihr wohn**tet** Sie/sie wohn**ten**	ich habe **ge**wohn**t**	ich werde wohnen
arbeit**en** to work	du arbeit**est** er/sie/es arbeit**et** ihr arbeit**et**	ich arbeit**ete**	ich habe **ge**arbeit**et**	ich werde arbeiten
Key irregular verbs (see page 208)				
hab**en** to have	ich hab**e** du ha**st** er/sie/es ha**t** wir hab**en** ihr hab**t** Sie/sie hab**en**	ich hat**te** du hat**test** er/sie/es hat**te** wir hat**ten** ihr hat**tet** Sie/sie hat**ten**	ich habe **ge**hab**t**	ich werde haben
sei**n** to be	ich **bin** du **bist** er/sie/es **ist** wir **sind** ihr **seid** Sie/sie **sind**	ich **war** du **warst** er/sie/es **war** wir **waren** ihr **wart** Sie/sie **waren**	ich **bin gewesen**	ich werde sein
werden to become	ich werd**e** du **wirst** er/sie/es **wird** wir werd**en** ihr werd**et** Sie/sie werd**en**	ich **wurde** du **wurdest** er/sie/es **wurde** wir **wurden** ihr **wurdet** Sie/sie **wurden**	ich **bin geworden**	ich werde werden
fahr**en** to go (drive)	ich fahr**e** du **fährst** er/sie/es **fährt** wir fahr**en** ihr fahr**t** Sie/sie fahr**en**	ich **fuhr**	ich **bin gefahren**	ich werde fahren
Modal verbs (other modal verbs follow a similar pattern – see page 210)				
müssen to have to, must	ich **muss** du **musst** er/sie/es **muss** wir müss**en** ihr müss**t** Sie/sie müss**en**	ich **musste** du **musstest** er/sie/es **musste** wir **mussten** ihr **musstet** Sie/sie **mussten**	ich habe **ge**muss**t**	ich werde müssen
Separable verbs (see page 210)				
fernsehen to watch TV	ich sehe **fern**	ich **sah fern**	ich habe **ferngesehen**	Ich werde **fern**sehen
Reflexive verbs (see page 210)				
sich duschen to shower	ich dusche **mich** du dusch**st dich** er/sie/es dusch**t sich** wir dusch**en uns** ihr dusch**t euch** Sie/sie dusch**en sich**	ich dusch**te mich**	ich habe **mich ge**dusch**t**	Ich werde **mich** duschen